돈 버는
부동산 경영
가이드

돈 버는 부동산 경영 가이드

진영섭 지음

한국학술정보㈜

머 리 말

　부동산중개업에서 성공하려면 부동산중개업의 특성을 잘 알아야 하고, 꾸준하게 수익을 창출할 수 있는 업무개발과 자기 계발이 이루어져야 합니다.

　부동산중개업은 부동산이란 물건을 직접 거래시키는 것이 아니라 부동산을 사용할 수 있는 권리를 거래하는 직업입니다. 따라서 그 물건은 그를 사용하고자 하는 자에게 사용이 가능한 상태여야 하고, 또한 그 물건을 사용하는 데 공법적으로나 권리를 제한받지 않아야 정상적으로 거래를 하였다고 볼 수 있습니다.

　부동산중개업자는 이 임무를 효율적이고 합리적으로 수행하기 위해서 이에 대한 전문적인 지식을 가지고 있어야 하고, 적절한 거래당사자를 찾아 주거나 사용할 수 있는 방안을 조언해 주는 자입니다.

　또 부동산중개업은 현재 우리나라에서 국민의 생계를 영위하는 직업으로 자리 잡아 가고 있어 사업의 일종입니다. 그러므로 부동산중개업자는 이 중개업을 통하여 수익을 창출할 수 있어야 하고 같이 근무하는 직원들과 생계를 같이하는 책임을 지겠다는 의식이 필요합니다. 그래서 부동산중개업은 중개업자의 절대적 활동이 사업의 성패를 좌우하기 때문에 다른 사업과 달리 중개업자를 포함하여 소속된 전 인원이 중개활동을 해야 하는 사업인 점이 특징입니다. 일반사업에서 사장은 지속적으로 수익을 창출할 것을 강구하고 그 판로를 뚫고, 직원은 열심히 판매하여 사업을 유지하고 종사자들이 급여를 받아 갑니다. 그래서 직원들은 자신이 받는 보수의 3~10배 이상의 수입을 올려 주어야 자신의 급여를 받아 가고 있는 것입니다. 그러나 부동산중개업은 대표도 부동산중개업의 한 분야를 담당하여 판매활동을 하여야 하고, 모든 수입은 비용을 제외하고 나머지를 가지고 배분을 받는 것이 특징입니다. 이러하다 보니 부동산중개업은 중개업자가 직원들보다 더 많이 판매를 하여야 하고 부동산중개에 대한 전문가여야 하며, 직원들의 자질을 지속적으로 배양해야 하는 교육자이기도 합니다.

　이러한 부동산중개업자의 무거운 책임을 효율적으로 수행할 수 있도록 10여 년 이상의 경험을 살려 이를 체계화하고 실험한 내용을 부동산중개 컨설팅, 부동산중개업 경영, 부동산투자 상담, 부동산분쟁 관련 처리로 구분하여 정리하였습니다.

　특히 부동산중개의 단순중개만으로는 수입을 창출할 수 없고 또 부동산중개업을 전문가 업으로 할 수 있는 부동산중개 컨설팅에 대해 부동산 종류별로 정리함과 동시에 FTA 등으로 모든 산업이 개방되는 시대적 현상을 부응하고 극복하고, 많은 외국인이 국내부동산에 대해 관심이 고조되고 있는 것을 감안하여 외국인에게 부동산중개 활동을 하는 데 필요한 사항을 정리했습니다. 또한 부동산중개업을 이제는 자신의 생계를 위한 직업으로 하기 위하여 그동안 무질서하게 운영되던 부동산중개업의 경영에 관하여 부동산중개업 경영, 중개수수료, 중개사고 예방요령, 행정검열 준비, 중개업자의 세금 등을 구체적으로 정리하였으며, 특히 부동산중개업에서 고객의 신뢰와 수입을 창출하는 데 절대적인 부동산투자 상담을 부동산 종류별로 정리하여 고객과 부동산 상담 시 참고할 수 있도록 관련 법규와 경험내용을 체계화하였습니다. 그 외에 부동산중개업은 고가의 재산을 취급하는 업무이므로 항상 사기꾼 등 위험요소가 도사리고 있으며, 또 많은 행정적 처리업무가 수반되는 직업이라 실수 또는 오해로 분쟁이 많을 수밖에 없습니다. 이러한 때 중개업자 위치에서 처리하는 요령을 부동산분쟁 관련 처리 난을 만들어 이를 이곳에 정리하여 임무를 수행하면서 참고할 수 있도록 제시하였습니다. 또한 중개업자는 직원들이 수익을 지속적으로 창출할 수 있고 중개사고가 발생하지 않도록 지도하고 교육하는 데 본인이 발간한『돈 버는 부동산 창업 가이드』책자와 같이 본 책자를 이용한다면 부동산중개업에 크게 도움이 되리라 생각합니다.

우리 부동산중개업자들의 직업을 이제 과학화 및 효율화 체계화하여 부동산중개업자들에게 중개 활동하는 데 도움을 드리고자 열심히 정리하였으나 아직도 많은 점이 미비한 것 같아 독자들에게 송구스럽게 생각하오며 독자들의 많은 지도편달을 바랍니다.

끝으로 부동산경기의 장기침체 상황에서 본 책자를 읽으신 부동산중개업을 하시는 분들에게 사업 성공에 미력하나마 도움이 되었으면 합니다. 본 책자를 발간하는 데 물심양면으로 도와주시고 협조해 주신 목원대 정재호 박사와 선배 부동산중개업자 및 공인중개사협회, 그리고 한국학술정보(주) 이주은 씨에게 감사를 드립니다.

2011년 10월 1일
진영섭 씀

차 례

PART 3

부동산투자 상담

PART 4

부동산 관련 분쟁

PART

1

+

부동산중개 컨설팅

제1장 | 개요

1. 부동산중개 컨설팅이란

부동산중개 컨설팅은 부동산 컨설팅[1]의 일종이다.

이중 부동산중개컨설팅이란 부동산중개 의뢰인이 부동산거래와 관련하여 거래가 성사될 수 있도록 관련된 제반업무에 대한 내용을 조사 및 조언해 주거나 대행해 주기를 위한 제반활동을 말한다.

부동산중개컨설팅은 부동산중개컨설팅 단독으로 실시되기도 하고, 다른 부동산컨설팅과 병행하여 이루어지기도 한다.

예를 들면 매수고객 의뢰인이 부동산을 구입하면서 자신이 요구하는 부동산의 조건과 투입가능 금액을 제시하고 이에 맞는 부동산을 구입을 의뢰하는 경우 부동산중개업자는 의뢰인 요구하는 조건을 분석하여 이 조건에 맞는 입지를 선정하고, 이를 구입하는 데 필요한 자금을 위해 각 금융기관의 대출가능금액과 금리 그리고 대출받는데 필요한 서류 및 조건을 조사하여 의뢰인이 이에 맞도록 활동하도록 하며, 이에 따른 세금을 분석하고, 필요시 임대 등 분양을 하여 잔금을 처리하고 등기를 이전 받아 소유권을 이전 받도록 하는 제반활동을 컨설팅하고 있다.

이렇게 함으로써 매수고객은 자신의 직업에 충실할 수 있고, 그러면서 자신이 직접 부동산 구입활동을 하는 것보다 더 단기간에 완벽하게 처리됨으로써 경제적 이득을 구할 수 있다.

---

1) 부동산컨설팅. 이창석저. 1999. 7. 1. 형설출판사. pp.46~56.에 의거 부동산개발컨설팅, 토지유효이용 제안형 컨설팅, 부동산중개 컨설팅으로 구분하고 있다.

이처럼 부동산중개컨설팅은 부동산 매도고객의 경우는 타당성 있는 적절한 가격으로 거래가 이루어 질 수 있도록 하기 위해서나 신속히 거래가 될 수 있는 대안을 찾고자 하는 경우와 매수 고객이 자신인 요구하는 부동산을 부동산 전문인 부동산중개업자에게 찾아 적절한 가격에 구매할 수 있도록 하거나 자신이 구입하고자하는 부동산을 최 유효 이용하는 방법을 강구하고자 하는 경우 등의 경우에 실시하고 있으며, 그 외에 부동산을 보유하고 있는 고객이 자신의 부동산에서 임대료 수입을 가장 적절하게 받을 수 있는 방안이나 자신의 부동산을 가장 효율적으로 이용할 수 있는 방안 등에 대해 컨설팅을 의뢰하는 경우에 실시되고 있다. 즉, 부동산중개의뢰인이 자기의 부동산에 대한 최 유효이용 가치를 증대하기 위하여 거래를 의뢰하여 부동산중개업자가 의뢰인의 요구를 충족 및 해결하기 위한 조언 및 부동산활동을 말한다.

또 부동산중개컨설팅이 다른 부동산컨설팅과 병행해서 실되는 경우는 아파트 부지 매입 컨설팅, 골프장 부지 매입 컨설팅 등과 같이 부동산개발의 경우 그 전단계로 실시하기도 하고, 부동산 소유자가 자신의 부동산 자산 가치를 증대하기 위하여 필지 통합 또는 분할, 상업용 건물의 MD구성 요구나 구성된 MD에 맞도록 분양을 의뢰하는 경우에 실시되기도 하며, 부동산 건축 후 매매 또는 임대관리와 시설관리 등 종합적인 부동산의 효율적 계획 및 관리를 의뢰 받아 실시되고 있다.

2008년도 이후에는 부동산중개업자도 경매 대리행위를 할 수 있도록 업무영역이 확대되면서 경매컨설팅까지 실시되고 있다.

부동산중개컨설팅의 특징은 첫째는 의뢰인과 보다 심도있는 상담을 실시하여 의뢰인의 요구사항을 명확히 분석이 선행 되어야 하는 것이 중요하고, 둘째는 부동산을 중개업자가 직접 찾는 데서부터 필요 시 분양 및 관리까지 전체적인 사업계획과 관리를 해야 한다는 점, 셋째는 다른 컨설팅과 마찬가지로 기간이 장시간 소요된다는 점, 넷째는 주기적으로 보고서를 작성하여 보고 및 협의를 하여야 한다는 점, 다섯째는 부동산중개수수료를 적용할 수 없다는 점, 여섯째는 매도인에게 자료요구를 하기가 곤란하고 중개업자가 직접 확인하여야 한다는 점, 일곱째는 가격이 매도인 가격이라 가격조정에 많은 시간이 소요되며 여덟째는 접대비 및 협상비용으로 실비가 많이 들어가야 한다는 점 등이 특징이다.

이와 같은 부동산중개컨설팅은 실제로 부동산시장에서 많이 이루어지고 있으나 통상 시행사라는 단체가 실시하거나 무등록중개업자들이 음성적으로 활동하며 이루어지고 있어 체계화 도지 못하고 부동산중개업계에서는 생소한 단어처럼 들리고 있다.

이를 위하여 부동산중개업자는 부동산중개업의 영역을 되찾기 위하여 부동산중개를 실시하면서 이를 통하여 얻어진 지식과 능력을 잘 정리하여 단순부동산중개에 국한하지 말고 생산적이고 과학적인 그러면서도 합리적인 부동산중개컨설팅을 실시할 수 있도록 이제라도 부단한 노력을 강구할 필요가 있다.

2. 부동산컨설팅 업무 근거

1) 근거법률

우리나라에 부동산컨설팅 업무가 시작된 것은 1980년대 후반[2]산발적으로 시작된 것으로 기록하고 있고, 또 1988년 6월 우리나라에 유한회사인 대한부동산컨설팅센터가 첫 업체로 등장하였다는 것과 1989년 2월 한국감정원이 정관을 변경하여 부동산컨설팅 업무를 부가업무로 추가하고 1994년 1월 25일 부동산컨설팅부를 창설하여 본격적인 영업활동을 개시하였다[3]고 전해오고 있다.

그러나 법적으로는 1993년 12월 27일 부동산중개업법(현 공인중개사의 업무 및 부동산 거래 신고에 관한 법률 이전 법) 4차 개정 시 동법 제9조의 2(다른 영업과의 겸업제한)를 신설하여 1994. 4. 1일 시행하면서 중개법인은 부동산중개 외에 부동산관리 대행과 더불어 **"부동산의 이용 및 개발에 관한 지도 및 상담"**을 겸업할 수 있도록 하여 부동산컨설팅 업무를 하도록 하였다.

그래서 현재 부동산컨설팅을 할 수 있는 기관은 법적으로는 중개업자만이 할 수 있고, 정부의 승인을 받아 한국감정원의 감정평가사들이 할 수 있도록 되어 있다.

따라서 우리나라에 부동산컨설팅 업무를 처음 도입한 것은 1989년도부터 시작되었다고 볼 수 있고, 법적으로 조입은 1994년으로 보아야 한다.

---

2) 이창석 저. 부동산컨설팅. 형설출판사. 2000. 1. 25. p.29.
3) 이창석 저. 부동산컨설팅. 형설출판사. 2000. 1. 25. p.111..

2) 부동산 컨설팅업무를 할 수 있는 자(부동산 컨설턴트 자격)

부동산컨설팅에 대한 법적 근거는 『공부법』4)에서만 규정하고 있으며, 다른 법률에서는 이를 규정한 바가 없다.

그리고 2007년 5월 17일 제정한 「부동산개발업의 관리 및 육성에 관한 법률」에 의하면 공인중개사가 부동산개발과 관련된 분야에서 3년 이상 근무한 경력이 있으면 부동산개발업의 전문 인력으로 참여할 수 있도록 되어 있다.

그 외에 다만 금융 및 기업경영, 기술 분야에서 해당 분야에 대한 상담을 할 수 있는 것으로 언급되어 있는데, 이는 해당분야 및 금융컨설턴트의 자격을 의미할 뿐이다. 따라서 부동산컨설팅을 할 수 있는 자는 현행법상으로 공인중개사만이 할 수 있으며, 최대한 그 자격을 제한한다하더라도 부동산중개 법인만이 할 수 있다.

그런데 부동산컨설팅에 대해서 감정평가사협회에서 정관에 부동산컨설팅을 법적근거 없이 정관에 삽입하여 국토해양부로부터 승인을 받아 부동산컨설팅 조직까지 운영하고 있으며, 세부적으로 발전시키고 있다. 즉, 공인중개사협회가 해야 할 일을 감정평가사협회가 하고 있는 형상이다.

또 일부 공인중개사 자격도 없는 일부 건설 및 엔지니어링계통에 관련된 자들이 부동산기획업무를 수행하면서 "00부동산컨설팅"이라는 상호를 걸고 부동산중개 업무를 수행하고 있으며, 『공부법』에서 부동산중개업자는 과거 부동산중개인이 아니면 상호를 "00공인중개사사무소" 또는 "00부동산중개법인 사무소"로 명칭을 사용하도록 규정하고 있는데, 아직도 부동산중개업자 중에는 "00부동산컨설팅공인중개사사무소"라는 명칭을 사용하고 있어 불법 부동산중개사무소 양산에 동조하고 있는 실태이다.

아무튼 현행 법 상으로 보면 부동산컨설팅을 할 수 있는 사람은 부동산중개 법인과 중개업자만이 가능하다고 보아야 한다.

한편 현재 감정평가협회의 부동산가격을 감정함에 있어서 일부 부동산은 국토해양부의 실거래가격 신고제도에 의해 신고된 실거래가격으로 실시하고 있으나 국토해양부의 실거래가 신고가 60일의 기간 이후에 나타나는 가격임을 상기할 때 조사 당시의 부동산 거래가격은 부동산중개업자를 통한 가격 감정평가가 실시되는가 하면, 특히, 상업용부동산의 경우는 그 가격이 임대수익에 의해 그 가격이 이루어지는 현상을 감안할 때 수익성

---

4) 『공인중개사의 업무 및 부동산거래 신고에 관한 법률』의 약칭 임

분석을 부동산중개업자가 아니면 더 정확하게 최 유효 이용의 컨설팅을 할 없다.

또 지금까지 부동산 컨설팅에 대한 구체적인 규정이 없음으로 부동산중개활동 보다는 업무가 넓고 기간이 많이 소요되기 때문에 법정 중개수수료보다 더 받을 수밖에 없으나 법정중개수수료보다 더 받을 수 있다는 점을 악용하여 부동산중개업자도 아닌 무등록중개업자가 난입하여 컨설팅 보수 산출 근거도 없이 무리한 보수를 요구하고 있는 실정이다.

이에 따라 공인중개사협회는 공인중개사업무의 확장과 부동산중개업무 영역 공고히 하고 부동산컨설팅 체제를 제도적으로 구축하여 국민들에게 피해가 가지 않고 부동산가격의 무리한 상승을 방지하기 위해서는『공부법』제14조의 내용에 대한 분야별 세부법규를 연구하고 제정하여 부동산중개업자들의 업무영역을 확보할 수 있도록 하여야 한다.

특히 부동산중개업이 단순 중개만으로는 생계형 직업이 되지 못하고, 평소 안정적인 직업이 되도록 하기 위해서는 관리 및 컨설팅업무가 병행된 부동산중개업의 형태가 될 수 있도록 발전되어야 한다.

3. 부동산컨설팅의 구분

우리나라에서 현재 이루어지고 있는 부동산컨설팅은 대부분 1960년대부터 산업개발과 동시에 각 분야의 부동산소요가 급격히 발생함에 따라 부동산개발이 이루어지기 시작했다.

따라서 부동산개발을 효율적으로 하기 위해서는 국토 종합계획에 맞도록 각종 조사와 분석이 이루어져야 하는데 이러한 업무를 초기 부동산개발 당시에는 국가와 대형 건설업체들에 이루어지다 보니 일반 국민에게는 생소할 수밖에 없었다.

그러다가 민간개발이 활발해 지면서 이 당시는 이러한 경제적분석을 하지 않아도 개발만하면 무조건 이익이 발생하고, 구입하는 사람들도 컨설팅이 필요 없이 구입만하면 무조건 남는 상황이었음으로 컨설팅에 관심이 없었다.

그러나 1990년대 들어서면서 부동산개발소요가 어느 정도 충족하게 되자 구입하는 사람들부터 잘못하면 부동산에서 손해 볼 수 있음으로 자세한 조사가 필요하였고, 건설업체도 컨설팅의 필요성을 인식하여 부동산컨설팅이 이루어지기 시작하게 되었다.

그래서 현재까지 이루지고 있는 부동산컨설팅의 유형을 보면 다음과 같다.

부동산컨설팅 의뢰유형[5)]

1. 부동산투자개발계획에 대한 컨설팅
   ① 토지를 구입하여 개발하는 경우

2. 부동산투자 및 이용의 컨설팅
   ① 부동산 소유자가 소유여부에 대한 컨설팅
   ② 부동산 소유자가 개발 도는 용도전환 할 경우
   ③ 아파트 단지 전체를 구입하여 임대하는 경우
   ④ 신축빌딩으로 기존 고층빌딩의 수익성 검토의 경우

3. 입지조건 및 인근지역분석의 컨설팅
   ① 최적의 상가 입지를 선정하고자 하는 경우
   ② 상가입지분석과 상가 예정지 선정을 하고자 하는 경우
   ③ 인접지 여건변화 보유상가나 빌딩에 유리한 사업 방안을 모색하는 경우

4. 부동산경영관리 및 관리계획에 대한 컨설팅
   ① 안전적인 대실률을 유지할 수 있는 방안
   ② 현 빌딩관리자의 능력 검증을 하고자 하는 경우
   ③ 수익성 부동산을 취득하고자 할 경우 적정밀료와 계약방법 강구
   ④ 수익성부동산을 취득하고자 하는 경우 적정 보유기간과 처분여부 검토

5. 건축설계 및 재개발계획 컨설팅
   ① 기존 공장 이전 및 확장에 대한 검토
   ② 기존 창고용지를 오피스텔 및 호텔로 재개발하고자 하는 경우
   ③ 개발업자의 개발관련 각종 여건조사 의뢰

6. 부동산거래에 대한 컨설팅
   ① 거래 가능성 의뢰
   　　－. 도시근교 농장 매도여부
   　　－. 개발업자의 합작투자 참여 또는 독자개발 여부
   　　－. 교환여부
   ② 은행점포로서 적정성 검토

7. 부동산세무와 수익성분석 컨설팅

8. 도시계획 영향평가에 대한 컨설팅

9. 장래성 평가와 예측에 대한 컨설팅

10. 부동산 분쟁과 이견조정 의뢰

11. 부동산 포트폴리오 심사에 대한 컨설팅

12. 유질부동산과 청산에 대한 컨설팅

---

5) 부동산컨설팅업 경영과 실무. 이원준편. **2002. 2. 10.** 경록. **pp.209~212**

부동산컨설팅은 일반적으로 개발컨설팅을 부동산컨설팅으로 인식하고 있다. 그러나 위 표에 나와 있는 부동산컨설팅의 유형을 분류하면 몇가지 유형으로 구분할 수 있는데 이를 이창석박사는 부동산컨설팅을 아래 표에와 같이 부동산개발컨설팅, 토지유효 이용 제안형컨설팅, 부동산중개 컨설팅으로 구분하고 있다.

이중 토지유효이용제안형컨설팅은 토지 외에 상업용 건물에 대해서도 임대수익을 최대로 창출하기 위하여 당해 건물에 대한 지속적으로 영업이 이루어지고, 부가가치가 높아 최대 임대료 수입을 얻을 수 있는 적절한 상업 업종을 선정하는 컨설팅을 의뢰하고 있다.

이중 이창석박사의 부동산중개 컨설팅은 부동산 중개 절차와 유사한 순서대로 수행되는 것으로 설명하고 있다.

이 부동산컨설팅 유형별 컨설팅순서를 소개하면 다음과 같다.

[표] 부동산컨설팅 구분[6]

구분	부동산개발	토지유효이용제안	부동산중개
①	상담과 계약	상담	중개에 관한 상담
②	최적의 사업부지를 선정	계획제안의 의뢰접수	조사·분석·검토
③	사업부지의 개발가능 업종 및 시설 선정을 위한 조사	여러 조사의 실시 및 분석·검토	제안서 작성
④	개발가능 업종 및 시설에 대한 타당성 분석	사업계획의 입안	중개계약
⑤	구체적인 개발 대안을 수립	기획제안서의 작성·제출	매각 등 활동
⑥	최적 개발안을 결정	기본협정서 체결	구입부동산의 선택
⑦	설계 및 시공관련 컨설팅을 수행	설계사무소의 선정 및 설계 감리계약의 체결 업무	중요사항의 설명
⑧	분양 및 임대관련 컨설팅을 수행	실시계획의 입안	융자업무
⑨	개발완료 후 부동산을 관리	사업 실시에 관한 컨설팅업무 위탁계약 체결	매매(교환)계약
⑩		공사 착수 전 여러 절차 준비 등의 업무	융자실행 업무
⑪		건설업자의 선정 및 공사도급계약의 체결업무	중도금관련 업무
⑫		공사착수	잔금관련 업무
⑬		공사 중의 공정·공사감리 관련업무	인도 업무
⑭		공사완료	인도 후 서비스 업무
⑮		건물 시설 등의 인도 및 개업관련 업무	
⑯		완성된 부동산의 판매, 임차인의 모집, 중개 등의 업무	
⑰		건물·시설 등의 관리·운영업무의 위탁	

한편 부동산중개 컨설팅에 대하여 학자마다 각기 다르게 구분하고 있어 아직 부동산컨

---

6) 부동산컨설팅. 이창석저. 1999. 7. 1. 형설출판사. pp.46~56

설팅에 대한 우리나라의 학문체제가 미흡하여 이를 체계적으로 연구하는 것 또한 시급한 실정이다.

4. 부동산중개와 부동산중개 컨설팅의 구분

부동산중개와 부동산중개 컨설팅은 근본적으로 차이가 있다. 가장 큰 차이는 부동산중개는 「공부법」에 의해 규제를 받으나 부동산중개 컨설팅은 「공부법」에 근거를 두고 있으나 이에 대한 구체적인 규제법률 내용이 없어 대체적으로 관례로 실행되고 있다는 것이 큰 차이이다. 이에 대하여 구체적으로 살펴보면 다음과 같다.

1) 업무범위 및 내용

먼저 부동산중개는 의뢰인이 주관이 되어 부동산의 권리변동만을 가져올 수 있도록 중개업자는 단순히 알선만 하는 것이고, 부동산중개 컨설팅은 부동산의 최유효이용이 될 수 있도록 중개업자가 의뢰인의 의사결정을 조언하거나 대행하는 것이다. 따라서 업무한계가 부동산중개는 물건의 상태를 정확히 확인하고 현 상태를 기준으로 권리취득을 하고자 하는 자에게 설명하며, 권리관계와 공법상 이용규제 사항을 파악하여 설명한 뒤 계약이 체결될 수 있도록 활동하여 계약을 체결하는 데까지를 말한다.

그러나 부동산중개 컨설팅은 물건을 매도 의뢰받은 경우는 이 매도물건의 상태확인뿐 아니라 면밀히 조사하고, 법적 하자가 없으면서 경제적으로 효용성 있게 사용할 수 있는 방법의 강구는 물론 필요시는 요구되는 사업의 유치까지 하며, 이러한 활동을 통하여 적합한 사용자를 찾아 매매가 되도록 하는 것이다. 또 물건을 매수 의뢰받은 경우는 매수자가 요구하는 조건을 충족할 수 있도록 물건탐색 및 조사를 비롯하여 매수할 수 있는 금융까지 조사하여 알선하고 더불어 건설 및 분양까지 맡아 활동하는 것이다.

다시 말해서 부동산중개는 부동산거래 당사자를 소개 및 알선하고 거래조건을 절충하여 부동산거래 계약을 체결하는 활동만을 하는 데까지를 말하며, 부동산중개 컨설팅은 중개행위를 포함하여 부동산의 이용 및 활용하는 방안 등 종합적인 자문활동이 주된 활동이거나 상담이 주된 활동을 말한다. 따라서 부동산중개는 중개계약을 체결하고 중개대상물확인·설명서와 거래계약서를 작성하는 업무가 주 활동업무이고, 부동산중개 컨설팅은 부동산중개 컨설팅계약을 체결하고 거래당사자의 요구에 적합하도록 자료를 조사하거나 현재의 부동산을 최유효이용할 수 있는 방안을 연구하거나, 부분적인 수리 및 개선하여 가장 효율적이고 생산적으로 활용할 수 있는 방안을 강구하며 이를 보고서로 작성하여 보고하고 필요시는 매각처리하는 업무까지 활동하는 업무이다.

2) 부동산중개 컨설팅 보수

부동산중개 컨설팅의 보수는 컨설턴트의 지식과 경험·판단을 축적하는 데 필요한 시간이 컨설팅 보수의 산정요소[7]이다. 따라서 컨설턴트의 지식 정도와 경험, 판단능력 그리고 수행시간 등을 고려하여 컨설팅 보수를 산정한다.

이 부동산중개 컨설팅의 보수형태에는 업무범위가 명확하게 측정될 수 있을 때 적용하는 고정보수(정액보수), 컨설팅 업무수행에 대한 노력과 경비수행 시간에 대한 대가로 지불하는 최소의 보수를 지불하고 건의에 따른 과업이 실행되어 성공하였을 때 성과급으로 지불하는 실적보수가 있다.

따라서 부동산중개는 「공부법」에 의하여 국토해양부나 지자체가 조례로 정한 수수료 범주 내에서 매매의 경우에는 0.9%까지, 그리고 임대의 경우에는 0.8 또는 0.9%까지 수수료를 받아야 한다. 그러나 부동산중개 컨설팅은 현행 「공부법」에서 대통령령으로 구체적으로 발전시킨 바가 없어 특별한 규정이 없기 때문에 의뢰인과 중개컨설턴트 간에 합의하여 컨설팅계약을 체결하면서 중개컨설팅 보수를 정하고 있다.

일반적으로 부동산중개 컨설팅의 보수는 당해 사업비 총액의 1~3%나 또는 컨설팅 업무범위에 해당하는 금액의 3~10%까지 받고 있다. 이처럼 부동산중개 컨설팅은 부동산 중개수수료 규정이 적용되지 않는다.

부동산중개 컨설팅 보수는 컨설팅계약 시 그 산출근거를 제시하여 보수규모를 결정하는 것과 실비가 반드시 포함된다는 것이 부동산중개 수수료와 차이가 있다.

---

7) 이창석 편저, 부동산컨설팅 사례분석, 형설출판사, 2001. 3. 13, p.19.

3) 업무수행 면의 차이

업무수행 면에서 부동산중개는 「공부법」에서 정한 계약서와 중개대상물확인·설명서를 작성하여 제공하면 되지만, 부동산중개 컨설팅은 부동산중개 컨설팅 문제의 정의, 제안서 제출, 부동산중개 컨설팅계약 체결, 업무실행, 1~2회의 보고서작성, 컨설팅보고 순으로 업무를 수행하여야 한다.[8]

부동산중개 컨설팅을 위해 작업할 인원은 각 분야의 전문인력을 컨설팅업무 완료 시까지 임시로 채용하여 사용함으로 고용신고를 할 수 없다. 왜냐하면 부동산중개 컨설팅을 수행하는 기간은 짧게는 1~2주로부터 수개월 또는 업무량에 따라 수년간에 걸쳐 수행하기 때문에 기간을 고정할 수가 없어 고용을 할 수 없다는 것이 차이이다.

4) 계약체결 내용

부동산중개는 물건에 대한 권리분석과 물건상태에 대한 조사와 확인으로 부동산중개를 하고 거래계약이 성사되면 업무가 사실상 종결됨으로 계약내용도 이에 국한하여 작성되며 따라서 그 내용이 대부분 한정되어 있으나, 부동산중개 컨설팅은 컨설팅 범위에 따라 조사·분석·검토로 한정되거나 조사·분석·검토 결과를 가지고 가장 수익을 증대할 수 있는 방안을 실행하는 것까지 한정하기도 하고, 실행방안까지 실행하여 완성된 후 처리 하는 데까지 실시함으로 그 내용을 일률적으로 한정할 수 없어 계약서 내용이 상황에 따라 다양한 것이 큰 차이이다.

---

8) 상게서, p.18.

제2장 | 부동산중개 컨설팅 절차

1. 개요

부동산중개 컨설팅은 앞서 기술한 바와 같이 ① 중개의뢰인과 상담, ② 물건 조사·분석·검토, ③ 제안서 작성, ④ 컨설팅계약, ⑤ 업무 수행, ⑥ 중간보고서 작성(컨설팅 보고서) 및 설명, ⑦ 가격조정 등 잔여업무 수행, ⑧ 최종보고서 작성 또는 거래계약 체결, ⑨ 최종보고서(건의서) 보고 등 9단계를 거쳐 실시되며, 이 중 부동산중개와 중복되는 것은 "돈버는 부동산 창업가이드"에 자세히 설명되어 있음으로 여기에서는 생략하고 부동산중개와 상이한 점 위주로 살펴보기로 한다.

2. 의뢰인과 상담

매수(임차)의뢰자가 중개업자를 방문하여 요구하는 물건을 의뢰하는 경우 중개업자가 매수(임차)의뢰자의 요구하는 물건이 없으면 중개업자는 적극적인 자세로 매수(임차)의뢰자가 요구하는 물건을 탐지하여 매수(임차)의뢰자의 욕구를 충족시켜 주게 된다.

이때 매수(임차)의뢰자와 상담하는 내용은 부동산중개에서 매도인과 상담요령과는 다소 차이가 있다.

부동산중개 컨설팅에서는 부동산중개에서 매도(임대)인과 상담하는 요령과 매수(임차)인과 상담하는 요령이 복합되어 수행하는 형태라 할 수 있다.

이때 중개업자는 매수(임차)의뢰자가 진정한 매수(임차)인인지를 먼저 파악하고 진정한 매수(임차)인일 경우는 매수(임차)인이 어느 유형에 해당하는 고객인지를 판단하여 해당유형에 적합한 상담을 하여야 성공확률이 높아질 것이다.

부동산중개업자가 부동산중개 컨설팅을 위해 매수(임차)의뢰자와 상담하면서 파악하여야 할 상담내용은 다음과 같다.

1) 의뢰인 확인

부동산중개 컨설팅에서 가장 중요한 것은 의뢰인에 대한 신뢰성 확인이 가장 중요하다. 의뢰인의 신뢰성 확인은 의뢰인의 인적사항과 구입을 의뢰한 부동산과 의뢰인의 직업관계이다.

의뢰인의 인적사항과 물건에 대한 기초적인 사항은 최소한의 내용이므로 필히 파악되어야 할 사항이다. 의뢰인의 인적사항은 성명, 주소, 주민등록번호, 전화 등을 말하며 대부분 명함을 통하여 상호 인사를 하게 되나 명함은 허위로 작성된 것이 많으므로 조심하여야 한다.

이는 의뢰계약서(중개컨설팅 계약서)를 통하여 확인하는 것이 일반적이다. 다만 이 계약서를 가지고 행정관서에서 주소지 및 성명 등 인적사항 확인하는 방법도 있다. 의뢰인의 직업관계는 반드시 일치하지 않을 수 있으나 구입하는 부동산과 연관이 있는 경우 상당한 신뢰를 할 수 있다.

2) 컨설팅 목적

부동산중개업자가 컨설팅 의뢰인[대부분 매수(임차)의뢰인이 많음]과 상담할 사항에는 컨설팅 의뢰인이 구입하고자 하는 물건의 사용목적을 명확히 알아야 그 목적에 적합한 물건을 찾아 주고 상담 및 조언해 줄 수 있음으로 구체적으로 파악하는 것이 가장 중요한 요소이다.

의뢰인이 부동산중개업자에게 구입을 의뢰하는 부동산 형태를 보면, 부동산개발업자의 경우는 아파트 부지(주상복합 및 도시형 생활주택 포함), 골프장 부지, 병원 및 상업용 빌딩 부지 등의 지주작업을 의뢰하고 있고, 건축업자의 경우는 상가주택이나 다가구주택 부지, 다세대주택이나 고시원 부지 등을 요구하고 있으며, 실수요자이 경우는 공장부시, 창고 부지, 다가구 및 상가주택 부지, 아울렛 점포 또는 골프용품 매장 부지나 이들에 대한 건축과 처리까지 의뢰하고 있다.

이러한 의뢰에 대하여 부동산중개업자는 구입목적에 맞는 컨설팅 목적을 도출하게 되며, 이 컨설팅 목적이 설정되면 이를 수행할 과업(과제)을 도출함으로써 가장 짧은 시간에 의뢰인이 요구하는 사항을 달성할 수 있는 기획 및 계획을 수립하여 실행이 가능하게 한다.

3) 조건 및 가격의 범위

다음에는 컨설팅을 의뢰함에 있어서 의뢰인의 조건이 명확해야 컨설팅의 범위가 명확해지므로 의뢰인의 조건을 명확히 하여야 한다. 이 조건은 컨설팅 업무에 따라, 그리고 상황에 따라 상이함으로 이를 전부 열거할 수 없다.

물건에 대한 기초적인 사항으로는 요구하는 물건의 종류, 구입목적, 요구면적, 요구 희망가격, 요구하는 물건의 소재지 지역 등이다.

그다음은 의뢰인의 컨설팅 범위이다. 즉, 조사 및 분석만 할 것인가, 매입까지 할 것인가, 건축을 할 것인가, 분양 또는 임대까지 할 것인가, 최유효이용 방안을 제시하는 것일까 등 컨설팅 범위에 따라 컨설팅 기간과 업무활동 범위가 달라지며, 컨설팅에 참여할 전문가의 참가범위가 결정된다.

부동산중개 컨설팅은 부동산투자와 연계되어 있어 수익률이 가장 중요하다. 그래서 수익률을 의뢰인의 요구에 달성되도록 하려면 가격의 범위가 매우 중요하게 된다. 가격의 범위는 의뢰인이 요구하는 지역의 개략적인 평균가를 중개업자는 알아야 합의가 가능하다. 왜냐하면 의뢰인의 입장에서는 가급적 저렴한 가격으로 구입하고자 한다. 반면 중개업자는 임무를 성공시키기 위해서는 구입 평균가격이 지역의 시세와 비슷하여야 한다.

그래서 아파트 부지 지주작업 등의 경우에는 그 지역의 평균가격의 10%가 높은 가격까지를 가격범위로 많이 하고 있다.

물건 소유자가 토지 및 건물의 최유효이용을 위한 중개컨설팅을 하는 경우가 있다. 이러한 경우는 중개컨설팅 절차에 의해 수행하나 이는 연구 및 조사가 매수 중개컨설팅보다 더 기간이 많이 소요되는 것 외에는 유사하게 처리된다.

3. 물건 조사·분석·검토

1) 물건조사

중개업자가 매수의뢰인으로부터 물건을 의뢰받는 형태에는 매수의뢰인에게 필요한 부동산을 찾아 주거나, 또는 매수의뢰인이 하고자 하는 사업에 적합한 위치를 찾아 줄 것을 의뢰받게 되거나, 의뢰인이 사업하고자 하는 대단위 토지의 매입 작업을 의뢰받게 된다.

따라서 중개업자는 의뢰인의 요구를 충족할 수 있는 부동산을 찾아 매수의뢰인에게 중개하여야 한다. 이때 중개업자가 의뢰인에게 적합한 물건을 찾기 위해서는 몇 가지 절차가 필요하다.

먼저 물건 지역을 의뢰인이 지정하였거나 조건을 한정하였다면 해당지역 내에서 물건을 찾아야 할 것이다. 따라서 중개업자는 의뢰인이 지정한 지역이나 조건을 한정한 지역을 지도상에서 먼저 정하게 된다.

지역이 지정되면 다음에는 소규모 개발이나 컨설팅 물건이라면 적합한 물건이 있는지 물건을 탐색하게 되는데 물건 정보를 입수하는 곳은 인터넷, 정보지 등으로부터 탐지하거나 동료 중개업자로부터 확보할 수 있으며, 지도상에서 적합한 필지를 도출한 뒤에 각종 자료를 확인하여 물건을 탐지한다.

이때 탐지하고자 하는 물건을 중개업자는 많이 확보하여 그중에서 의뢰인에게 가장 적합한 물건을 3~4개 이내로 선정하는 것이 좋다.

선정된 물건은 각각 해당물건에 관련된 공부와 법규 그리고 현장의 소식 등을 탐지하여 자료를 분석하게 된다.

만일 대단위 지역의 토지를 매입 의뢰받은 경우는 토지의 위치가 중요하다. 따라서 이런 경우는 의뢰인이 작업할 지역을 지정하여 의뢰하는 것이 일반적이다. 그러나 부동산중개업자는 의뢰인의 요구를 충족할 수 있는 다른 인접지역의 물건을 검토해 두는 것이 필요하다. 왜냐하면 의뢰인이 요구한 지역이 가격문제나 또는 각종 행정적 규제사항으로 의뢰인이 요구하는 목적을 충족시키지 못하는 상황이 발생할 수 있다. 이를 대비하여 부동산중개업자는 의뢰인의 요구를 충족할 수 있는 2~3개의 예비 작업지역을 판단해 두는 것이 바람직하다.

2) 물건자료 분석

물건의 자료로는 통상 등기부등본과 토지대장 및 건축물관리대장, 토지이용계획 확인서, 그리고 해당지역 자치단체의 관련조례 등이 있으며 필히 확보할 자료는 해당 자치단체의 실무담당자와 상담하여 해당 자치단체에서 적용하고 있는 지침이나 방침 및 통계자료 등을 확보하는 것이 중요하다.

물건의 자료 분석을 통하여 도출하는 요소는 다음과 같다.

① 물건의 모양
② 물건의 면적
③ 물건의 용도
④ 매도인의 인적사항과 소재지
⑤ 매도인의 전화번호
⑥ 공시지가 및 주변시세
⑦ 매도인의 매매가격
⑧ 취득가능 조건
⑨ 건축가능 조건

물건의 자료 분석에서 가장 핵심적인 사항은 의뢰인이 요구하는 목적대로 사용할 수 있는 인·허가문제가 가장 핵심이다. 그래서 물건자료를 수집하는 것도 근본목적은 여기에 있다. 따라서 부동산중개업자는 의뢰인이 정책적으로 이를 해결할 수 있도록 자료를 준비하고 분석해 주는 데 중점을 두고 자료수집 및 분석을 하여야 한다. 또한 중개업자도 행정관서와 부단한 협의를 통하여 인·허가 받는 데 필요한 자료를 수집하고 준비한다.

3) 가격판단

부동산중개 컨설팅에서 중개의 성공 여부를 결정하는 결정적 요소는 가격이다. 아무리 좋은 입지라 하더라도 가격이 적절하지 않아 수익성이 없다면 의뢰인은 요구하는 목적에 충족되지 못할 것이다. 따라서 부동산중개업자는 의뢰인과 구입할 가격의 범위를 결정하는데 최고가격을 정하여 작업에 임하게 된다. 이때 의뢰인은 가급적 최소의 가격을 요구하게 되고 부동산중개업자는 작업의 성공을 위하여 최대의 가격을 가지고 협상을 하게 된다. 이를 위해 부동산중개업자는 가격협상을 위한 수익성 분석을 먼저 실시하여 최소의 가격과 최대의 가격 폭을 판단한다.

이때 수익성 분석을 위하여 부동산중개업자는 당해지역이나 인근지역의 분양가 및 임대료, 은행이자율, 제세공과금, 건축비 및 구입비, 그리고 당해지역 및 주변지역의 거래사례 가격 등이 조사되어야 한다.

가격판단이 수립되면 1차보고서를 작성하여 의뢰인과 협상을 하게 되는데 가장 합리적이 가격은 평균가격이다. 작업은 최저가격보다 10~20% 저렴한 가격으로 작업을 시작하여 최저가격으로 50% 이상 최대한 구입하고, 또 경매 등을 통하여 최대로 저렴한 가격으로 구입할 수 있는 물건부터 구입함으로써 최종적인 매도고객에게 최고가격을 주더라도 사업에 지장이 없는 가격으로 결정하게 된다.

이때 최저가격과 최고가격은 수익성 판단에서 산출한 가격보다 최소가격은 10~20% 낮추고, 최고가격은 10~20% 높여 산출한다.

처음 지주들과 접촉하여 가격을 묻는 경우 또는 제시를 요구받는 경우 최소가격으로 제시하며, 최소가격 제시로 거부하는 고객이 당연히 있겠으나 한편으로는 사업을 실질적으로 하려면 가격이 낮아야 가능하다고 판단하여 신뢰를 얻을 수도 있다. 다만, 이렇게 신뢰한다 하여도 자기 것은 가급적 최고가격을 주기를 원한다. 그래서 지주들을 1차 만나 상담하면서 가장 급한 것부터 매수해 들어가는 것이 바람직하게 작업할 수 있다.

4) 현장확인

현장확인에 관한 사항 및 내용은 부동산중개의 해당사항과 동일하다. 따라서 부동산중개 컨설팅에서 현장확인은 소규모 개발의 경우는 부동산중개와 동일하게 사전에 자료를 분석하여 현장과 자료 분석한 내용의 일치 여부를 비롯하여 토지이용계획 및 공법상 제한사항 적용 여부, 내·외부 시설물의 상태 환경조건, 입지조건 등을 확인하고 특히 권리에 관련된 사항을 중점적으로 확인한다.

그러나 대형필지에 대한 부동산중개 컨설팅의 경우 현장확인에서는 가장 중요한 활동이 거래사례 가격을 파악하는 것이 가장 주요한 활동이다.

만일 매도인이 매도하기 위하여 나온 물건의 경우에는 가격조정이 비교적 수월하겠으나 매도인이 매도하려고 내놓은 물건이 아닌 경우에는 매도인 소재지 및 연락처 조사, 가격문제 등 어려움이 있다.

따라서 중개업자는 먼저 주변의 시세를 명확히 파악하고, 특히 거래사례를 탐지하여 이를 활용하는 것이 좋으며, 그 외에 일반적으로 감정 및 보상가격 산출요령이라든가, 영업비용 보상방법 및 규칙, 인테리어비용 보상에 관한 사항, 양도소득세 또는 부가가치세에 관한 상식을 많이 연구해 두어야 한다.

특히 가격에 관한 것은 현장에서 결정하는 경우가 많으므로 중개업자는 매도인과 대화 중 막히는 상황이 발생하지 않도록 지식을 함양하고 화술을 습득해 두어야 한다. 또한 작업지역 내 가장 어려움을 줄 수 있는 매도인을 본격 가격작업 전에 다른 사업용으로 하여 먼저 구입해 버리는 방법을 택하거나 아니면 높은 가격으로 지불할 생각을 하고, 비교적 쉬운 지주나 경매물건부터 구입하여 전체적인 가격을 맞추는 방법을 선택한다.

4. 제안서 작성

제안서는 부동산중개 컨설턴트가 의뢰인이 요구하는 목적과 조건을 이행하기 위한 방안과 컨설턴트의 요구사항을 제안하는 것으로 이 제안서에는 일정한 양식은 없다.

부동산컨설팅의 제안서에 통상 포함하는 사항은 다음과 같다.9)

(1) 부동산중개 컨설팅 사업개요

① 컨설팅 과업명
② 컨설팅 사업의 목적
③ 컨설팅 과업기간

(2) 부동산컨설팅 과업의 내용

① 환경분석
② 전략수립
③ 건축계획 및 설계

---

9) 이원준 편, 부동산컨설팅 경영과 실무, 경록, 2002. 2. 1, pp.216~220.

④ 사업수지 분석

⑤ 분양전략 수립 및 시장개설업 지원

(3) 부동산컨설팅 과업 흐름도

(4) 부동산컨설팅 과업의 일정

　　첨부: 용역비 산출근거

　부동산중개 컨설팅도 위 내용에 준하여 작성하나 실제 필자가 경험한 바로는 아래와 같이 다소 차이가 있었다.

1쪽: 표지

컨설팅 연구 제안서

일시:

보고기관: ○○공인중개사 사무소

대표성명:

수령기관: ○○산업개발 주식회사

2쪽: 개요

1. 사업개요
　① 사업명: ○○지역 할인매장 부지작업
　② 사업목적: ○○시는 지방중소도시로 할인매장 입주업체가 없어 ○○지역에 할인매장을 건축함.
　　• 할인매장 지역으로 적합한 지역선정
　　• 결정된 지역 2개 곳에 대한 토지매입가능 부지결정
　　• 최종 결정된 지역의 토지면적은 10,000평 이상이고, 매입가격 평균 평당 350만 원 전후 구입

- 구입 후 건축허가 및 설계를 제외한 건축업무
③ 컨설팅 기간
- 후보지 2개 곳 선정: 00.00.00~00.00.00
- 토지구입(85%) 완료: 최종부지 선정일로부터 6개월
- 건축 준공: 공사착공일로부터 8개월

3쪽: 후보지 2곳 선정 위한 과업내용

2. 과업내용
① 입지분석
면적분석 – 용도지역, 선정지역 내 소유자 분석, 주변지역 분석 및 배후지역
법규검토 – 도시계획법 및 건축법, ○○시 도시계획 조례
② 매입전략
- 소유자 신뢰확보: 1차 인사 및 매도의사 타진, 매도의사 있는 자 별도정리, 공공기관 기관장 접촉(존재 시), 개발필요성 홍보: 주민 유지파악
- 가격 최저로 지정: 1차 위기자 투자가에게 이전, 가계약자 70% 이상 확보, 2차 중가 가격자 확보: 15~30%, 최종 가격자 별도정리
- 시행사 협조: 시급히 매매자 및 경매건 매입
③ 지주계약 계획
- 계약기간 2일 내 처리
- 승인 후 잔금 즉시처리
- 잔금처리 후 즉시이전
- 세입자 영업권 소유자 처리조건–일부 영업 권리금 지급

4쪽: 과업시행 계획

3. 과업시행 계획
① 후보지 선정(2곳): 컨설턴트 외 1명, 작업기간: 15일
② 최종지 결정 후 매입전략 단계: 10개 필지당 1명의 활동인력 고용, 작업 활동인원 교육: 3일, 작업인원 각서 징구 후 투입(개발 보안)
③ 매입가 전략: 최저가 작업 20% – 평당 000만 원 이하, 중간 저가 30% – 평당 000만 원 이하, 중간 가격 20% – 평당 000만 원 이하, 중간 고가 15% – 평당 000만 원 이하, 최고 가격 15% – 평당 000만 원 이상(시공사 책임으로 인수)
④ 토지매입 예상가격: 000억 원(평당 000만 원)

4. 작업일정 계획

구분 \ 일정	1	3	6	9	12	15	18	21	24	27	30	60	90	120	150	180
가능지역 선정	■	■	■	■	■											
선정보고						■										
최종지 결정						■										
1차 매입(최저가)							■	■	■	■	■	■				
중저가 매입													■	■		
중간가 매입															■	
중고 가격																■
최종보고 및 계약																■

5. 컨설팅 비용판단

인건비 : 예상인원(8명)×300만원×6개월=1억 4,400만원

활동비 : 예상인원(8명)×100만원×6개월=4,800만원

사무실 운영비 : 120만원×6개월=720만원

계 : 2억 320만원

부가가치세 : 2,032만원

총계 : 2억 2,352만원

위 예문은 할인매장 부지개발을 위한 토지매입에 대한 부동산중개 컨설팅 내용에 대한 예문이다. 따라서 컨설팅 내용에 따라 그 내용의 차이가 있음으로 내용에 맞추어 작성되어야 한다. 한 가지 부언하고 싶은 것은 컨설턴트가 제안서 등 보고서를 작성함에 있어 그 내용을 자세히 숙지하고 컨설팅 내용을 수행하는 데 충실하게 작성하여야 한다. 대부분 그 내용도 모르고 남의 양식을 모방하여 복사도 아니고 베끼는 식으로 작성하여서는 아니 된다.

5. 수익률 분석

부동산중개 컨설팅에서 가장 중요한 것은 의뢰인의 의뢰목적을 충족시켜 주는 것이다. 의뢰인의 의뢰목적을 충족한다는 것은 의뢰인의 요구내용에 따라 상이하지만 부동산거래의 기본은 일종의 투자활동이기 때문에 최유효이용과 최대의 수익을 얻는 데 있다. 따라서 부동산중개 컨설팅에서도 의뢰인의 요구내용을 가장 중요하게 다루면서 부차적으로

최유효이용 방안과 최대의 수익률 분석이 수반되어야 한다.

이때 최유효이용은 본 내용에 잘 설명돼 있으므로 최대수익을 위한 수익률 산출에 대해 정리하도록 한다.

통상 현재 중개업계에서 수익률을 산출하여 고객에게 설명하는 것은 세전 수익률을 산출하여 설명하고 있다. 이는 고객이 어느 정도 보유하였다가 재매도를 할지 알 수 없음으로 당연하다 하겠다.

그러나 부동산은 최대수익을 위해 일정한 보유기간이 요구된다. 따라서 부동산중개 컨설팅에서는 단순중개 시 수익률 분석을 적용하여서는 아니 되며 세후 수익률을 전제로 수익률을 분석하고 설명되어야 한다.

세후 수익률 분석 시 고려할 요소는 예상 양도금액, 구입금액, 구입 시 지불한 세금 및 지급이자, 공실률, 수리비용, 보유기간 납입 재산세액, 양도 시 납부할 양도소득세 및 기타비용 등을 고려하여야 한다.

6. 중개컨설팅 계약

매수(임차)의뢰인이 중개업자에게 요구하는 물건을 찾아 달라고 의뢰하는 경우는 매수(임차)의뢰인이 자신이 요구하는 물건을 찾기 위해서는 많은 시간을 소비하여야 하므로 이로 인한 경제적 손실이 크다. 그래서 의뢰인이 물건을 찾는 것보다는 "전문가인 중개업자에게 의뢰하는 것이 보다 효과적이다"고 판단하여 중개업자에게 의뢰를 하게 된다. 따라서 부동산중개 컨설팅 경우의 중개의뢰 계약은 컨설팅계약을 별도계획으로 체결하기도 하고 또는 전속중개계약을 변형하여 체결하기도 한다.

실제 필자가 그동안 10여 년 이상 부동산중개업을 하면서 매수(임차)의뢰인의 요구를 완성하는 데는 적게는 15일부터 길게는 2년 이상 소요된 바 있다.

부동산중개 컨설팅계약서에 포함되어야 할 사항으로는 **의뢰인의 요구사항**으로 매수(임차)의뢰자가 요구하는 물건의 종류, 구입목적, 부지의 면적, 구입할 수 있는 금액의 범위, 매수자가 찾고자 하는 물건의 지역 등 물건에 대한 사항과, 그리고 **용역의 내용**으로 중개업자가 처리해줄 사항과 보고절차가 포함되어야 하며, 중개업자가 처리해 줄 사항은 의뢰인의 요구사항은 물론이고 이에 대한 한계사항이 포함되는데 그 한계사항에는 용역기간,

용역에 대한 대가의 금액과 지불방법, 보고서작성 및 보고일시 그리고 보고서 내용들이 포함된다. 그리고 마지막으로 계약일자 및 의뢰 중개업자 등 계약당사자의 인적사항, 그리고 계약당사자의 자필서명이나 날인이 포함되어야 한다.

특히 중개계약서와 차이는 컨설팅 보수에 관한 사항으로 컨설팅 보수에는 선수금이 포함되어 있다. 선수금이란 부동산중개업자가 보고서 완성 전까지 작업하는 데 소요되는 비용을 말하며, 이 선수금은 의뢰인이 작업비용을 부담하는 것이 관례이다. 선수금의 범위는 일정하게 정하여 있지는 아니하나 통상 컨설팅 보수 총액의 3~10%로 하고 있다. 따라서 컨설팅계약을 체결하면 계약 시 의뢰인은 선수금을 선지급하고 있다.

반면에 당해 컨설팅이 특별한 사정으로 중도에 해약되거나 부동산중개업자가 완성할 수 없을 경우에는 해약 및 수행불능사태가 된 때까지의 보고서를 작성하여 의뢰인에게 제출하고, 선수금에 대한 반환은 일체하지 않는 것이 관례이다.

그리고 컨설팅이 완성될 경우는 선수금은 보수에 포함되어 보수 총액에서 선수금을 제외하는 것만 컨설턴트는 수령하는 것이 일반적이다.

이처럼 전속중개계약으로 처리하기 어려운 사항이 포함되어야 함으로 부동산중개업자가 의뢰인과 컨설팅계약을 체결하여야만 하는 경우는 가급적 전속중개계약을 지양하고, 중개컨설팅계약으로 체결하는 것이 바람직하다.

그러나 단순하게 중개에 비중이 큰 중개컨설팅을 하여야 할 경우에는 전속중개계약을 보완하여 중개컨설팅계약을 체결하는 경우가 있다.

1) 전속중개계약서

전속중개계약은 국토해양부에서 권장하는 표준 전속중개계약서를 최대한 활용하여 사용하고 있으나 물건의 종류, 구입목적, 부지의 면적, 구입할 수 있는 금액의 범위, 매수자가 찾고자 하는 물건의 지역, 계약일자 및 중개업자 등 계약당사자의 인적사항, 또 계약당사자의 자필서명이나 날인은 활용 가능하다.

그러나 부동산중개 컨설팅에 포함되어야 할 사항, 즉 상담사의 업무범위, 용역기간, 용역에 대한 대가의 금액과 지불방법, 보고서작성 및 보고일시 그리고 보고서 내용 등이 포함되어야 한다.

따라서 부동산중개의 전속중개계약서에 컨설턴트가 수행할 과업의 범위, 용역에 대한 대가의 금액과 지불방법과 선수금 관계 등이 추가되어야 한다.

필자가 사용하고 있는 부동산중개 컨설팅을 위한 전속컨설팅 계약서를 소개하면 다음과 같다. 이때 전속중개계약을 체결할 경우 계약서 내용에 포함할 사항은 다음과 같다.

(　　　) 전속중개계약서

중개컨설팅 의뢰인(갑)은 중개업자(을)와 합의하여 다음과 같이 전속중개계약을 체결한다.

제1조("갑"의 요구사항)

목적	매수(　　) · 임차(　　) · 최유효이용 방안(　　)	
항목	내용	세부내용
희망물건의 종류		
취득희망가격		
희망지역		
그 밖의 희망조건		

제2조(과업의 범위) ①

제3조("을"의 의무사항)
① "갑"의 요구사항을 계약기간 내에 완수하여야 한다.
② "을"은 조사 및 분석결과 1차보고서를 작성하여 제안서로 제출한다.
③ 과업이 85% 완성되면 최종보고서를 작성하여 보고한다.

제4조(유효기간) 계약의 유효기간은 년 월 일까지로 한다.

제5조(보수)
① "갑"은 거래계약이 성립한 경우 거래금액의 (　　)%(또는 원)를 중개컨설팅 보수로 "을"에게 지급한다.
② 선수금은 컨설팅계약 체결 시 착수금으로 컨설팅 보수의 30%를 지불하고, 나머지 금액은 최종보고서 보고 시 지불하기로 한다.

제6조(손해배상 책임)
① "갑"이 업무범위를 일반적으로 변경하거나, 해약을 하는 경우 "갑"은 "을"에게 약정한 보수전액을 손해배상액으로 지불하기로 한다.
② "을"이 계약기간 내에 일방적으로 본 계약을 완성시키지 않거나 본 사업의 내용을 유출한 경우에 "갑"에게 보수에 상당하는 금액을 손해배상액으로 지불하기로 한다.

제7조(보고서에 포함할 사항)
① 1차보고서
② 최종보고서

제8조(그 밖의 사항) 이 계약에 정하지 아니한 사항에 대하여는 "갑"과 "을"이 합의하여 별도로 정할 수 있다. 이 계약을 확인하기 위하여 계약서 2통을 작성하여 계약 당사자 간에 이의가 없음을 확인하고 각자 서명 또는 날인한 후 쌍방이 1통씩 보관한다.

첨부: (대리인) 위임장 1부

년　　　월　　　일

계약자

중개의뢰인(갑): 성명:　　　　　(서명 또는 인) 주민등록번호/외국인등록번호
주소:　　　　　　　　　　　　(전화번호:　　　　)
(갑)의 대리인: 성명:　　　　(서명 또는 인) 주민등록번호/외국인등록번호
주소:　　　　　　　　　　　　(전화번호 :　　　　)
중개업자(을): 성명(대표자)　　　　(서명 또는 인) 주민등록번호/외국인등록번호
상호(명칭)　　　　　　　등록번호
사무소 소재지　　　　　　　　(전화번호 :　　　　)

2) 부동산중개 컨설팅계약서

이 컨설팅계약서는 그 양식에는 별도로 규정된 바는 없으나 필자가 통상 이용한 양식을 소개하면 다음과 같다.

컨설팅계약서
(부동산 최유효이용형)

"갑"과 "을"은 합의하여 다음과 같이 용역계약을 체결한다.

1. 대상물건
　대전 서구 정림동 산 54번지 외 43필지
　면적: 330,000㎡(10,000평)

2. 용역내용
　① 위 대상물건의 최유효이용 방안을 제시한다.
　② 위 대상 부동산에 최적의 경제성 건축범위를 결정한다.
　③ 세금 제하고 얻을 수 있는 수익금은 300만 원 이상으로 하는 방안을 건의한다.

3. 용역기간
　작업기간은 계약 체결일로부터 6개월로 한다.

4. 용역대가
　① "갑"은 "을"에게 용역비로 총가격의 3%를 보고서 제출일에 지불하기로 하고 선수금으로 1%를 계약일 지불하기로 한다.
　② "을"은 "갑"에게 용역 완료일까지 보고서를 제출하기로 한다.
　"갑"과 "을"은 위 계약내용에 이상이 없음을 확인하고 각각 서명한 후 1부씩 보관하기로 한다.

2007년 1월 15일

의뢰인 "갑" 성명: ㉑ 주민등록번호:
주소:
전화: 집, 휴대폰

용역인 "을" 성명: ㉑ 주민등록번호:
주소:
전화: 집, 휴대폰
* 법인인 경우: 상호등록번호

컨설팅 용역 계약서
(매수 및 건물 이전)

(주)○○산업개발(이하 "갑"이라 한다)과 ○○컨설팅(이하 "을"이라 한다)은 다음과 같이 용역계약을 체결한다.

제1조(목적) 본 계약은 "갑"이 "을"에게 아래 토지의 매입에 대한 컨설팅 용역제공 관련 사항과 비용지급에 관한 사항을 규정함을 목적으로 한다.

1. 소재지: 충남 공주시 신관동 ○○블록
2. 매입면적: 0,000평
3. 매입금액: 평당 평균가격 000만 원+5% 내

제2조(용역제공 범위)

① 본 계약과 관련된 "을"의 용역제공 범위는 "갑"이 매입하고자 하는 토지를 계약기간 동안 소유자들로부터 성공적으로 매입할 수 있도록 매입계약을 체결하도록 하는 것과, 사업지역 내에 위치한 국립○○ 관리원을 이전할 수 있도록 하는 데까지이다.

② ○○번지 국립○○ 토지는 국립○○ 관리원이 요구하는 장소로 신축하여 국립○○ 관리원이 이전할 수 있도록 하는 데까지이다.

제3조(계약기간) 본 계약에서 정하는 용역기간 중 토지매입 기간은 계약 체결일로부터 6개월 내에 토지매입 계약서를 작성 완료할 수 있도록 하고, 기상 등 불가피한 상황이 발생할 경우에는 "갑"과 "을"이 합의하여 기간을 연장하기로 한다.

제4조(용역제공에 대한 보수) "갑"은 "을"의 컨설팅 용역에 대한 대가로 다음과 같이 용역비를 지불한다.

① 용역지 총 금액은 0억(₩000,000,000)원으로 한다. 단, "을"이 적극적으로 작업을 성공시켜 "갑"이 제시한 평당 000만 원 이하 금액에 토지를 매입한 경우에는 평당 000만 원+5%에 해당하는 금액에서 실제 거래한 금액 총액의 차에 해당하는 금액의 1/3을 성공사례비로 추가 지불한다.

② 용역비 지불방법 및 시기

  가. 계약금은 총 용역비의 10%로 하고 이를 착수금으로 계약 시 지불한다.

  나. 잔금은 토지매입 자금지급일에 전액 지불한다. 단, 토지 지주 중 20% 이내의 지주들에 대한 지주작업이 어려움이 있을 경우 "갑"은 "을"의 토지매입 지주

작업이 완료한 것으로 하고, 토지매입 기간을 종료하며 잔금지급일에 토지매입 용역비 잔금을 지불하기로 한다.

　다. "갑"과 "을" 간의 금전거래는 ○○은행 000000-00-000000(예금주 "을")계좌로 입금한다.

제5조(정보제공) "갑"은 "을"에게 회사의 내역 및 사업추진 내용에 관하여 사실과 다르게 정보를 제공하여 문제가 발생할 경우에는 전적으로 "갑"의 책임 하에 문제를 해결하고, 그에 따라 발생하는 모든 재산상의 불이익은 "갑"이 보상한다.

제6조(비밀보장) "을"은 본 용역 수행기간 동안과 그 후에도 이를 수행하는 과정에서 인지한 "갑"에 대한 정보와 용역내용을 "갑"의 사전 동의 없이 외부에 그 정보를 제공하거나 양도 및 담보물로 제공하여서는 아니 된다. 만일 "을"이 이를 어겼을 경우 "을"은 "갑"이 입은 피해에 대해 책임을 져야 한다.

제7조(손해배상)

① "을"이 본 계약관련 계약 불이행으로 인하여 손해가 발생할 경우 "갑"은 손해배상을 청구할 수 있으며, "을"은 청구받은 손해금액을 "갑"에게 지급하여야 한다.

② "을"은 토지매입 작업을 기간 내에 정상적으로 진행하지 못하거나 사업자를 타 시행사 및 시공사로 "을"이 임의로 변경시킬 경우에는 착수금 배액을 배상하여야 한다. 단, 착수금은 용역이 성공적으로 완료 시는 용역비에 포함하고, 중도에 해약 시는 이를 상환하지 않기로 한다.

제8조(업무협조)

① "을"은 본 계약 이행 시 "갑"이 진행사항 정보제공 요청이 있는 경우 즉시 "갑"에게 모든 정보를 제공하여야 한다.

② "갑"은 "을"이 토지소유주와 합의한 매도의향서 등 필요한 서류에 대하여 적극 협조한다.

제9조(계약의 효력발생) 본 계약은 착수금이 입금되는 날부터 효력이 발생한다.

제10조(국립00000000관리원 이전 관련비용) 국립○○ 관리원 이전과 관련하여 소요되는 모든 비용은 "갑"이 바로 지불한다.

제11조(계약 해석 및 분쟁해결) 본 계약에 명시되지 않은 사항 및 본 계약의 해석상에 상호 이의가 있을 경우 상호 협의하여 결정하며, 실패할 경우에는 "갑"의 소재지 관할 법원의 중재에 따라 해결한다.

"갑"과 "을"은 상기 조항을 신의성실의 원칙에 입각하여 이행할 것을 다짐하고, 이를 증명하기 위하여 계약서를 2부 작성하여 각각 1부씩 보관한다.

2007년 1월 15일

의뢰인 "갑" 법인명: (주)○○산업개발 사업자등록번호: 00-00-00000
주소: 대전 서구 ○○동 ○○번지 ○○빌딩 ○층
대표자 성명: ㉑ 전화: 000-000-0000

용역인 "을" 상호: ○○ 컨설팅 사업자등록번호: 000-00-00000
주소: 충남 공주시 ○○동 ○○번지 ○○ 빌딩 ○층
대표자 성명: ㉑ 전화 000-000-0000

선수금에 대하여 구체적으로 살펴본다. 선수금은 일정한 비율은 없고 의뢰인과 부동산중개업자 간에 합의에 의하여 결정하는데 통상 전체보수(용역비)의 10%에서 30%까지 지급한다.

선수금은 용역이 완료될 경우는 보수의 일부가 되지만 중간에 컨설팅이 해약된 경우는 작업비로 간주하여 의뢰인이 기회비용으로 처리하며 부동산중개업자는 선수금을 반환하지 않는 것이 관례이다.

아파트 부지에 대한 지주작업처럼 큰 사업인 경우는 토지가격의 3~10%를 용역비로 책정하며, 이때 선수금을 일정비율 먼저 지급하는 방법이나 지주작업 활동요원당 생활비가 가능하도록 활동비 포함하여 선수금을 책정하고 그를 급여식으로 지급하기도 한다. 이때 토지작업비 포함한 토지대금은 시행사가 부담하는데 프로젝트 파이낸싱으로 조달한다. 프로젝트 파이낸싱에 대해서는 부동산금융에서 살펴보기로 한다.

컨설팅계약서
(수익성 건물 최유효이용형)

"갑"과 "을"은 다음과 같이 용역계약을 체결한다.
1. **요구 대상물건**
   ① ○○시 ○○구 ○○동 ○○번지 건물의 수익성 증가 방안 강구
   ② 현 건물의 일부 내부개조 가능성 검토
   ③ 수익률 세후 8% 이상으로 검토요망
2. **용역내용**
   ① 현 시설의 문제점 진단 및 해결책
   ② 현 시설의 증축 가능성 포함
   ③ 층별 적절한 업종 배분 및 유치(안)
   ④ 시설관리 방안 강구
3. **용역기간**

작업기간은 계약 체결일로부터 6개월로 한다.

4. 용역대가

① "갑"은 "을"에게 용역비로 총 가격의 3%를 보고서 제출일에 지불하기로 하고 선수금으로 1%를 계약일 지불하기로 한다.

② "을"은 "갑"에게 용역완료일까지 보고서를 제출하기로 한다.

"갑"과 "을"은 위 계약내용에 이상이 없음을 확인하고 각각 서명한 후 1부씩 보관하기로 한다.

20 년 월 일

의뢰인 "갑" 성명:　　　　　㉑　　　주민등록번호:
주소:
전화: 집, 휴대폰
용역인 "을" 성명:　　　　　㉑　　　주민등록번호:
주소:
전화: 집, 휴대폰
* 법인인 경우: 상호등록번호

　　일반적으로 부동산거래는 수익성에 기초를 두고 있다. 따라서 부동산 최유효이용에 대한 중개컨설팅을 하는 경우도 부동산에 대한 입지선정 및 확보작업이나 수익성 판단 등을 고려하여야 하므로 가격판단과 업종 입점계획이 매우 중요하다. 부동산중개 컨설팅 의뢰인들도 이 부분을 잠재적인 요구로 상담해 오기 때문에 부동산중개업자는 이를 잠재과업으로 하여 과제도출을 하고 작업계획을 세워야 한다.

　　따라서 부동산중개 컨설팅 의뢰는 단순한 중계계약이 아니라 조사연구 및 분석을 필요로 하는 작업으로 단순한 서류발급으로 그치지 않고, 시간과 비용 및 전문가를 동원하는 복합적으로 작업하는 사항이므로 컨설팅(상담)계약을 체결하고 작업한다. 이때 부동산중개업자가 주의할 사항은 용역비(컨설팅 보수)의 처리문제이다.

　　법인은 물론 개인 부동산중개업자도 부동산컨설팅을 직업종목에 포함하여 사업자등록을 하고 부동산 상담업을 할 수 있다.

　　부동산컨설팅, 즉 상담업을 할 경우 용역비를 별도로 받고 이에 따른 세금을 지불하며, 부동산중개업소로 세금을 정리하면 과다수수료에 적용될 염려가 있으므로 주의하여야 한다. 그래서 통상 개인 상담업으로 계약하고 비용도 이에 맞춰 세금처리를 함이 바람직하다. 따라서 개인 상담사로 업무를 처리하였다 하더라도 세무서에 소득신고를 하고 이에 합당하는 세금을 지불하여야 한다.

컨설팅업무는 일반 컨설팅 절차에 따라 수행하게 되며, 보수 산출도 컨설팅 수행계획을 작성하여 이 계획을 수행하는 데 필요한 타당성 있는 컨설팅 보수를 산출하게 된다. 또한 컨설팅 업무는 그 결과를 보고서 형태로 작성하여 의뢰자의 요구조건을 충족할 수 있는 의견이나 조언이 담겨져야 한다.

컨설팅 보고서에 대해서는 보고서 작성에서 자세히 살펴보기로 한다.

7. 업무 수행

컨설팅계약을 체결하면 부동산중개업자는 컨설팅 업무를 본격적으로 실시하게 된다. 이를 위해 부동산중개업자는 컨설팅 업무 실시계획을 수립하고 수립된 실시계획을 수행하기 위한 인력선발을 한다.

부동산중개업자가 컨설팅 업무를 실시할 인력을 선발하는 것은 별로 시간이 소요되지 않는다. 왜냐하면 앞서 제안서를 작성할 때 개략적인 소요인원이 판단됨으로 이때 컨설팅 계약을 체결하면 같이 작업할 것을 약속하고 믿을 수 있고 해당업무를 수행할 능력이 있는 자로 미리 선발을 해 둔다. 그래서 선발된 인원들을 컨설팅계약 체결 직후 바로 소집하여 실시계획에 대한 내용을 교육하고 실행업무를 토의하고 부여하게 된다. 그러면 각 작업 조는 자신들의 업무를 추진계획을 작성하여 컨설턴트에 제출하고 제출한 실시계획에 의거 추진한다.

이때 작성하는 실시계획 내용은 다음과 같다.
- 작업준비: 자료수집, 자료정리, 작업지역 할당, 소유자 분류(지주작업)
- 작업실시 일정계획: 일정별 작업계획
- 작업일지 작성: 과업별 카드작성 및 기록, 결산 및 보고

한편 컨설턴트를 진도표 및 일정별 발견된 문제점 처리계획을 작성하여 처리할 준비를 하게 된다. 완료된 과업은 관련자로부터 확약서 또는 동의서를 받아두고 과업일 경우는 다음 단계와 연계성을 검토하며 완성해 간다.

과업을 추진하면서 업무량이 고르게 분배되지 않을 수 있다. 이때는 팀이 전체적으로 같이 작업할 준비를 한다. 과업이 목표를 달성하게 되면 의뢰인에게 보고서를 작성하여 보고한다.

8. 보고서 작성

　부동산중개 컨설팅은 중개대상물확인·설명서작성 대신 이 내용을 포함한 보고서를 작성하여 의뢰인에 보고 겸 협의를 하게 된다.

　부동산중개 컨설팅의 경우 보고서작성은 최소 두 번 실시하게 되는데 현장확인 후 보고서인 1차보고서는 사업제안서이다.

　2차보고서는 과업이 의뢰인과 계약한 목표를 달성했을 때 작성하는데 이때 보고서에 포함할 컨설팅 보고서 양식은 다음과 같다.

　① 표지
　② 부동산의 표시
　③ 의뢰인의 요구사항
　④ 과업별 추진결과
　　　－ 공간적 제약요인
　　　－ 권리 분석
　　　－ 이용도 분석
　　　－ 수익성 분석 등
　　　－ 토지매입가(지주작업)
　⑤ 건의 또는 결론(거래계약 적절한 일정 및 준비사항)

9. 의뢰인에게 보고

　매수자에게 의뢰받은 내용이 포함된 종합적으로 검토한 결과를 작성한 보고서를 매수의뢰인에게 보고하는 것을 말한다. 그리고 소규모 작업 의뢰인 경우는 최종작업이 완료되면 최종보고서를, 대규모 작업인 경우는 85% 이상 작업이 완료되면 최종보고서를 작성하여 보고한다.

　대규모 작업 시 85% 이상 작업이 완료되면 최종보고서를 작성하는 이유는 그 이후 작업은 매수의뢰인이 정책적으로 결정되어야 할 사항이기 때문이다.

　이 과정에서 경우에 따라서는 50% 이상의 작업이 완료되면 인·허가를 위한 작업에 들어가야 하므로 중간보고를 하기도 하고 매도인들로부터 동의서를 징구하기도 한다.

부동산중개업자가 컨설팅 보고서를 작성하여 매수의뢰인에게 설명 및 보고를 한 뒤 컨설턴트(상담사)는 의뢰인으로부터 컨설팅수수료를 수령한다.

컨설팅계약서가 있더라도 컨설팅 보고서를 의뢰인이 받지 않은 경우는 의뢰인은 컨설팅 보수를 지불할 의무가 없게 된다. 그리고 통상 의뢰물건이 매도가 되거나 매입이 완료되어야 부동산중개업자는 보수를 받기 때문에 종종 과다 보수에 연루되어 제대로 컨설팅 비용을 받지 못하는 경우가 있다. 따라서 컨설턴트는 반드시 보고서를 받았다는 영수증을 의뢰인으로부터 받아 두어야 하고, 의뢰물건에 대하여 매도 및 매입계약이 체결되면 컨설팅 보수를 청구하여 수령한다. 이때 의뢰인이 이의를 제기하지 못하도록 하기 위해서는 보고서 수령증을 받아 두는 것이다. 이때 사용하는 수령증은 별도 양식이 없으며 포함할 요소는 보고서명, 보고서를 수령했음을 나타내는 문구, 수령일, 수령자 인적사항, 수령자 상대방 인적사항 등이 포함되면 된다.

10. 컨설팅보수 수령절차

부동산중개 컨설팅에 있어 보수 수령은 착수 시 착수금조로 받은 선수금으로 전체 보수의 3~20% 정도 수령하여 서류발급비 등으로 사용할 수 있어야 하며, 필요하다면 중도금으로 중간에 받을 수 있으나 통상은 생략되고, 최종보고서 보고 시 나머지 잔금을 받는 것이 일반적이다.

이때 컨설팅 보수는 갑근세를 제하고 받는 방법이 있고, 또는 부동산중개업자가 직접 수령하고 현금영수증을 발행해 주는 방법으로 하고 있다.

제3장

중개대상물별 부동산중개 컨설팅 핵심요소

1. 개요

부동산중개 컨설팅을 실시하는 경우는 중개의뢰인이 중개컨설팅을 의뢰함으로써 부동산중개 컨설팅이 이루어지는 경우가 있고, 다른 하나는 우리 부동산중개업자가 부동산중개 유형 중 단순 부동산중개 할 것과 중개컨설팅 해야 할 것을 구분하여 부동산중개 컨설팅으로 유도하는 경우가 있다.

이 중 중개의뢰인이 부동산중개 컨설팅을 의뢰하는 경우는 당연한 부동산중개 컨설팅을 해 주어야 하므로 앞서 살펴본 부동산중개 컨설팅 절차에 의해 수행하면 된다. 그러나 현재 부동산중개 유형 중 부동산중개 컨설팅으로 유도할 부분은 우리 스스로가 찾아야 하므로 부동산중개업자는 최소한 이에 대한 노력을 해 주어야 하고, 협회 및 학회에서도 이에 대한 구체적인 학술토론을 거쳐 규범화하는 노력이 요구된다.

부동산중개업자가 부동산거래에 있어 부동산중개 컨설팅이 가장 많이 이루어지고 있는 분야는 1990년대 및 2000년대에는 다가구 및 임대사업용 상업시설의 구입의뢰, 아파트 부지 지주작업 순으로 컨설팅 의뢰가 가장 많았으나, 최근 4~5년 전부터 주택 보급률의 100% 초과한 지역부터 적절한 수익성 있는 상업용 건물을 구입 의뢰하는 경우가 가장 많아졌으며, 그다음으로 공장이나 창고용 부지에 대한 구입의뢰 중개컨설팅, 그리고 다가구 주택 등 수익성 주거용 건물 순이다.

2. 상업용 건물

상업용 건물에는 오피스텔이나 상업용 빌딩 등이 있고 건물의 일부인 점포(상가) 및 사무실 등이 있다. 점포 및 사무실 매매는 분양이나 기존 업무용 매매가 있으며 이 중 중개업자는 주로 기존 상가나 업무용 시설의 매매를 하고 있다. 빌딩 등과 상가 및 사무실 매매의 특징은 매매가격이 대부분 수익률에 의해 결정되는 경우가 많다. 따라서 중개업자는 점포매매 시 단순히 물건에 대한 알선과 설명만으로 중개를 성사시킬 확률은 매우 낮고 컨설팅으로 많이 하고 있다.

1) 점포 및 사무실

(1) 점포

① 분양

신축상가는 대부분 1차적으로 분양에 의하여 거래가 이루어진다. 상가분양은 전문테마상가분양과 아파트단지 내 상가분양, 종합 상가분양으로 구분된다.

상가분양은 중개법인이 분양책임을 맡아 하는 방법이 있고, 상가분양 팀을 구성하여 분양하기도 한다. 종전에는 상가분양을 시공하기 전에도 분양하였으나 최근에는 시공 후 분양이 이루어지고 있다. 상가분양은 아파트분양과 달라 분양가가 매우 높으며, 개인분양은 완공 전 통상 이루어진다.

상가를 분양하기 위해서는 상가분양에 대한 지식과, 업종에 대한 특성 및 수익률, 업종별 소요를 파악할 수 있는 기관 등에 대한 정보와 지식이 절대적으로 필요하다. 상가분양을 위해서는 먼저 당해 건물의 건축목적과 특성을 파악하여야 한다. 이 목적과 특성에 따라 입주할 업종에 대한 콘셉트가 달라지고 그 콘셉트에 따라 입주시킬 업종의 규모와 성격이 달라진다.

목적과 특성이 파악되면 다음은 이에 맞는 콘셉트를 잡아야 한다. 즉, 각 층별 콘셉트를 먼저 결정하고 그 콘셉트에 따라 층별 적절한 규모의 업종을 구성하게 된다.

이처럼 콘셉트가 작업되면 이에 적합한 요구서를 작성하여 수요가 집약되는 기관에 방문하여 수요자를 획득하고 이때 이 수요자는 매매와 임대차를 구분하여 파악한 뒤 임차자에 적합한 일반매수자를 확보해 나가는 순으로 분양이 이루어진다. 분양을 하면서 겸하여 분양에 따른 행정적 절차도 명확하게 하여 고객에게 신뢰를 얻을 수 있도록 하여야 한다.

상가분양에서 주의할 점은 일반인들이 상가분양에 잘 알지 못하는 점을 악용하여 과장 및 사기성 분양을 하고 있어 반드시 주변 상권에서 동종 업종의 임대료 등을 조사한 뒤 분양에 참가하는 것이 바람직하다. 그래서 가급적 전문가의 도움을 받는 것이 실수하지 않는 바람직한 방안이다.

이를 위해 부동산중개업자는 전문가로서 이를 컨설팅할 수 있도록 항상 준비하고 신뢰받는 분양알선을 할 수 있어야 한다.

중개법인이나 부동산중개업자가 상가를 분양 대행하는 경우도 있다. 이때 분양 대행하는 요령은 분양가와 분양완료 시기에 대해 회사와 협의하며 시공회사에 대해서도 협의하는 경우가 있다. 이 외의 중요사항이 시행사나 건설회사와 협의가 완료되면 총 분양가(협의가격)의 5~10%를 시행사나 건설회사에 납금하고 분양계약을 체결한다. 계약 후 분양팀을 구성하여 분양기간 내 완료하고 나머지 잔금을 입금해 주는 절차로 분양컨설팅을 맡기도 한다.

신축상가를 부동산중개업자가 매매컨설팅하는 경우 투자자는 수익성을 보고 투자하므로 해당 상가분양팀과 주기적으로 협의하여 입주할 임차인을 선정하여 매매를 추진함이 바람직하다. 이때 수익성은 적절한 수익이 가능하여야 한다.

② 기존 점포매매

기존 상가매매도 상가의 수익성과 발전성을 고려하여 거래한다. 다만 현재 우리나라는 용도지역 및 건물의 용도에 있어 상가비율이 다른 용도에 비하여 비교적 많은 편이다. 여기에는 근린상가까지 합친 수치로 다른 용도지역에 비하여 과다공급 상태이다. 그러다 보니 상가로 건축된 건물이 공실이 많고 일부는 이를 주거지역으로 용도변경을 하고 있다.

또한 신도시개발로 구(舊)상권이 몰락하면서 기존 상권의 투자에 신중을 기하도록 하고 있다. 따라서 기존 상권은 그 지역의 건물 생명주기와 그에 대한 정부의 개발정책을 면밀히 살펴 투자하여야 한다.

또 투자자들의 상가 투자방법에 있어서도 과거처럼 상가의 투자수익을 자본적 이익보다 운영수익을 통해 일정기간 수익을 확보하는 데 중점을 둔 수익을 창출하고, 일정기간 양도 시 추가적인 자본적 수익이 있으면 더 좋고, 그렇지 않아도 되는 투자방향으로 전환되고 있다. 투자자들의 투자방향이 바뀌는 이유는 먼저 상가투자의 상당수는 노후를 위한 일정한 수익을 얻고자 하는 투자들이 많은 데 있고, 상가의 과다보급으로 과거처럼 자본적 기대수익을 기대하기는 어렵기 때문이다.

기존 상가매매 컨설팅은 분양보다 다소 유리하다. 왜냐하면 기존 상가는 임차인이 대부분 입주해 있는 상가를 매매함으로 임차인의 임대료가 곧 수익률 산출의 기준이 되며 그에 의해 가격이 조정되기 때문이다. 특히 아파트 단지 내 상가와 근린상가를 제외하고는 빌딩이나 전문상가 및 테마상가들은 관리비가 높아 잘못 투자 시는 손해가 발생할 수 있다.

최근 상황으로는 아파트 단지 내 상가가 비교적 고정적 수익을 창출할 수 있기 때문에 안정적이기는 하나 점포별 업종제한을 하는 추세이므로 이를 잘 확인하여야 한다. 상가 컨설팅도 이런 점에 주안을 두고 투자자를 유치하는 것이 효율적이다.

(2) 사무실

사무실매매도 분양과 기존 사무실매매로 구분된다. 분양은 오피스텔 분양과 종합빌딩, 즉 업무용 시설분양으로 구분되며 일부 전문 분양팀에서 분양하기도 하지만 대부분 시공업체에서 분양을 시행하고 있다. 사무실분양도 점포분양과 분양형태가 비슷하며, 특히 근래에는 1년 또는 2년간 수익을 보장해 주는 현혹성 분양에 대해 속지 말고 자세하게 조사하고 서류를 미리 잘 살펴 분양을 받아야 한다. 기존 사무실매매 또한 기존 상가매매와 비슷한 형태로 이루어지며 관리비가 기존 상가에 비하여 높이 책정되어 있어 수익률이 기존 상가에 비하여 떨어질 수 있다. 또 기존 사무실매매는 분양 때보다 가격이 점점 하락하는 경향이 있으므로 일반적으로 분양가보다 저렴하게 매매거래가 이루어진다. 따라서 기존 사무실을 매매하는 것이 수익성이 더 높을 수 있음으로 이곳에 투자하는 경향이다. 단, 사무실매매도 관리비를 반드시 확인하여 투자를 하여야 한다.

2) 상업용 건물

부동산중개업자가 상업용 건물을 중개하거나 컨설팅하면서 착안해야 할 사항은 매매가격에서는 수익률 분석을 할 경우 당해지역의 공실률, 세전 수익률과 세후 수익률에 대하여 분석할 수 있어야 하며 이때 매수인의 요구 수익률과 동시에 검토되어야 한다. 그리고 세금에서는 취득세 및 양도소득세 외에 부가가치세에 대해서도 착안하여야 한다. 또 물건의 상태에서는 건축연도 및 건물관리 상태를 확인하여 수리요소와 수리비용도 착안하여야 한다.

그리고 건물관리에서는 방화관리와 안전관리 그리고 냉·난방관리 및 주차관리에 대해서도 착안하여야 한다. 이때 공실률은 당해지역의 평균 공실률을 적용하여야 하는데, 신축인 경우는 당해지역의 기존 상업용 공실률보다는 낮게 적용되는데 기존상업용 건물의 공실률을 알지 못하는 경우 또는 신축에 대한 수익률 산출 시는 통상 일반적인 평균 공실률 6%를 적용하여 산출한다.

수익률 분석은 건물주의 당해건물에서 얻어지는 차임(월세)과 관리비 그리고 보증금 총액에 대한 정기예금 이자에 해당하는 이자수익 등의 연간 총수입에서 융자금의 연간 지불 이자액과 관리비 및 시설유지비 및 공실률만을 제외한 세전 수익률이 있고, 앞서의 연간 총수입에서 세전 수익률 산출 시 적용한 비용 외에 연간 재산세(종합부동산세 포함) 및 종합소득세 그리고 부가가치세를 포함하여 지출한 비용을 제외한 나머지 실질적 수입에 대한 세후 수익률이 산출되어야 한다.

세금에 있어서는 취득세는 매매가격에 대한 취득세를 산출하고 양도소득세는 매도인에게만 해당하며, 매도인과 의뢰상담을 하거나 가격조절을 하는 과정에서 통상 고려되고 상담되므로 별도로 산출해 둘 필요가 있다. 부가가치세는 상업용 건물의 경우 매우 중요하다. 그래서 부가가치세는 그 세금의 예상금액을 산출과 부가가치세의 부담(환급)문제 두 가지 측면에서 착안하여야 한다. 부가가치세는 토지에는 없으며 건물에만 부가되므로 건물부분에 대해서만 부가가치세를 산출하면 된다. 또 건물에 있어서도 주택에 대해서는 부가가치세가 없으며 주택 외의 건물에 부가가치세가 적용된다. 참고로 주택 임대사업자에 대해서는 주택매매에 대한 부가가치세는 없고 임대수입에 대해서는 부가가치세를 납부하게 된다. 만일 주택부분과 상업용 부분이 혼용된 경우에는 일반과세자로 임대사업을 등록하였다면 상업용 건물부분에 대해서만 산출한다. 매매 시 부가가치세 부담문제이다.

상업용 건물의 소유자는 대부분 임대사업자로 등록하여 임대사업을 하는데 이때 착안하여야 할 경우는 매도인가 임대사업등록 없이 건물을 운영하였는지 간이과세자인지 일반과세자인지에 따라 차이가 있으며, 또 매수인이 간이과세자로 등록했는지 일반과세자로 등록했는지 또 임대사업등록을 하지 않았는지에 따라 다르다. 먼저 매도인이 임대사업을 등록하지 않았을 경우와 간이과세자인 경우에는 부가가치세에 대하여 환급을 받지 않았기 때문에 매수인이 일반과세자라면 매수인만 부가가치세를 환급받으면 된다.

매도인이 일반과세자인 경우에는 상업용 건물을 취득하여 10년 이내인지 10년을 초과하였는지 두 가지 경우로 검토하여야 한다. 매도인이 일반과세자이면서 임대사업을 등록하고 10년이 초과하였으면 통상 매도인은 부가가치세를 환납하지 않아도 된다. 그러나 10년 이내인 경우에는 환급받은 부가가치세를 10년으로 균등 감가상각하여 잔여부분에 대해서 납부하게 된다.

매수인이 임대사업등록을 하지 않았거나 간이과세자인 경우 매수인은 부가가치세를 환급받지 못한다. 그러나 일반과세자인 경우에는 매매대금에서 건물부분에 해당하는 매매가격에 대한 부가가치세를 환급받을 수 있다. 따라서 부동산중개업자는 상업용 건물을 매매함에 있어 당해건물에 대한 임대사업에 대해 포괄 양도·양수하도록 할 것인가, 아니면 일반원칙대로 할 것인가를 매도인과 매수인이 합의하도록 유도하여야 한다.

이때 매도인은 포괄 양도·양수하는 것이 부가가치세를 환납하지 않아도 되므로 포괄 양도·양수하는 쪽으로 요구할 것이며, 매수인은 투자자금을 조금이라도 줄이기 위하여 포괄 양도·양수를 하지 않으려 할 것이다.

그래서 포괄 양도·양수가 합의되면 중개업자는 매매계약서와 동시에 포괄 양도·양수계약서(제4절 14, 포괄 양도·양수계약서 참조)를 작성해 주어야 한다.

만일 포괄 양도·양수 합의가 이루어지지 않으면 매도인은 부가가치세를 환납해야 하고, 매수인은 부가가치세를 환급받게 된다. 이때 매수인이 부가가치세를 환급받기 위해서는 반드시 매매계약 체결 후에 일반과세 임대사업자로 등록을 하여야 가능하다.

상업용 건물은 거래대금이 크고 입주한 임차인이 다양하고 많기 때문에 건물 관리상태가 많이 다르다. 따라서 중개업자는 상업용 건물에 대한 매매의뢰를 받으면 상당기간 의뢰물건에 대한 상태와 관리상태를 조사하고 확인하여 수리문제를 세밀하게 조사하여야 하며, 이에 대한 수리비용을 판단해 두어야 한다. 특히 중개업자가 당해건물에 대한 자산관리[10]를 같이 하도록 매수인과 계약을 한다면 이 부분은 더욱 중요해진다. 특히 5년 이상 된 건물에 대해서는 중개대상물에 있는 내용에 추가하여 준공 이후의 건물관리기록부를 확인해야 한다.

상업용 건물의 관리는 시설관리, 방화관리, 안전관리, 주차장관리 등으로 구분하여 관

---

10) 일반적으로 상업용 건물에 대한 임대관리와 건물관리를 통합하여 자산관리라 한다.

리된다. 시설관리는 건물보수 및 전기와 상·하수도 및 배수 그리고 정화조 관리를 위한 전문가 고용문제가 있고, 방화관리는 직접관리와 위탁관리 여부에 따라 방화관리자 고용문제가 수반된다. 그리고 안전관리는 전기 및 가스관리 외에 승강기 관리가 이에 해당하며 이에 다른 전무가 고용까지 검토되어야 한다. 냉·난방 관리는 냉·난방 방식에 따라 관리요령이 요구되고 관리요원 고용문제가 수반된다. 주차관리는 주차타워를 하는 경우는 경비담당자가 겸무하며 옥외 노면 주차장을 운영하는 경우는 주차관리원을 따로 두어 운영하고 관리하도록 한다. 특히 상업용 건물을 운영하는 소유주들은 자금력이 있는 사람들이기 때문에 보다 세밀하고 법규에 근거한 정확한 상담이 요구되면 반드시 보고서를 작성하여 협상을 하여야 컨설팅 성공률이 높다.

3. 창고 및 공장

창고의 매매는 창고 임대업을 위해 주로 거래가 이루어지고, 공장매매는 신규 공장설치 및 증설을 위해 공장매매가 많이 이루어진다. 창고 및 공장매매는 대지조성만 하고 매매하는 경우와 건물까지 구축하고 매매하는 경우가 있으며, 최근에는 농협에서 운영하던 저온창고가 매매로 많이 매물로 나오고 있다.

창고 및 공장의 매매 및 임대조건은 면적도 중요하지만 가장 중요한 것은 진입로의 폭과 상태 그리고 전기시설 및 용량, 공업용수 등이다. 창고 및 공장을 건축하기 위한 부지를 구입하는 경우에는 토목비가 포함된 금액이며, 건물건축이 된 창고 및 공장은 공장 인·허가비와 건축비가 포함된 금액으로 거래되고 있다. 창고 및 공장의 임대료는 지역에 따라 상이하나 대개 농촌지역에 위치한 창고는 임대 평당 보증금은 5만 원, 월세는 5천 원으로 임대하고 광역시 지역은 임대 평당 보증금은 10만 원, 월세는 1~2만 원으로 환산하여 임대하고 있다. 창고 및 공장에 대한 부동산중개는 매매의 경우는 부분적으로 컨설팅하기도 하지만 대체적으로 부동산중개로 거래가 이루어지고 있다. 대형공장 및 공업단지는 다시 아파트 부지로 많이 전용되므로 투자수익이 양호한 투자처이다.

4. 토지

1) 나대지

나대지는 건물을 건축할 수 있는 대지, 공장용지, 잡종지 등을 말한다. 나대지는 해당 나대지의 지목과 용도지역에 따라 가격이 형성된다. 즉, 대지는 전용주거지역, 일반주거지역, 준주거지역, 상업지역에 따라 건폐율과 용적률이 다르고 접한 도로의 너비에 따라 가격에 많은 차이가 있다. 그러나 단독주택 건축 부지를 제외하고는 수익성을 고려하여 가격이 형성된다. 나대지는 주로 건축업자가 수요자인 경우가 대부분이며, 특히 나대지는 토지거래 가격이 비교적 높으므로 사기성 매도에 유의하여야 한다.

2) 농지

농지에 투자하는 목적은 크게 두 가지로 구분된다. 하나는 농사를 짓기 위하여 투자하는 것과, 개발을 위하여 투자하는 것으로 구분된다. 이 중 농사를 짓기 위하여 구입하는 경우는 귀농이나 보상을 받고 농지를 구입하는 경우, 장기적으로 투자를 위해 구입하되 농지원부를 획득하기 위하여 구입하는 경우가 대부분이고 종종 주말농장을 운영하기 위하여 구입한다.

개발을 위하여 투자하는 경우는 농가주택을 개발하는 경우, 전원주택을 조성하기 위하여 개발하는 경우, 창고나 공장을 건축하기 위하여 구입하는 경우, 가든 등 편의시설을 건축하기 위하여 구입하는 경우에 많이 구입하고 있다.

농지는 농업진흥지역 내 농지와 농업진흥지역 외 농지로 구분되며, 가격은 현저하게 차이가 있다. 농업진흥지역 내 농지는 주로 농사를 짓기 위하여 구입하는 고객이 구입하며, 농업진흥지역 외 농지는 주로 개발을 위한 목적으로 구입하는 고객에게 적합한 농지이다.

농지는 접한 도로의 너비에 따라 선호도가 다르므로 가격에 많은 영향을 준다. 특히 개발을 목적으로 하는 농지는 도로가 필수요소이며 공장이나 창고를 건축하고자 하는 경우는 트레일러가 진입할 정도의 도로 폭이 되어야 하며, 진입도로의 회전에 지장이 없는지가 중요하다.

농지는 토지거래 허가구역의 경우에는 농지자격 취득증명이 반드시 필요하고, 일반거래의 경우에는 이에 제한을 받지 않는다. 농지매매 거래 시는 반드시 현지에 확인하여 접근성, 주변환경, 추가공사비용 소요 여부 등을 확인하여야 한다.

3) 임야

임야의 주 수요자는 종중, 조경사업자, 골프장 건설업자, 가족묘지 설치 희망자, 축산업자, 전원주택 개발업자, 연수원 및 기도원, 그리고 사찰용 석산개발업자 등이다. 최근에는 장뇌삼 등 특수 임산물을 재배하기 위하여 구입하는 고객이 늘어나고 있는 추세이며, 염소 및 젖소 등 산악에 잘 적응하는 가축의 방목장으로 구입하기도 한다.

임야는 접근도로의 너비에 영향을 많이 받으나 최근에는 산불진화용 임도가 구축되어 있어 맹지는 많이 해소되었다. 임야에서 조심할 점은 임야를 농지로 개발하는 것은 실질적으로 농사는 지을 수 있으나 지목변경이 되지 않으므로 조심하여야 한다.

임야 중개에서 착안해야 할 사항은 이용률을 잘 살펴야 한다. 임야의 가격은 임야 전체 토지의 가격이 아니라 이용 가능한 면적의 가격이 임야 가격이므로 임야 전체 가격을 이용 가능한 면적으로 환산할 경우의 가격으로 가격의 적정성을 살펴야 한다. 전원주택 용지로 임야를 요구하는 경우 특히 고려하여야 할 사항은 진입도로와 식수개발 및 전기 인입관계를 잘 살펴야 한다.

임야 거래는 비교적 장시간에 걸쳐 이루어지므로 물건관리를 잘 유지하여야 하고, 현장확인은 가급적 늦가을이나 겨울에 실시함이 바람직하고, 특히 조선소나무의 임목빈도를 잘 살펴야 한다.

임야개발에서 경사도는 개발 인·허가 시 결정적 요소가 될 수 있으므로 경사도 30도 이상 지역은 활용방안을 강구해야 거래성사가 용이하다. 임야는 실소유자보다는 투자를 위해 많이 구입하고 있으므로 그 활용방안을 중개업자는 준비해 두는 것이 바람직하다.

5. 주거용 건물

주거용 부동산에 대한 매매 중개컨설팅의 핵심은 주거용 부동산을 사서 보유하는 것이 이익인지 아니면 임대해서 사는 것이 이익인지를 분석해 주는 부동산 보유에 관한 것이 컨설팅의 핵심이다.

따라서 주거용 부동산중개의 핵심은 주거의 쾌적성과 경제성 그리고 사회성에 있는 것과는 차이가 있다. 부동산중개의 핵심에서 쾌적성은 부동산 자체의 깨끗함, 주차의 양호, 하자 없는 건물, 남향 및 햇빛의 양호성, 입구에서 당해건물까지 거리 등이며, 주변환경으로 초·중·고교의 위치, 주변 생활필수품 상점분포, 지하철이나 시내버스의 노선, 체육시설 및 근린공원, 주민자치센터 등 행정기관의 위치, 재래시장 및 할인매장 백화점 등 시장과의 거리 등을 고려한다. 특히 주거시설은 학교에 많은 영향을 받는다. 따라서 초·중·고교의 배치를 확인하여 가격을 선도할 수 있는 주거지역이 중요하다.

경제성으로 주택가격의 상승가능성, 관리비의 저렴성, 수리비의 발생 가능성을 고려하며, 사회성은 주민의 사회적 위치와 생활 및 소득수준, 도난 등 안전관계 등을 고려한다.

주거용 부동산중개 컨설팅은 수익성에 중점을 두고, 그 외에 당해건물 및 단지의 등기상 문제점에 대한 해결방안 추진에 대한 사항과 당해건물 및 단지의 가격상승을 위한 방안 강구에 컨설팅하는 경우 등이 있을 수 있다.

수익성에 있어서는 주거용 부동산을 구입하여 보유하는 것이 이익인지와 임대로 거주하는 것이 이익인지를 분석해 주는 것과, 자신의 수입구조에 맞는 적절한 주거용 부동산을 판단하여 그를 구입할 수 있는 방안을 컨설팅해 주는 것이 있다.

즉, "보유기간 임대사업을 통하여 획득하는 수익에서 경비 및 세금을 제외하고 획득한 수입이 투자된 돈에 대한 제1금융권에 예금했을 때 예금금리보다 어느 정도 수익이 있는가" 하는 것과 "보유기간 말에 양도했을 때 양도차익이 얼마나 얻을 수 있는가"를 분석하여 종합적으로 수익률을 판단한 것과 부동산을 보유하면서 만일 임차하여 거주하는 경우의 지출되는 비용과 보유함으로써 지불해야 하는 제세공과금 등을 지불하면서 양도차익을 얻는다면 어느 정도여야 하는지를 비교 분석해 주는 컨설팅이다.

또 다른 하나는 주거용 임대사업을 하는 것과 다른 투자, 즉 부동산 간접투자 및 금융 및 보험상품에 투자하는 것과의 수익성 분석을 해 주는 컨설팅이다.

1) 아파트

아파트를 매매함에 있어 중개 핵심요소는 좋은 입지의 아파트 선정과 매매가격 조정 및 입주시기 조정이 핵심이다. 그러나 아파트에 대한 부동산중개 컨설팅은 기존 아파트에 대한 수리보수에 관한 내용과 당해 아파트의 가치상승을 위한 방안에 대해 컨설팅하고 있다.

예를 들면, 주차시설 부족에 대한 해결방안, 관리비 절약을 위한 난방시설의 교체에 관한 방안, 기타 아파트 자체의 문제점 해소를 위한 해결사항 등이다.

2) 다세대주택

다세대주택은 통상 빌라 또는 연립주택으로 많이 부르고 있는데, 다세대주택 또한 공동주택이므로 아파트와 같은 거주의 편리성을 가지고 있다. 따라서 다세대주택에 컨설팅 핵심요소는 주거용 부동산 중 다세대주택을 채택해야 하는 것이 수익성에서 좋은 방안을 컨설팅하는 데 있다. 그 이유는 다세대주택은 다음의 특징이 있기 때문이다.

우선 아파트보다 장점은 관리비가 없으며, 세대가 6~8세대 단위이므로 주민 간에 단합이 잘 되고, 시설유지 관리를 위한 비용을 저렴하게 추렴하여 알차게 관리하며, 아파트 관리비만큼 주거에 투입되는 비용이 적음으로 적금 등 생활에 금전적 여유를 가질 수 있다. 반면 단점은 주민들이 직접 건물을 관리하여야 한다는 점과, 6~8세대 단위이므로 주민 간 단합이 잘 되고 있으나 일부 공동생활에 부적합한 사람들이 있는 경우 단합이 안 되는 경우가 있고, 승강기가 없어 3층 및 4층은 선호도가 매우 낮은 점이 있으며, 건축업자가 개인적으로 건축하여 설계도면과 다르게 부실공사를 한 경우가 많아 하자가 아파트에 비해 많다는 단점이 있다.

특히 아파트는 평형을 엄격히 통제하고 있으나 다세대주택은 이를 통제하지 않아 같은 평형인 경우 아파트보다 넓은 경우가 있다. 그러나 최근에는 사기성 있는 건축업자들이 분양면적(주거용 전유면적+주거용 공유면적)을 계약면적(분양면적+기타 공유면적)으로 호칭하고 있어, 아파트에 비해 매우 비좁은 경우가 있다. 따라서 부동산중개업자는 건축업자나 소유자가 주장하는 평형을 믿지 말고, 주거용 전유면적만을 가지고 아파트 평형과 비교하여 설명하는 것이 고객에게 실수하지 않고, 고객이 용이하게 이해하고 판단할 수 있도록 해 주는 것이다.

또 다세대주택에서 부동산중개 컨설팅을 해 줄 수 있는 부분은 대지권 문제를 해결해 주는 것이다. 즉, 다세대주택(연립주택)은 대지권 지분이 없는 경우, 대지권이 소유권이 아닌 경우, 대지권에 별도 등기가 있는 경우가 있다. 따라서 부동산중개 시 이 점에 착안하여야 한다.

먼저 대지권이 없는 경우는 대지권이 소유권 이외의 권리이거나 또는 분양 후 등기를 하면서 대지권을 등기하지 않은 경우이다. 또 대지권이 소유권이 아닌 경우는 건물만의 값이므로 가격산정 시 확인하고 매수자에게 그 사실을 명확히 설명해 주어야 한다. 대지권이 등기되지 않은 경우는 매도인으로 하여금 대지권 등기를 할 수 있도록 컨설팅해 주는데, 이를 위해 부동산중개업자는 그 이유를 면밀히 조사하여 해당건물 전체에 대한 대지권 등기를 할 수 있도록 컨설팅해 주는 방안이다.

대지권에 별도 등기가 있는 경우는 대지권이 소유권이 아닌 경우와 대지권이 소유권인데도 토지에 근저당이나 가압류 등 소유권을 제한하는 권리가 등기되어 있는 경우이다. 이때 대지권이 소유권이 아닌 별도 등기는 건물만의 가격이므로 가격에서 잘 검토해야 하고, 소유권 이외의 소유권을 제한하는 권리인 경우 이에 대한 연구조사 컨설팅을 해 주는 방안도 검토해 볼 필요가 있다. 특히 신혼생활을 할 신혼부부나 젊은 층으로 장래를 위해 자금을 계속 확보해야 하는 자수성가층의 고객에게 적합한 주거시설이며, 다세대주택에 10년 이상 장기 거주한 고객은 대부분 돈을 모아 큰 주택을 구입하여 이사하는 경우가 많고, 사업하는 사람 중에서 주거에 많은 비용을 들이지 않고 사업하기 위하여 다세대주택을 진짜 빌라로 꾸미고 거주하는 자들도 많이 있다.

3) 다가구주택

다가구주택 매매는 주거용 건물 중 대표적인 수익성 부동산이다. 따라서 다가구주택은 수익성이 없으면 가격이 낮을 수밖에 없다. 따라서 같은 단독주택이라 하더라도 토지가격과 건물가격의 원가방식으로는 거래가 되지 않고 수익방식에 의한 가격감정이 요구된다. 이때 수익률은 은행이자율보다 최소 2% 이상은 높아야 하므로 은행이자 변동률에 따라 가격산출이 달라진다.

다가구주택 중 원룸 위주로 건축된 다가구주택은 대학교 및 위락시설이 밀집된 지역에서 임대가 잘 되며, 주거위주 지역에서는 공실률이 높아 수익성이 떨어진다. 따라서 주거위주 지역에서는 투룸 이상의 살림할 수 있는 시설위주로 건축하여야 수익률이 원룸 위주시설보다는 낮아도 수익성이 있어 매매가격을 제대로 받을 수 있다.

다가구주택은 매매 시 시설관리 위탁이 일반적으로 정해져 있어 시설관리에 대한 사항도 파악되어야 한다. 특히 다가구 임대사업은 거주가 불확실한 자들의 입주가 예상되므로 이러한 사항에 대한 대처방안을 매수인에게 컨설팅해 줄 수 있도록 준비가 필요하다. 그래서 다가구주택에 대한 임대관리를 전속으로 받는 것도 한 방안이다.

4) 단독주택

단독주택은, 대부분 남자들은 별도의 자기 영역을 갖고자 하므로 선호하나 부인들은 잡일이 많으므로 선호하지 않는다. 그러나 꽃이나 텃밭을 가꾸기 원하는 부부들은 단독주택을 선호하며, 남편의 건강을 위해 단독주택을 택하기도 한다. 그리고 도시 속에서 전원주택을 원하는 사람들도 단독주택을 선호한다. 특히 최근에는 초등학교 이하의 어린이를 기르고 있는 부부들도 자녀들의 행동에 제한을 당하지 않도록 단독주택을 선호하기도 하며, 아파트 생활에서 각박함을 느낀 사람들도 단독주택을 택하고 있어 아파트보다 단독주택을 선호하는 사람들이 늘어나고 있다. 특히 지진 등의 재해에 대한 우려에서 벗어나고 싶은 층도 단독주택을 선택하고 있다.

단독주택은 난방장치에 민감하다. 따라서 도시가스를 가장 선호하며, 최근에는 자가 태양열 주택을 원하는 사람들도 늘어나고 있다.

단독주택은 햇빛에 가리지 않는 남향을 선호하고 약간의 정원이 있는 곳을 선호한다. 특히 단독주택은 다가구주택 등으로 재건축이 가능하므로 투자성을 높이 본다.

단독주택 중 보일러 설치연도를 잘 확인해 주어야 하며 누수 및 누전 등을 하자 담보책임과 연계하여 잘 살펴야 한다. 단독주택은 대부분 기존주택의 경우 매수자가 수리하는 경향이 있음으로 수리비에 대한 상담과 수리업자를 지원할 수 있도록 준비하는 것도 단독주택의 거래를 증진하는 방법 중에 하나이다.

5) 농가 및 전원주택

농가 및 전원주택은 귀농자 외에 반별장식으로 운영하고자 하는 사람들로 주로 거래가 이루어진다. 대부분 평수는 200평 전·후를 선호하며, 25~30평 정도의 주택과 100~150평 정도의 주말 농장식 텃밭이 있음이 바람직하다.

전원주택지를 구할 경우는 수도와 전기 인입관계가 필수적이며 소형차량의 진입이 가능하여야 한다. 가격은 대부분 1억 원 정도에서 1억 5,000만 원 이하를 선호한다. 그리고 자신의 주거지에 차량으로 30분 내·외의 거리에 위치하는 것을 가장 선호하며, 1시간 이내 거리까지는 무난하다.

제4장 | 외국인과 부동산 중개

1. 개요

1997년도 IMF 이후 우리나라는 국가적 위기를 효율적이고 모범적으로 극복함과 동시에 안정적 경제성장을 이룩하여 세계 10대 교역 대국이 되었으며 G20 국가에 포함됨은 물론 세계에서 우리나라의 경제제도를 배우기 위하여 많은 나라들이 방문하고 있다. 그런가 하면 미국 및 유럽 그리고 아세안 및 호주 그리고 칠레 등 세계 각국들과 FTA를 체결하여 교역확대를 도모하고 있으며 이로 인하여 전 분야에 걸쳐 완전 개방을 실시하고 있다.

우리나라는 자원이 부족한 국가이므로 공산품을 수출하여야 하는 절박성 때문에 관세를 철폐하는 FTA를 체결하고 있으나 반대로 농업 및 약품 등 취약분야는 매우 어려울 수 있다. 따라서 세계 부자국가에서 우리나라와 동남아를 확보하기 위하여 많은 기업이나 법인이 들어올 것으로 예상되어 우리 부동산중개업계에도 이에 대한 대비가 절실히 요구된다.

특히 우리 부동산중개업계는 지난 IMF 때부터 이미 개방이 되어 일부 선진하는 부동산 중개업자는 외국인과 대화할 수 있는 외국어 학습을 해 온 분들도 있고 각 국가별 국민성 이라든지 부동산중개제도 및 관행에 대하여 연구를 해 왔다. 그러나 그동안 외국 부동산 업자들이 일부 진입하였으나 활발하게 활동하지 못했다. 그러나 FTA 체결로 우리나라에 진입하기가 보다 용이해짐에 따라 외국인의 우리나라 부동산취득을 위한 활동이 계속 증가할 것으로 예상되어 외국인과 부동산중개를 위한 준비가 매우 임박하여졌다. 이에 그동 안 본인이 준비한 내용과 관련자료를 소개하고자 한다.

2. 부동산중개 관련 외국인 분류

본인이 외국인과 부동산중개를 하면서 부동산취득 및 처분과 관련하여 크게 두 가지로 분류를 하였다. 먼저 우리나라 국민인데 완전히 외국인이 된 사람이 있고, 다른 하나는 외국인으로 외국에 거주하지만 우리나라 국적이 있는 외국인이다. 다음은 처음부터 외국인이 있고, 외국인 중에서 우리나라에 귀화한 외국인이 있다. 이를 종합하여 분류하면 우리나라의 주민등록번호가 있는 외국인과 우리나라의 주민등록이 없는 외국인으로 분류된다.

우리나라의 주민등록번호가 있는 외국인이란 과거 우리나라 국민이었던 자가 외국의 국적을 가지고 있으면서 우리나라 국적을 가지고 있는 자, 그리고 외국인으로 우리나라에 귀화하여 우리나라 주민등록번호를 부여받은 자를 말한다.

우리나라의 주민등록번호가 없는 외국인은 순수한 외국인과 우리나라 국민이었던 자가 외국에 영주권을 받아 우리나라 국적이 상실된 자를 말한다.

부동산중개와 관련하여 외국인을 이렇게 분류하는 것은 우리나라의 주민등록번호를 가지고 있는 외국인은 내국인과 동일하게 부동산취득 및 처분이 가능함으로 별로 크게 다르지 않으나, 우리나라의 주민등록번호가 없는 외국인은 그 절차가 내국인과 달라 이에 대하여 부동산중개업자는 그 절차를 잘 알아야 외국인에게 부동산거래를 중개할 수 있다.

3. 외국인상대 중개업무 수행을 위한 준비

1) 외국인 부동산취득 및 매도 시 중개절차 및 준비서류

외국인이 국내부동산을 취득하고자 할 경우 부동산중개 절차는 내국인에게 중개하는 절차와 그 임무수행 절차는 동일하다. 다만 차이점이 있다면 매매의 경우 외국인 대부분은 전속중개를 하는 것을 당연히 생각하고 있어 전속중개계약을 체결하지 않아도 의뢰한 중개업자가 당연히 알아서 다 해 주는 것으로 알고 의뢰하고 있다. 그러나 임대의 경우는 관계기관에서 담당자가 대동하여 임대물건을 중개받기 때문에 내국인과 동일하게 실시하면 된다.

또 중개대상물을 설명할 경우 근거나 증거가 없는 것은 대부분 믿으려 하지 않기 때문에 인정하지 않고 있으므로 반드시 근거를 가지고 설명하는 것이 바람직하다. 그리고 외국인은 금전을 거래함에 있어서 내국이었던 자들은 영수증을 요구하는 경우가 있으나 대부분은 은행을 통한 계좌이체나 카드로 결재를 한다.

거래계약서 내용을 매우 자세히 살펴보고 반드시 의심나는 점이나 이해를 못하고 있는 점이 있으면 그에 대한 설명을 요구하고, 거래금액은 반드시 실거래 가격대로 그대로 거래하므로 양도소득세를 줄이기 위한 매도인과는 거래가 어렵다.

소유권이전 등기를 할 때 우리나라는 매수인의 경우 우리나라의 주민등록등본이나 초본을 대신하여 주소증명서나 거주사실 증명서를 사용한다. 이때 외국인의 거주사실 증명서는 외국인 자국에서 그 증명서를 발급받아 첨부하게 되는데 미국은 합중국의 직인 찍힌 서류로, 독일과 칠레는 지자체 장의 직인이 찍힌 서류로 함이 차이가 있다. 이때 이 거주사실 증명서는 반드시 전문 번역사의 번역문이 동시에 첨부되어야 함도 유의하여야 한다.

2) 외국어 구사능력 구비

외국인에게 부동산을 중개함에 있어 가장 어려운 부분이 부동산중개업자가 각국의 언어를 전부 잘할 수 없어 외국인과 대화 및 설명하는 것이 어렵다.

최근에는 우리나라 언어가 많이 보급되어 외국인 중에도 우리나라 말을 섞어서 하기도 하나 일반적으로 영어로 언어를 구사하는 것이 가장 무난하다. 만일 본인이 영어 등의 언어구사능력이 없거나 자신이 없는 경우는 가까운 대학의 교무과나 외국인이 많이 재학하고 있는 과의 과장급 교수와 협의하여 외국인 유학생을 활용하는 시스템을 준비하는 것도 한 방법이다. 그러나 중개업자가 부단히 공부하여 영어대화 능력을 개발하는 것이 가장 바람직하다.

3) 영어로 된 매매 및 임대차 계약서를 준비

외국인이 부동산을 취득하는 경우 부동산중개업자가 매매 및 임대차 계약서를 작성하게 된다. 이때 사용하는 매매 및 임대차 계약서는 현행 우리나라에서 사용하는 임대차 계약서와 중개대상물 확인·설명서를 사용하기도 한다.

그러나 미국의 경우는 표준계약서를 사용하던 습성이 있어 영어로 된 계약서를 요구하는 경우가 있다. 따라서 영어로 된 매매 및 임대차 계약서를 미국에서 사용하고 있는 것으로 준비해두는 것이 바람직하다. 필요한 경우 영어와 한글로 동시에 작성된 양식을 준비하여 사용할 수 있다.

4) 국제공인중개사 자격증을 취득(CIPS, CPM, GRI 등)

외국인에게 부동산을 중개함에 있어 가장 중요한 것은 합리성과 신뢰성이라 생각한다. 따라서 외국인이 방문하여 부동산취득을 의뢰하는 경우 국제공인중개사 자격증을 제시하거나 이를 증명할 수 있는 증서를 제시하면 보다 효율적이다.

이 국제 부동산중개 관련자격증은 그 능력이 국제적으로 인증되어야 하므로 이러한 증서를 보유하고 있음을 고객이 확인되면 보다 신뢰성이 높아질 것이라 판단된다. 이 국제공인중개사 자격증은 공인중개사협회에서 미국 부동산중개협회와 협력하여 국내에서 실시하고 있으므로 내국인도 언제든지 취득이 가능하다.

4. 외국인과 부동산중개 시 착안사항

1) 상호주의에 적용되는 국가인지 확인

「외국인토지법」 제3조에 의거 외국인이 우리나라에서 부동산을 취득하려면 외국인의 본국에서 우리나라 국민들에게 부동산취득 또는 양도가 금지되거나 제한하는 국가인지를 확인하여야 한다. 예를 들면 중국은 아직까지 외국인에게 토지취득을 허용하고 있지 않다.

2) 부동산취득 계약 후 부동산취득 신고를 하여야 함

외국인이 우리나라 부동산을 취득한 경우 그 취득신고를 하여야 하는데 그 신고 또는 신청은 부동산취득 신고서, 부동산계속보유 신고서, 부동산취득 허가서가 있다.

부동산취득 신고는 매매, 상속, 증여, 경매, 환매, 소송으로 취득 시 확정판결, 법인 합병 등의 경우 실시하고, 부동산계속보유 신고는 국내 법인이나 단체가 외국 법인 및 단체로 변경되었을 경우 실시하는 신고이며, 군사기지 및 군사시설 보호구역, 지정문화재 및 문화재 보호구역, 생태경관 보전지역, 양생동식물 특별보호구역, 국방상 필요한 섬 지역의 토지를 취득하는 경우에는 부동산취득 허가신청을 한다. 이 중 부동산중개에 관련해서는 매매계약 등을 통하여 부동산을 취득하는 경우가 이에 해당된다.

「외국인토지법」 제4조에 의거 외국인은 부동산을 매매 등으로 취득하는 경우는 매매계약을 체결하고 계약 체결일로부터 60일 이내에 부동산취득 신고를 하여야 한다. 이때 취득 신고는 부동산 소재지의 시장·군수·구청장에게 한다. 또 신고 시에 제출하는 서류는 부동산취득 신청서, 매매계약서 등 부동산취득 계약당사자의 합의서, 외국인 당사자의 신분을 확인할 수 있는 증명서 사본, 그리고 대리인이 신고 시에는 추가하여 위임장과 대리인 신분증을 지참하여 보여 주어야 한다. 단, 「공인중개사의 업무 및 부동산거래 신고에 관한 법률」에 의하여 부동산거래 신고를 한 경우에는 이 부동산거래 신고로 부동산취득 신고를 한 것으로 한다.

3) 부동산취득 신고 확인증을 받을 것

외국인이 부동산취득 신고를 하면 15일 이내 신고를 받은 행정관서는 신고확인증을 송부(발급)해 준다.

4) 모든 거래대금은 영수증을 발급함

외국인은 해외에서 부동산을 취득하면 그 자금이 정산되고 세금이 부과되기 때문에 적절한 세금을 납부하기 위해서는 부동산거래 대금에 대해 신고를 한다. 따라서 외국인이 귀국하여 신고할 수 있도록 영수증을 발급함을 착안하여야 한다.

5. 외국인 부동산처분 및 취득 시 서류

1) 취득

외국인이 매수자로서 소유권이전을 할 때 제출서류는 내국인은 주민등록등본이나 초본을 제출하나 외국인은 주소를 증명하는 서면을 제출하여 소유권이전을 받는다. 이때 외국인이 주소를 증명하는 서면으로는 제출하는 서류명칭을 주소증명서 또는 거주사실 증명서라고 하는데, 이 주소를 증명하는 서면을 발급해 주는 국가가 있고 이를 발급하지 않는 국가가 있어 확인하여야 한다. 매수자인 외국인의 소유권이전 시 제출하는 서류는 다음과 같다.

(1) 부동산 등기용 등록번호 발급

① 국내 거류지가 있는 경우(취업 및 거주 외국인)
    ㉠ 국내 거소지 출입국관리소장에게 등록번호 부여 신청하여 발급
    ㉡ 국내거소 신고번호("외국인 등록번호"라고도 함)로 갈음 가능
② 국내 거류지가 없는 경우(관광비자 외국인): 대법원 소재지 출입국관리소장에게 신청하여 발급

(2) 부동산취득 신고확인증(부동산취득 허가증) 등 첨부

시장·군수·구청장에게 신청한 토지취득 허가증 첨부

(3) 주소를 증명하는 서면

① **일본·독일·프랑스·대만인인 경우**(본국의 주소증명서 또는 거주사실증명서를 발급가능 국가 외국인): 본국에서 주소증명서 또는 거주사실증명서를 발급하는 국가는 해당국에서 발급한 주소증명서 도는 거주사실증명서 등 주소를 공증한 서면을 첨부하여 제출한다. 이때 주소증명서나 거주사실증명서는 해당국어로 작성된 것과 우리나라 번역문을 동시에 제출하여야 한다.

② **미국·영국인인 경우**(본국에서 주소증명원을 발급 불가능한 외국인): 앞서 본 절 제3항에서 언급한 바와 같이 본국의 주소증명서를 대신하여 거주사실증명서를 첨부한다. 그러나 본국 관공서에서 발급받은 운전면허증이나 신분증 등이 있는 경우에는 이로 대신할 수 있다. 그 방법은 부동산소재지 관할 등기관에게 그 증명서 및 그 증명서의 사본에 원본과 동일하다는 취지를 기재하고 확인받는 방법이 있고, 다른 하나는 그 사본에 원본과 동일하다는 취지를 기재하고 본국 관공서의 증명이나 공증인의 공증 또는 외국주재

한국대사관이나 영사관의 확인을 받아 첨부할 수 있다.

2) 처분(매도)

(1) 등기권리증

등기권리증은 내국인과 같다.

(2) 주소를 증명하는 서면

주소를 증명하는 서면은 앞서 취득 시 주소를 증명하는 서면과 같다. 만일 외국인이 국내에 거주하면서 처분하는 경우에는 국내거소 사실증명서로 대신이 가능하다.

(3) 매도용 인감증명

매도용 인감증명은 별도로 제출하지 아니하고 주소를 증명하는 서면으로 겸용한다.

3) 위임 시

(1) 위임장

위임장은 우리나라와 유사하여 특별한 양식은 없고, 다만 처분 또는 취득하는 부동산과 수임에 대하여 구체적으로 특정하도록 작성되어야 한다. 그리고 위임하고자 하는 법률행위의 종류와 처분 및 취득과 관련하여 그 권한의 일체를 수여한다는 등의 위임취지를 기재하여야 한다.

(2) 인감증명

인감증명 제도가 없는 국가의 외국인은 위임장에 서명한 것이 본인 직접 하였다는 취지의 본국의 행정관서에서 증명하였거나 공증한 것이어야 한다. 인감증명제도가 있는 일본이나 대만의 외국인은 해당국가에서 위임장에 날인한 인감과 인감으로 날인된 인감증명서를 발급받아 이를 제출한다.

4) 외국어로 된 서류의 경우: 번역문

    외국인이 부동산을 취득하거나 처분하는 경우 이와 관련하는 제출서류가 외국어로 된 경우에는 이를 국가가 공인하는 번역사에 의하여 번역된 번역문을 첨부하여 제출하여야 한다.

PART

2

+

부동산중개업 경영

제1장 | 총론

1. 부동산중개업 경영의 연구 필요성

1) 시대적 요구

과거 부동산중개업은 부동산중개 거래자체가 미미하여 부동산중개업만을 독립적으로 실시하지 않고 조선조 말엽 이전까지는 거간에 의해 겸업형태로 운영되다가 조선조 말엽에 서울에서 복덕방[11]이라는 부동산중개업 위주의 거래장소가 탄생된 것으로 추정된다.

이 복덕방은 1985년 부동산중개업법이 제정되기까지 운영되다가 1985년 공인중개사제도가 탄생하면서 부동산중개사무소라는 부동산거래만을 전문적으로 취급하는 업종이 탄생하게 되었다고 보아야 할 것이다. 왜냐하면 1985년도 공인중개사제도가 탄생하기 전까지 부동산거래를 취급하던 복덕방은 쌀가게나 담배 가게 등과 겸업하는 형태로 운영하였으며 그 거래자격을 국가나 지자체 등의 인증을 받은 자가 중개활동을 하지 않고 나이 많은 노인들이나 동네 이장 및 반장이 겸업하는 형태로 운영하여 수입에 대한 세금을 지불한 적이 없을 정도로 그 수입이 미미하여 특별한 회계처리가 필요하지 않았다.

그러나 1960년대 우리나라의 산업구조가 개편되기 시작하면서 부동산소요의 증대로 부동산거래가 활발해지면서 일부 부동산중개업자의 수입이 생산직 근로자 이상의 수입을 얻게 되었고, 현재는 이를 생계형 직업으로 선택하여 약 100만 명의 인구가 이 중개업에 종사할 정도로 발전하였다.

이제는 부동산중개사무소는 부동산중개업자의 영업장소로 부동산중개의 주요 활동장

---

11) 진영섭, 안전하고 선진화된 부동산거래 보장받기, 한국학술정보(주), 2009. 9. 26, p.26.

소가 되었고 이 부동산중개업을 통하여 가족의 생계를 유지하는 중요 생계수단이 되었다. 즉, 부동산중개업자는 이 중개사무소를 통하여 영업을 실시하며 사업을 운영한다. 그래서 부동산중개업자는 부동산중개업을 성공적으로 운영해야 할 책무를 지게 되었으므로 중개업의 특성을 살펴 지속적으로 수입을 창출할 노력을 하여야 하며, 여기에서 획득한 수입으로 자신은 물론 같이 근무하는 직원들에 대한 생계를 유지할 수 있어야 하고, 또 이들에 대해 법적으로 조치해 주어야 할 4대 보험과 퇴직 시 보장받을 사항에 대한 준비를 하여야 하며, 정상적인 세금을 납부하여야 하는 준비 및 조치가 요구되고 있다.

과거처럼 고객으로부터 중개수수료 등의 수입이 생기면 사무실 요원들과 회식을 하고 화투를 치거나 중개수수료를 적당히 서로 나누어 가지는 형태의 재정을 관리한다든지, 출근하고 싶으면 출근하고 집안일이 있다는 핑계로 아무 때나 문을 닫는 식의 사무실을 운영하거나 또 적당히 불법행위를 하고서 검열이 나오면 문 닫고 도망 다니는 행위를 하는 등의 사무실을 운영할 수 없다. 김대중 정부 이래 공인중개사 자격증을 실업자 구제책으로 생각하여 매년 1만 명 이상을 배출하여 아파트 단지 내 상가 1층은 모두 부동산중개업소 사무실화할 정도로 경쟁이 치열한 현재의 상황에서 과거처럼 적당한 고객관리는 생존에 위협을 받고 있어 신뢰받는 고객관리가 요구되고 있다.

또 세계가 한 지붕 밑으로 되어 가는 GATT에서 FTA로 개방되어 가는 추세에 의하여 우리 부동산업계도 이미 개방되어 있으며, 합리성을 기본으로 하는 서양인의 특성에 의해 부동산에 대한 많은 자료를 확보하고 있는 외국의 부동산중개 및 컨설팅 업계가 국내에 밀려오고 있다. 이런 상황에서 현재처럼 극히 영세한 부동산중개사무소 운영은 우리 스스로 퇴보하게 되어 있어 합리적이고 과학적인 부동산중개업 경영이 절실한 상황이다.

2) 국가정책의 변화

국가의 부동산중개업자가 부동산중개업을 하는 데 많은 영향을 미치는 정책적 변화가 있었다. 먼저 부동산거래 신고제도의 도입이다.

부동산거래 신고제도는 부동산중개업소에서 매매 거래한 것은 반드시 부동산중개업자가 신고를 하여야 하며, 임대거래도 주거용의 경우는 읍·면사무소 및 동 주민자치센터에서 신고한 내용이 기록으로 남게 되어 있고, 상가의 경우는 세무서에 사업자등록을 하는 경우 임대차계약서를 첨부하도록 되어 있어 부동산중개업소의 부동산거래 수수료에 대해서는 수입원이 노출되고 있다.

다음은 현금영수증 발급 의무화업체 지정이다. 부동산중개업자의 현금영수증 발급 의무화업체 지정은 수수료 등 수입금액이 30만 원 이상인 것은 고객이 발급을 요구하지 않더라도 기기를 통해서나 또는 pc를 통해서 또는 국세청의 고객현금영수증 발급제도를 이용하여 현금영수증을 발급해 주어야 하며, 그 이하 금액이라 하더라도 고객이 요구하면 현금영수증을 발급해 주어야 한다.

그런데 현금영수증이 고객의 입장에서는 연말 소득공제 대상이므로 요구하는 사람이 점차 늘고 있고, 중개업소의 신뢰를 위하여 고객이 요구하면 금액에 관계없이 현금영수증을 발급해 주어야 하므로 수입원이 점차 투명해지고 있다. 만일 이 현금영수증을 발급해 주지 아니하거나 축소하여 신고하면 그에 따른 과태료가 부가되기 때문에 발급해 주어야 한다.

다음은 부동산관련 통계기관이나 정보기관에 자료를 제공하고 받은 수수료가 전산화되어 있다. 국민은행에서 실시하는 부동산실거래 가격과 거래 수에 대한 정보를 제공해 주고받는 수수료와 금융기관에 융자를 알선해 주고서 받은 알선수수료 그리고 컨설팅비용 등이 전산화되어 종합소득세 신고 시에 그 내역을 국세청이 갖고 있어 축소신고 시에 수정 신고하도록 통지가 오고 있는바 부동산중개업자의 중개수수료 외에 제반 수입원들이 모두 노출되고 있다.

다음은 국가의 고용안정정책으로 인하여 1인 이상을 고용한 업체는 고용인원에 대하여 4대 보험, 즉 국민연금, 건강보험, 산재보험, 고용보험 등을 가입해 주도록 되어 있다.

최근 경기의 불안으로 고용이 불안전하고 부동산중개업보다 더 수입이 높고 편하게 수입을 얻을 수 있는 직업이 늘어나고 있어 부동산중개 보조원으로 근무하다가 이직하면서 고용보험료를 받기 위하여 부동산중개 보조원 중에 중개업소 소장에게 가입을 요구하는 경향이 늘어나고 있으며, 이직 시 협박까지 하는 사례가 늘고 있다.

그런데 이 4대 보험에 납부하는 금액을 보면 당해직원이 받는 수입에 최소 16.475%를 납부하여야 하므로 사업주로서는 적은 비용이 아니며, 더구나 종합소득세를 납부하여야 하므로 직원급여에 대한 원천징수소득세를 받지 않으면 안 되도록 변화해 가고 있다. 또 부동산중개업자가 보조원을 채용하는 경우 채용하기 전에 등록관청에 등록한 후 채용하도록 「공부법」에 규정하고 있다.

또 자본시장의 개방으로 인하여 부동산개발업자 및 투자신탁 등의 업무를 수행하는 자들이 공인중개사를 채용하고 부동산중개업을 겸업하는 등 유사 부동산중개업자들의 법적 근거의 마련으로 부동산중개업자의 수입원이 줄어들고 있다. 이러한 국가의 정책변화로 부동산중개업에 미치는 영향이 커 이를 합법적으로 이행하기 위해서는 현재의 수입원을 면밀히 검토하여 합법적이고 과학적인 부동산중개업의 경영이 요구되고 있어 이에 대한 연구와 합리적인 대안준비가 요구된다.

3) 국민의 요구변화

우리나라 국민, 즉 고객들의 요구사항이 변화하고 있다. 최근 부동산에 투자하려는 고객들의 투자성향은 무조건 투자하는 성향에서 적절한 수익이 보장되는 방향으로 투자성향이 바뀌고 있다. 과거 60년대 이후 우리나라는 고도의 경제성장에 힘입어 산업에 많은 부동산이 소요되었다. 그래서 부동산은 사 두면 무조건 단기에도 양도이익이 많이 남았다. 그래서 중개업자에게 법정수수료보다 훨씬 많은 보수를 주는 것이 아깝지 않았다.

그러나 경제성장이 G20 국에 가입할 정도로 성장하자 산업에 부동산수요가 현저하게 줄었을 뿐만 아니라 기개발지들 중 상당수가 재개발을 하여야 하는 위치에 있다 보니 새로운 도시개발이 추진되게 되었다. 이처럼 새로운 도시개발지역으로 행정기관을 비롯하여 공공기관 및 기업체들이 이동하게 되었고, 이들의 이동은 구개발지역은 쇠퇴기에 접어들어 부동산가격이 하락할 수밖에 없게 된다. 그래서 이제는 부동산의 투자도 전문가에 의한 정확한 분석 등을 통한 적극적으로 검토하여 투자하여야 한다.

이러한 시대상황에 따라 국민들의 투자성향도 일단 투자한 부동산에서 일정한 수익이 확보되고 차후 양도 시 양도차익까지 발생하면 더욱 바람직한 곳으로 투자처를 요구하고 있다. 그래서 수익성 부동산으로 투자처가 옮아가고 있다. 이는 일부 국민들 중 노후에 안정적인 수입을 보장받기 위한 투자와도 일치하는 형태이다. 그 좋은 예가 최근 국민들의 주택 임대사업에 많이 참여하는 현상이 잘 말해 주고 있다. 이렇다 보니 국민들이 투자처를 알선받을 중개업자를 찾음에 있어도 전문가를 요구하고 있다.

부동산에 투자하고자 하는 고객은 자신들이 요구하는 투자목적을 달성하기 위해서는 부동산에 대한 경험이 풍부하고 정확한 분석력을 구비한 전문가가 절실히 요구된다. 그래서 과거처럼 과거경험만을 간단하게 설명하며 투자권유를 하는 부동산중개업자에게 부동산투자를 상담하거나 맡기고 싶어 하지 않는다. 비록 상담료를 주더라도 확실하고 안정한 투자를 하고 싶어 하며, 상담료를 요구하지 않아도 상담료를 주고 가는 고객이 미미하기는 하지만 점차 늘어나고 있다. 이러한 국민들의 시대적 요구를 충족할 수 있도록 부동산중개업의 운영이 요구된다. 겸하여 고객들의 추세가 부동산중개업자와 투자상담을 하면서 자신의 투자목적에 충족하도록 원스톱 서비스가 되도록 활동해 주기를 원하고 있다. 이러한 국민들의 시대적 요구를 충족할 수 있는 부동산중개업을 운영하려면 부동산중개업자도 과거처럼 단순하게 중개대상물만을 알선해 주는 실력만으로는 국민들의 요구에 부응할 수 없게 되었으며, 특히 분야별로 전문화가 요구되고 있다. 그리고 국민의 요구를 충족시키기 위해서는 분야별 전문가가 모여 국민(고객)의 요구사항에 대해 필요시 토의하고 과업을 분업할 수 있도록 부동산중개사무소에 구성되어야 함이 요구된다.

　기본적으로 현행 부동산중개업자 중 극히 일부를 제외하고는 부동산중개업을 합리적이고 합법적이며 과학적으로 운영하려고 하지 않고 있다.

2. 부동산중개 업무영역

1) 현행 우리나라 부동산중개 업무영역

　현행 우리나라 부동산중개업의 업무영역은 「공부법」 제14조에 의거 부동산중개, 경매대리는 기본적으로 할 수 있고 그 외에 상업용 건물에 대한 임대관리 등 관리대행, 주택에 대한 임대관리 등 관리대행, 부동산 이용에 대한 상담, 부동산개발에 대한 상담, 부동산거래에 대한 상담, 부동산중개업자를 대상으로 부동산중개업의 경영기법 제공, 부동산중개업자를 대상으로 중개업의 정보제공, 상업용 건축물 분양대행, 주택의 분양대행, 그 밖의 부수적인 업무로 중개의뢰인의 의뢰에 따른 도배·이사업체 소개, 주거이전에 부수되는 용역의 알선 등이다.

2) 외국의 부동산중개 업무영역

외국의 부동산중개업 업무영역을 보면 다음과 같다.

[표] 외국 중개업 업무범위

구분	한국	미국	영국	프랑스	독일	일본	중국
알선중개	0	0	0	0	0	0	0
매매업		0	0			0	0
교환업		0				0	
계약대리	0	0	0		0	0	0
임대수납	0	0					
융자알선	0	0					
어음교환		0					
국공유지매입 및 임대		0					
임대	0	0	0				0
경매	0		0				
관리	0	0	0	0	0	0	
개발	0	0	0	0			
컨설팅	0	0	0				
감정평가		0	0				

자료: 이창석 저, 부동산학개론, 형설출판사, 2007. 2. 28. p.519.

부동산중개 업무를 가장 안전하게 거래할 수 있는 제도를 보유하고 있는 미국의 경우를 보면 우리나라보다 부동산 매매업과 교환업, 어음교환 업무, 국·공유지 매입 및 임대 관리 업무, 감정평가 업무를 더 할 수 있도록 하여 부동산을 비롯한 자산관리 업무를 모두 할 수 있도록 하고 있으며, 다만 경매업무는 부여하고 있지 않음이 특징이다. 우리나라가 중개업제도를 도입한 일본의 경우는 장기 부동산 침체기를 맞고 있으므로 부동산 매매업과 교환업을 할 수 있도록 하고 있는 대신 관리업무 외에는 허용하고 있지 않다.

각 국가마다 국민성이 차이가 있고 사회적인 통념이 다르기 때문에 모두 일치할 수는 없겠으나 우리나라 부동산중개업자도 업무범위가 좁은 편은 아니다.

3) 외국 부동산중개업소의 업무형태

(1) 미국 및 영국

국민소득이 높아짐에 따라 국민들의 평균수명 연령이 높아져 사회가 고령화 사회로 변하고 있다. 미국 및 영국의 국민들도 연금을 받고 살고 있는 사람이 있는가 하면 연금이 없는 일반 국민들도 있다. 이 연금이 없는 일반 국민의 경우 노후에 대한 준비가 절실한 현상이다. 그래서 미국과 영국 등 선진국의 모든 국민들은 젊은 시절에 노후를 대비하여 투자하고 있다.

이들의 노후를 위한 투자방법을 보면 먼저 주거문제를 해결하기 위해 도시지역이나 농촌지역 등에 노후에 자신이 거처할 주택을 준비하거나 또는 장기 임대주택을 마련하고 있으며, 일부는 실버타운 등을 준비하고 있다.

다음으로 노후 생계비를 위해 국민연금 대상자의 경우는 국민연금의 기금을 높여 노후에 적절한 생활을 할 수 있을 정도로 투자하고 있으며, 또는 개인 연금보험에 가입하는가 하면, 부동산 임대사업 등 노후에 안정적으로 받을 수 있는 자금을 위해 투자하고 있다.

또한 노후에 발생할지 모르는 화재라든지 자연재해로 인한 위험과 교통사고로 인한 위험 및 치료비, 그리고 노화로 인해 자연발생적으로 일어나는 각종 질병에 대한 병원비 확보를 위해 필요한 보장성 상품에 가입하고 있으며, 매년 그 가입하는 비율이 늘어나고 있다.

각종 자산관리 분야에서 활동하는 자산관리자들은 국민들의 노후대비에 적합한 다양한 투자상품을 개발하는가 하면, 또 노후를 대비한 다양한 보장성 프로그램을 개발하고 있다. 이에 맞추어 부동산중개업소에서도 고령화를 대비한 각종 상품의 홍보와 관련업무를 취급하여 업무영역을 확대하는가 하면 수익을 증대하고 있다.

(2) 일본

우리나라와 부동산중개업제도가 비슷한 일본의 경우를 살펴보면, 일본은 장기 부동산 경기 침체로 90년대 이전의 활발했던 중개업소가 점차 폐업하면서 줄어들기 시작하여 지금은 그때와 비교할 때 부동산중개업소를 찾는 데 힘이 들 정도로 그 수가 많이 줄어들었다. 또 일본의 부동산중개업소가 수행하는 업무를 살펴보면 단순 부동산중개만을 하는 부동산중개업소와 부동산중개와 관련된 업무를 겸업하는 부동산중개업소, 그리고 부동산관리를 겸업하는 부동산중개업소가 있다.

이들의 분포를 보면 부동산중개만을 전업으로 하는 부동산중개업소는 주로 부동산중개업무와 부동산 갱신계약 업무를 수행하며, 이들은 아직도 일본 전체의 부동산중개업소의 47.8%를 차지하고 있다.

그리고 도배·장판 등 실내 리모델링, 실내소독, 익스프레스 등 이사업, 수리업무, 보험대리 업무 등을 겸업하는 부동산중개 관련업무를 겸업하는 중개업소는 34.8%를 이루고 있으며, 부동산 유지관리와 임대료 수납대행 및 관리업무를 겸업하는 중개업소가 17.4%를 차지하고 있다.

이처럼 선진국의 부동산중개업소는 사무소 경영을 위하여 점차 단순 부동산중개만으로 부동산 사무실을 경영하기가 곤란하여 부동산중개와 이에 관련된 업무나 관리업무를 병행하는 형태로 변모해 가고 있다.

그 원인은 산업이 고도화되면서 산업발전에 따른 부동산소요가 점차 줄어들게 되며, 건축경기도 점차 감소할 수밖에 없는 형태로 변모함으로 발생하는 자연적인 현상으로 판단된다.

외국의 부동산중개업소에서 자산관리를 자세히 살펴보면 컨설팅 업무의 일부라고 볼 수 있다.

(3) 선진국의 운영실태로 본 우리나라 중개업소 예상형태

앞서 선진국들의 부동산중개업소의 운영형태를 살펴본 바와 같이 우리나라 부동산중개업소 운영 예상형태도 선진국의 부동산중개업소 운영형태로 변모해갈 것으로 예측된다. 따라서 이러한 추세를 먼저 선점하는 부동산중개업자는 부동산중개를 단순 중개형태에서 건물관리 및 임대관리를 병행해서 실시하는 자산관리 업무를 시도할 것이고, 또 컨설팅업을 부동산중개업에 맞도록 발전시켜 종합자산관리 업무를 수행할 채비를 할 것이다.

우리나라 장래의 부동산중개업 경영은 현행 「공부법」에서 명시되어 있는 중개업무만을 수행하지 않고, 고객의 자산을 종합적으로 분석하여 조언하고 관리를 대행해 주는 종합자산관리 업무를 수행하는 형태로 발전될 것으로 예상된다. 이를 위해 사무소형태도 보다 규모를 가진 형태로 변화하고, 업무형태도 분야별 전문가들로 구성된 업소로 발전된 형태가 될 것으로 예상된다.

이를 위해 부동산중개업자는 이를 위한 준비를 위해 지속적인 연구와 개발이 요구되며 중개업 경영도 효율적이고 합리적이며 합법적이고 과학적인 부동산중개업 운영능력의 개발이 요구된다.

3. 부동산중개업 운영중점

1) 부동산중개업 업무내용

앞에서 살펴본 부동산중개업을 수행하기 위하여 활동 가능한 업무내용을 다시 한 번 정리해 본다.

먼저 「공부법」에 명시된 업무를 정리해 보면 다음과 같다.

① 부동산중개

② 경매대리

③ 상업용 건물에 대한 임대관리 등 관리대행

④ 주택에 대한 임대관리 등 관리대행

⑤ 부동산 이용에 대한 상담

⑥ 부동산 개발에 대한 상담

⑦ 부동산거래에 대한 상담

⑧ 부동산중개업자를 대상으로 부동산중개업의 경영기법 제공

⑨ 부동산중개업자를 대상으로 중개업의 정보제공

⑩ 상업용 건축물 분양대행

⑪ 주택의 분양대행

⑫ 그 밖의 부수적인 업무로 중개의뢰인의 의뢰에 따른 도배·이사업체 소개, 주거이전에 부수되는 용역의 알선

이 외에 현행 실시하고 있는 업무내용을 정리해 보면 다음과 같다.

⑬ 융자알선

⑭ 부동거래 가격조사

⑮ 부동산 등기알선

⑯ 대형부지 토지 매수작업 등 컨설팅

앞으로 예상되는 업무내용은 다음과 같다.

⑰ 보험업무 등 자산설계업무

⑱ 자산관리업무

⑲ 리모델링 및 수리업무

⑳ 실내소독 등 관리업무

2) 부동산중개업 운영중점

부동산중개업자가 부동산중개사무소를 운영하기 위해서는 기본적으로 갖추어야 할 사항은 다음과 같다.

① 중개사무소가 있어야 한다.

② 중개사무소를 운영할 부동산중개업자가 있어야 한다.

③ 중개활동을 중개업자와 같이 할 인원이 있어야 한다.

④ 중개할 물건이 있어야 한다.

⑤ 중개할 물건을 거래할 고객이 있어야 한다.

⑥ 부동산중개사무소를 운영할 자금이 있어야 한다.

이와 같은 6가지 요소가 부동산중개업소의 운영중점이 된다 하겠다. 부동산중개사무소 경영을 위한 6가지 운영중점에 대해서 부동산중개사무소 경영의 합리화 및 선진화에서 구체적으로 살펴보기로 한다.

4. 부동산중개 서비스업무의 범위

부동산중개업자가 부동산중개를 함에 있어 어디까지 서비스를 제공하여야 하는지 그 범위를 알아야 부동산중개 서비스의 범위를 결정할 수 있다.

먼저 법적으로는 「공부법」 제2조(정의)에서 "중개"라 함은 제3조의 규정에 의한 중개대상물에 대하여 거래당사자 간의 매매·교환·임대차 그 밖의 권리의 득실변경에 관한 행위를 알선하는 것을 말한다고 규정하고 있어 알선, 즉 거래계약서 작성까지를 의미하고 있다.

다시 말해서 권리의 득실변경을 하는 데까지 업무를 하는 것이 아니라 권리의 득실변경을 알선하는 데까지 업무함을 명시하고 있다.

그러나 일부 지자체에서 중개수수료에 대한 조례를 개정하여 중개수수료를 계약 시 1/2을 지불하고, 잔금 시에 1/2을 지불하도록 규정하고 있어 중개업무 서비스를 잔금 시까지 제공하도록 강요하고 있다.

그리고 실제로 현장에서 중개수수료의 지불시기와 관계없이 잔금지불 및 매매의 경우는 등기권리증 도착 때까지 그리고 임대차의 경우는 임대차 기간 중에도 필요한 서비스를 고객들이 요구하고 있고, 또 중개업자들도 경쟁에서 생존하기 위하여 고객들의 요구기간 동안 제공하고 있다. 따라서 원칙은 계약 시까지 중개서비스이므로 고객에게 주지시키되 매매의 경우는 매수자에게 등기권리증을 넘길 때까지 그리고 임대차의 경우는 임대관리까지 한다는 생각으로 이에 대한 서비스계획을 준비하여야 할 것으로 본다.

제2장

부동산중개업 경영

1. 부동산중개사무소 운영

1) 취업규정(운영규정)을 제정

부동산중개사무소는 고객을 상대로 하여 서비스업을 하는 장소이다. 따라서 고객의 성향에 맞추어 사무실을 운영하여야 한다. 부동산중개사무소에서 하루 일과를 살펴보면 다음과 같다.

먼저 출근하면 정보지나 인터넷상으로 새로운 물건이 있는지를 점검한다. 다음은 각자의 책상에 앉아 자신의 하루 당일 수행할 하루 일과를 확인하고 계획한다. 이때 당일 계약이나 중도금 또는 잔금 처리할 사항에 대한 시간 확인, 미결된 사항에 대해 당일 약속한 사항에 대한 처리, 접수한 중개대상물에 대한 권리분석, 현장확인 계획, 매수의뢰에 대한 확인 및 검토 등과 사무실 내에서 그리고 행정관서 및 관련협력업체에서 처리할 사항을 점검하여 계획한다. 그다음 대표와 상의할 사항 및 회의할 사항을 준비 및 실시한다.

이때 자신의 업무활동 내용 중 전문가의 의견이 필요하면 직원들과 상담 및 협의를 통하여 공감대를 형성한다.

부동산거래는 주로 30~50대가 주류고객이 되어 이루어진다. 그런데 이들은 사회에서 가장 활발히 경제활동을 하는 주류이기 때문에 일반적으로 부부가 맞벌이하는 시기의 대상자를 상대하는 특징이 있다. 또 이들이 부동산거래를 위해 일일 활동하는 시기를 보면 물건확인은 낮에 실시하고 물건매도 및 매수의뢰와 계약서 작성은 퇴근시기에 많이 이루어지고 있다. 따라서 부동산중개사무소는 오전 7시 30분부터 9시, 그리고 오후 5시 30분부터 8시 30분에 중점적으로 직원들이 필요한 시간이다. 그리고 낮에도 주로 상담을 하거나 물건 의뢰를 위해 불시에 방문하므로 사무소를 비울 수 없는 특징이 있다.

이처럼 부동산중개업은 나름대로 특징이 있으므로 직원들의 근무에 대한 규약이 필요하다. 그래서 운영규정을 만들어 대표 및 직원 모두 통일된 규정 하에서 자발적으로 활동할 수 있는 규정이 필요하다. 이 운영규정에는 다음의 요소가 포함된다.

① 출·퇴근 시간 등 출·퇴근 규정
② 업무분장 및 업무내용과 활동에 관한 규정
③ 물건종류별 접수부터 계약까지 활동 및 관계서류 관리규정
④ 물건광고 관련 규정
⑤ 보안규정
⑥ 재정운영규정
⑦ 회의 및 결산규정 등

2) 일과를 계획하는 습관

부동산중개업은 「공부법」에서 규정한 것처럼 소속공인중개사 및 보조원이 공인중개사를 보좌하는 것으로 이루어지지 않는다. 부동산중개업자를 포함하여 소속된 직원들은 각자 나름대로 한 분야씩을 담당하여 업무를 수행한다. 그리고 그 수행결과에 따라 거래계약이 이루어져야 당해물건에 대한 업무가 완성되며 수입이 각자 발생한다. 따라서 부동산중개업자는 사무소를 효율적으로 운영하기 위하여 최대한 분업화하되 집중화도 동시에 달성할 수 있어야 한다.

이를 위하여 부동산중개업자는 대표를 포함하여 각자 하루의 일과 계획 및 결과를 작성하여 대표와 토의 또는 제출을 받아야 한다. 또한 일과를 계획하는 시기는 전날 저녁에 계획하고 퇴근하는 습관을 들임이 좋다. 다만 밤사이에 고객의 연락으로 인하여 수정될 수 있으므로 아침에 수정된 일과로 10시 회의 시 중개업자는 보고받으면 된다.

그리고 일과를 계획하는 장소는 당연히 부동산중개사무실에서 작성하고, 일과 계획 양식은 별도로 없으며 당해 사무소의 특성에 맞도록 작성해 사용하면 된다. 참고로 일일업무일지를 소개한다.

(/)일 업무일지 (요일)		
처리할 사항	1. 2.	
중개계약	1. 2. 3. 4.	
주요 상담활동	1. 2. 3.	
주요 조사활동	1. 2. 3.	
미결사항 및 비고	1. 2.	

그리고 주간 및 월간계획은 공동 월중 계획판에 빠짐없이 기록하도록 전 직원이 같이 볼 수 있고 사용할 수 있도록 한다.

3) 직원들의 복장은 항상 단정해야 함

부동산중개업은 서비스업이므로 고객에게 최대를 서비스를 한다는 자세를 항상 견지하여야 한다. 따라서 우선 직원들은 가급적 정장 또는 깨끗한 복장으로 사무에 임하도록 하는 것이 바람직하다.

4) 불필요한 업무는 과감히 제거해야 함

부동산중개사무소에서는 고객에게 최대서비스를 제공하여야 하므로 고객에게 서비스를 제공함에 소홀히 할 수 있는 요소는 과감히 제거하여야 한다. 따라서 부동산중개사무소에는 TV를 설치함은 바람직하지 않다.

TV를 설치하면 우선 주거업무 분야를 담당하는 여직원들이 연속극 등에 감염되어 고객에게 최대 서비스를 제공할 준비를 소홀히 하게 되고 더불어 고객에게 소홀해지기 마련이다. 그리고 부동산중개업소는 고객과 자산관리에 대한 상담을 지속적으로 실시하는 곳이기 때문에 고객들이 부동산중개업자 외의 다른 사람이 자신의 자산에 대해 알게 되는 것을 꺼려 부동산중개업자에게 정확한 정보를 제공하지 않게 된다. 꼭 필요한 뉴스를 보고 싶은 경우는 인터넷으로 해당 언론매체의 홈페이지에 들어가 잠깐씩 보도록 하는 편이 바람직하다. 다음에는 장기·바둑·화투 등 오락기구를 반입하지 못하도록 함이 바람직하다. 이 또한 고객으로부터 정확한 상담을 할 수 없게 됨은 물론 이 놀이로 인하여 조용히 업무를 수행하여야 할 사무실이 소란스럽게 됨은 물론 방문 고객들로 인하여 매우 좋지 않은 첫인상을 주어 고객을 쫓아내는 상황을 만드는 것과 같다.

다음은 인장작업 등 제2의 업종을 겸업하는 경우 가급적 별도의 칸막이를 하여 공간을 분리하여 사용함으로써 부동산중개업에 전념할 수 있는 분위기를 조성하는 것이 바람직하다.

2. 부동산중개업자

부동산중개업자는 공인자격사이기 때문에 사업운영에 있어 사업성 창출과 더불어 공인의 위치에서 사업을 운영한다는 자세가 중요하다. 그래서 부동산중개업자의 사회적 책임이 정부정책이나 언론에 강조하는 것도 바로 여기에 있다.

1) 부동산중개업자의 사회적 책임[12]

부동산중개업은 부동산업의 일종으로 그 활동의 성격상 사회성과 공공성이 매우 강조되고 있다. 그 이유는 「공부법」에서 궁극적인 목적으로 두고 있는 국민경제에 이바지할 수 있도록 활동하여야 하기 때문이다. 그래서 부동산중개업자는 사회성과 공공성에 합치되는 활동을 할 때 부동산중개업자의 사회적 책임이 이루어질 수 있을 것이다.

여기서 사회성이란 부동산중개업이 본래의 목적에 따라 활동하고 그 기능을 통하여 사회에 공헌함을 의미하며, 공공성이란 부동산중개업이 법질서를 준수하여 사회생활에서 타인에게 해로움을 주어서는 안 된다는 것을 의미한다고 한다. 그리고 이 부동산중개업자의 사회적 책임 내용[13]에 대해 대한공인중개사협회는 대내적 책임과 대외적 책임을 다음

---

12) 이창석 외 9인, 부동산 관리업, 형설출판사, 2002, pp.16~17.
13) 대한공인중개사협회, 부동산중개 실무 대백과 제2편 부동산중개업 경영, 대한공인중개사협회, 2002. p.4.

과 같이 기술하고 있다.

대내적 책임은 부동산중개업에 대한 지속적 유지 책임과 부동산중개업을 발전시킬 책임, 종업원의 복지유지 책임, 후계자를 양성할 책임이 있음을 말하고, 대외적 책임으로는 이해관계자 집단의 이해관계를 조정할 책임, 사회 공해에 대한 책임, 그리고 행정적인 통제를 받지 않도록 자율적으로 필요한 규제를 수행해 나가는 태도에 대한 책임이 있다고 한다.

따라서 부동산중개업자는 내적으로 사업가의 책임을 다하여야 하며, 대외적으로 최소한 상권지역 내의 부동산관리의 최유효이용을 위한 활동의 책임을 수행하여야 한다. 이에 대하여 구체적으로 살펴보면 다음과 같다.

2) 사업가 자세를 갖추어라

사업가는 3가지 책임을 져야 한다. 이 3가지 책임은 자신에 대한 책임이고, 업소에 대한 책임이며 사회, 즉 국가에 대한 책임이다.

먼저 자신에 대한 책임은 자신이 사업을 시작할 때는 자신의 목표가 있어서 사업에 착수하였을 것이다. 이를 달성할 책임이다. 다음 업소에 대한 책임이란 모든 사업은 자신 혼자서 하는 사업은 없다. 여기에는 두 사람 이상이 모여서 사업을 하게 되는데, 그 사업에 모인 사람들에 대한 책임이다. 쉽게 직원에 대한 책임이다. 마지막으로 사회 또는 국가에 대한 책임으로 자신이 하고 있는 사업이 사회나 국가에 피해를 주거나 범법을 하여 지탄의 대상이 되지 않고 오히려 사회나 국가에 공헌하는 사업이거나 활동이어야 한다.

(1) 자기 자신에 대한 책임

자기 자신에 대한 책임은 자신이 사업을 하게 된 목적이나 목표를 달성하기 위하여 충실하기 위한 책임이다. 이 중 영리사업을 하는 자는 이 목표를 위하여 누구를 막론하고 이윤을 얻기 위한 사업을 한다. 즉, 자신이 1억을 투자했으면 이 1억에 대한 은행정기이자나 국공채이자보다는 훨씬 나은 이윤을 남기기 위하여 고생이란 대가를 지불하면서 사업을 한다. 따라서 공인중개사가 부동산중개업을 창업하기 위해서는 이 사업가 자세를 먼저 견지하고 사업에 임하여야 한다. 만일 이러한 마음의 자세가 없다면 처음부터 사업에 참여하지 말아야 실수도 없고 손해도 없다.

다음에는 이 목표를 향해 열심히 공부하고 노력하여 자신이 하고자 하는 사업에 자신력이 있어야 한다. 자신이 하고자 하는 사업에 대해 처음부터 자신이 있는 사람은 드물다. 자신이 자신의 사업에 얼마나 충실하고 열심히 노력하고 공부하며 경험을 쌓느냐에 달려 있다. 만일 자신의 경험을 잘 잊는 사람은 필요하면 메모를 하거나 자신이 좌우명처럼 잘 볼 수 있는 곳에 적어 놓고 읽어 되살리는 것도 한 방법이다.

다음은 자신을 신뢰하여 자신의 사업에 참여한 직원들을 먹여 살린다는 책임이다. 자신이 직접 벌어야 할 책임은 사업관리 유지비를 제외하고 자신과 직원들이 최저생계비 이상을 생계비로 가져갈 수 있도록 사업자는 벌어야 한다. 이만 한 책임을 질 자신이 없으며 사업가로 나서서는 아니 된다. 특히 직원의 수입에서 자신의 몫을 챙기려 한다면 무능한 사업가이다.

끝으로 자신에 책임 중 가장 중요한 자금관리에 대한 책임이다. 사업가는 기본적으로 세금이나 보험료를 의무적으로 납부하여야 하고, 사업을 지속적으로 영위하기 위하여 자금을 관리할 줄 알아야 한다. 특히 부동산중개업소의 세원이 부동산거래신고 및 현금영수증 발행 등으로 투명하게 노출되고 정부의 4대 보험 가입이 의무화된 상황에서 세금의 폭탄이 예고되고 있어 부동산중개업자의 자금관리는 절실한 실태에 직면해 있다.

(2) 업소에 대한 책임

단체에 대한 책임은 자신이 운영하는 사업체에 대한 책임으로 같이 근무하는 모든 사람을 자신의 가족처럼 생각하여 그들의 생계를 책임진다는 자세와 그들을 자신의 사업에 끝까지 같이 갈 동반자로 생각하여 그들의 활동분야를 확실하게 부여하고 책임을 주며 필요시 자질을 양성하는 데까지 책임이다.

이를 위해 사업가인 부동산중개업자는 같이 근무하는 자의 보수를 적절하게 배분하고 최소한 생계를 할 수 있도록 배려하여야 한다.

또한 사업체를 구성하고 있는 여러 분야 중 한 분야를 명확하게 맡기고 이에 대한 책임과 권리를 부여하며 필요시는 자격증이라든지 대학원 등을 수료하도록 하여 자질을 구비하도록 함은 물론, 스스로 사업과 관련된 분야에 자기 자신의 발전을 위한 활동을 하도록 하여야 한다.

여기에 추가하여 이 사업체도 하나의 조직이기 때문에 조직 내에서 갖추어야 할 각종

예의와 책임을 사업가 자신은 물론 근무하는 사람도 같이 지킬 수 있어야 한다.

(3) 사회 · 국가에 대한 책임

부동산중개업자가 국가 및 사회적 책임을 다하기 위해서는 부동산중개업의 궁극적인 목적을 성실히 이행함으로써 달성 가능하다. 부동산중개업의 궁극적인 목적은 국가경제에 기여하는 것을 말하며 부동산중개업자의 활동 및 책임도 이를 성실히 이행하는 것이다. 부동산중개업자가 부동산중개를 통하여 국가경제에 기여하기 위해서는 최소한 부동산중개업에 대해서만은 최고의 전문가가 되어야 한다.

전문가란 최소한 자기 전공분야에 풍부한 지식을 갖추어야 하고, 공익을 위한 자세로 이 지식을 통하여 필요한 사람에게 만족할 만한 상담과 수익을 찾아줄 수 있는 사람을 말한다. 따라서 공인중개사는 부동산중개와 관련된 법규를 잘 알고 있어야 하며 이 법규를 잘 준수하면서 또 법이 허용하는 범위를 숙지 및 탐색하여 잘 활용할 줄 알아야 한다. 뿐만 아니라 알고 있는 전문지식을 국가의 정책에 잘 맞추어 활동함으로써 국가에 공헌하여야 하고 동료업자 간에는 신의와 신뢰를 받고 존경을 받으며, 의뢰인에게는 당해 부동산을 최유효이용할 수 있도록 알선 및 상담해 주되 법정신에 맞는 공평하면서도 세심하게 처리하고 타 업종 종사자 간에 지켜야 할 범위를 잘 지키면서 수익을 창출할 줄 알아야 한다. 이는 부동산중개업자가 지켜야 할 책임이기도 하지만 윤리이기도 하다.

3) 사업가로서 구비하여야 할 능력

부동산중개업자가 부동산중개업 사업을 성공하기 위해서는 갖추어야 할 몇 가지 능력이 구비되어야 한다. 이 능력에는 일반적인 사업가가 갖추어야 할 능력과 같은 능력으로 중요한 능력은 기획력, 추진력, 설득력, 통찰력을 말한다.

(1) 기획력

부동산중개업자가 하는 부동산중개업은 타인의 재산을 관리하는 업이라 할 수 있다. 따라서 부동산중개업자는 물건을 접수하거나 구매를 의뢰받으면 의뢰인이 요구하는 사항을 어떻게 효율적으로 수행할 것인가를 구상하고 구상한 내용을 면밀하게 분석한 뒤 이를 기획함으로써 효율적이고 능률적인 중개를 완성할 수 있다. 부동산중개업자의 이 기획력은 전문가로서 당연히 갖추어야 할 능력이다. 기획력이 없는 부동산중개업자는 열심히 일을 하여도 능률적으로 수행되지 않기 때문에 낭비가 많을 수밖에 없다.

이 기획력을 배양하기 위해서는 물건을 접수하면 권리에 하자가 없는지, 어떤 자가 구입하면 효율적으로 이용할 수 있는지, 투자자라면 어떻게 이용하도록 할 것인지, 구입하는 데 소요되는 자금과 세금 융자금액은 얼마인지를 순서대로 잘 정리하는 습관이 붙어야 한다.

(2) 추진력

추진력이란 어떤 과업을 목적 또는 목표한 대로 적극적으로 수행하려는 노력을 말한다. 부동산중개업자가 의뢰인으로부터 의뢰받은 사항을 추진하는 데는 순조롭게 실행되기도 하지만 많은 어려움에 봉착되기도 한다. 이때 이를 완성하기 위해서는 우선 머릿속에서 계속 상념하면서 상대방이 대안으로 나올 수 있는 상황에 대한 대안을 준비하면서 부지런하여야 하고, 적극적이면서 끈기 있고 과감하게 일을 끌고 나갈 때 이 추진력은 배양된다.

(3) 설득력

설득력은 말로서만 하는 것이 아니라 문서나 글로도 할 수 있다. 따라서 부동산중개업자는 설득력을 키워야 하는데 이를 위해 대화법과 문서로 기획력을 배워야 한다. 대화법의 키는 상대방이 말하고자 한 의도를 명확히 파악하여야 성공적인 대화를 할 수 있고, 상대가 이해할 수 있도록 자신이 말할 수 있는 데 있다. 따라서 대화에서는 먼저 상대의 말을 충분히 경청하는 습관이 있어야 한다.

문서로 상대를 설득하는 데는 우선 문서의 내용이 상대가 요구하는 바에 대하여 그 해결책이 잘 표현되어 있어야 하고, 또 신뢰할 수 있고 설득력이 있도록 내용이 충실하여야 하며, 문서의 구성이 보기 좋게 구성되면 더욱 바람직하다. 이를 위해 부동산중개업자는 지속적으로 노력하여야 한다.

(4) 통찰력

부동산은 재테크 수단이다. 이 재테크 수단을 부동산중개업자는 중개라는 과정과 직업으로 거래를 실현시키는 것이다. 부동산의 재테크는 수익이 창출될 때 재테크 수단으로 가치가 있다. 그런데 부동산중개업자의 중개거래를 통하여 의뢰인은 재테크가 될 수 있도록, 즉 수익이 있는 부동산으로 거래해 주기를 원한다. 이 수익은 현실적인 수익도 있고, 미래적인 수익도 있는데 이 미래적 수익은 통찰력이 절대적으로 필요하다. 따라서 공인중개사는 거래할 중개대상물에 대한 미래를 내다보는 통찰력이 필요하다.

부동산중개업자가 통찰력을 개발하는 방법은 과거 중개할 대상물과 같은 상황에 있던 사례를 많이 연구하고 현재는 어떻게 되었는지 또는 과거 어떻게 변천해 왔는지를 파악하고 정리하고 여기에 우리나라의 국민성과 국가정책을 감안하는 연습을 한다면 통찰력이 많이 향상할 수 있다.

4) 중개업 경영전략을 수립

부동산중개업 경영전략[14]에는 다양한 전략이 있을 수 있다. 그중 최소한 다음의 세 가지 전략은 확보하여야 한다.

(1) 차별화 전략

부동산중개업은 서비스업이므로 서비스업에 맞는 경영전략이 필요하며 이 경영전략 중 가장 효율적인 전략이 차별화 전략이다. 차별화 전략(differentiation strategy)이란 고객이 가치 있다고 여기는 속성을 찾아서 서비스 우위를 확보하는 전략을 말한다. 이 차별화 전략은 지속적인 연구개발을 통하여 차별화를 찾아내고, 이 차별화를 광고 및 판촉활동 강화에 주력함으로 차별화를 달성할 수 있다. 이 차별화 전략은 2단계로 발전한다.

① **1단계 차별화 전략:** 부동산중개업은 고객이 있어야 하므로 고객을 확보하는 방법 중 가장 확실한 방법은 고객으로부터 신뢰를 얻는 방법이고, 다음에는 신뢰하는 고객이 전문가로 인지하도록 하여 자신에게 전속 중개할 수 있도록 하는 방법이다. 이를 위하여 공인중개사는 고객을 대함에 있어 진실하고 업무를 성실하게 수행하여 신뢰를 얻고 여기에 부동산중개업자는 꾸준히 공부하여 부동산중개에 대한 풍부한 지식을 쌓고, 또 이를 잘 조합하여 고객에게 상담할 수 있는 능력을 구비하여 전문가가 되는 것이다.

---

14) 김영곤 외 4인, 부동산업 경영론, 형설출판사, 2002, p.89.

② **2단계 차별화 전략**: 2단계 차별화 전략은 부동산중개업의 장기계획을 통하여 단계별로 부동산 전 분야를 확대해 나가면서 부동산을 개발하고, 수익성을 창출하는 전략으로 부동산중개업자가 고정적으로 관리하고 투자단으로 운영할 고객을 확보하는 것이다. 그리고 학계와 인연을 확립하여 부동산중개업을 학문적으로 체제를 확립할 수 있으면서 필요시는 직접 강의를 통하여 관계자들을 확보해 나가는 것이다. 또한 2단계 차별화를 위하여 지역사회 발전을 위하여 노력하는 것이다. 지역사회 발전을 위해서는 지역주민의 요하는 바와 애로사항을 먼저 발견하거나 파악하여야 하며, 또는 지역분석을 하여 발전시킬 요소를 파악하여 이를 계획하여 추진하고 완성하는 것이다.

(2) 원가우위 전략

부동산중개업을 성공적이고 지속적으로 수행하기 위해서는 다른 업자보다 원가를 저렴하게 적용하면서 최대의 수입을 올릴 수 있는 원가우위 전략이 요구된다.

원가우위 전략(cost leadership strategy)이란 원가절감을 위한 여러 가지 중개활동을 통해 중개업 시장에서 우위를 달성하는 전략을 말한다. 이런 원가우위 전략을 달성하기 위해서는 규모의 경제를 달성하고 새로운 중개서비스기법의 개발이 필요하다. 즉, 부동산중개활동을 위하여 소요되는 각종 비용을 중개 성공 건별로 비교할 때 단가가 적게 소비되도록 하는 것이다.

부동산중개 활동을 위하여 소요되는 비용을 살펴보면 물건 접수 및 분석 그리고 계약서 작성 등에 소요되는 사무용품 및 컴퓨터, 각종 양식용지, 물건분석을 위해 발급받는 등기부등본 등 공적서류 발급비용, 물건의 현장확인 및 안내를 하기 위하여 투입되는 시간과 차량연료 비용, 물건홍보를 위하여 투입되는 정보지 및 인터넷 광고 등에 투입되는 광고비용, 사무실 유지비용 및 식대 등이다. 이러한 비용들이 중개거래 성공건수가 많으면 단가비용이 적게 소요되고 중개거래 성공건수가 적으면 단가가 높게 소요된다. 따라서 중개거래 건수를 많게 할 수 있는 방법을 강구하는 전략이 원가우위 전략이다.

다만, 이때 조심할 점은 불법이나 편법을 통하여 부동산중개 성공건수를 높이는 것은 당장은 원가가 적게 들어간 것 같으나 장기간을 두고 보면 고객이 외면하는 현상을 유발하기도 하기 때문에 원가가 높게 소요될 수 있으므로 불법이나 편법을 통한 범법행위를 조심하여야 한다.

다음은 사무실유지비용을 적게 소요될 수 있도록 하는 것이다. 즉, 사무실에 항상 사용하는 전기를 절전형으로 개량하고, 행정소모품은 이면지를 최대한 활용하여 소모품 비용을 줄이며, 냉난방 비용도 절약하고, 등기부등본 등 공적행정서류도 컴퓨터에 잘 입력하여 재활용을 하는 방안을 강구하는 것도 하나의 원가우위 전략일 수 있다.

(3) 집중화 전략

부동산중개 활동을 보면 매도 및 임대의뢰 물건도 많이 들어오고, 매수도 다양한 형태로 많이 의뢰된다. 이렇게 다양하고 많은 물건과 의뢰인의 요구를 부동산중개업자가 다 처리하기는 극히 어려운 일이다. 따라서 부동산중개거래 성공을 높이기 위해서는 집중화 전략이 절대적으로 요구된다.

집중화 전략(focus strategy)이란 특정 고객집단이나 지역으로 한정된 특정시장을 표적으로 삼는 전략을 말한다. 부동산중개 활동에서 기본은 매수자 위주의 활동을 하는 것이 기본이다. 따라서 부동산중개활동은 통상 매도 및 임대 물건의 접수로부터 시작되지만 중개거래 활동의 성공률은 매수자 위주의 중개활동을 하는 경우이므로 매수자 활동에 집중하게 된다.

또 부동산거래 주기를 보면 7~8월과 12~익년 2월까지는 주거위주의 부동산거래가 집중되고, 3~6월까지 상가 및 사무실 거래가 집중됨을 감안하여 업무를 이 시기에 맞추어 집중하는 것도 수입을 증대시키는 방법이다. 또 상가의 경우를 포함하여 업종별 전문가를 집중으로 양성하여 업종별 전문가로 광역지역을 관리하도록 하는 것도 집중전략의 일환이다.

3. 직원 관리

부동산중개업에서 과거 가장 잘못된 관리가 있다면 직원관리이다. 동네 노인을 비롯하여 무자격자들이 소일거리식 중개를 하고 사무실에 수수료 일부만을 내놓고 본인의 몫을 챙기는 행위, 아무나 중개에 한 발씩 끼어들면 수수료 중 일부를 배당받을 수 있다고 생각하여 중개업소에 출근하는 행위, 또 공동중개 시에 다른 중개업소로부터 중개수수료를 더 많이 타 내기 위하여 관련 중개업소나 가장(假裝) 인물을 추가로 포함시키는 잘못된 행위, 중개업자는 사무실만 지키고 직원들이 중개활동을 하도록 하여 수입을 챙기려는 중개업자의 행위, 중개업에 자신 없어 경험 있는 자를 채용하여 같이 중개업을 운영하는 경우 이 경험 있는 자가 사무소 외, 즉 타 중개업소나 법무사사무실에서 계약서를 작성하고 중개수수료를 탈취하는 행위 등 중개업자들이 직원을 제대로 통제하지 못하는 실태이다.

이에 따른 결과로 공제사고가 발생하면 등록되지 않은 직원은 빠져나가고 부동산중개업자만 책임져야 하는 결과를 가져오고 있고, 중개업자들의 나태함과 권위만을 챙기려는 행위로 실제 중개경험이 많은 직원들의 행패가 난무한 실태이다. 전문가가 되려는 부동산중개업자는 이런 부동산중개업을 운영하여서는 아니 되리라 생각한다. 그래서 부동산중개업자는 직원이 없어도 부동산중개사무소를 운영해 나갈 능력과 부지런함을 먼저 구비하고 직원을 채용함에 있어 신중을 기하여야 한다.

1) 직원채용을 신중히 하고 규정대로 운영

부동산중개업자가 직원을 채용함에 있어 가장 기본적인 사고는 정말로 믿을 수 있는 자를 채용하여야 하고, 만일 직원이 나가도 공인중개사가 새로운 사람을 채용할 때까지 그 임무를 수행할 수 있는 자신력이 있어야 한다. 직원은 가급적 사업을 위해 끝까지 같이 사업을 할 수 있도록 배려 및 관리를 하고, 자료도 사무실 내에서는 공유할 수 있도록 관리한다. 그래서 공인중개사는 한 번에 많은 직원을 채용하지 말고, 장기계획을 세워 업무 발전단계에 맞추어 직원을 채용하는 것이 바람직하다.

부동산중개업자는 직원을 채용하기 전에 반드시 견습기간에 그 견습자가 부동산중개업의 특성을 알고 이에 어울리는, 즉 적성에 맞는지를 확인하여 채용하여야 한다. 이때 견습기간은 3~6개월 정도가 적합하다.

견습기간을 통하여 일단 채용을 하면 고용계약서를 작성하여 채용하고 사용인 신고를 하고 업무에 임할 수 있도록 명함을 발급하고 활동하게 한다. 처음 고용 시에는 프리랜서식으로 채용하여 급여는 원천징수를 하며, 일정 수입 이상을 올리면 상시 근무자로 채용하는 것이 바람직하다. 그 외 직원 사기앙양을 위한 회식이라든지 보너스 지급방법도 고려할 수 있다.

채용된 직원은 중개보조원이 아니라 직원의 체제로 전환하여 한 업무를 맡아 수행할 수 있어야 한다. 다만 중개대상물 확인·설명서와 계약서는 직원이 작성하는 것은 막아야 한다.

직원 급여체제도 처음 1~2년은 성과급체제로 급여를 지불하고 1~2년 근무실태를 보아 부동산중개업자와 끝까지 사업을 같이 갈 수 있는 자인 경우 월급 급여체제로 전환하는 것이 바람직하다. 필요시는 월급체제와 능력의 최대 발휘를 위해 성과급제도를 가미하는 급여체제가 바람직하다. 그리고 채용하면 처음 1~2년은 최저급여금에 해당하는 4대 보험에 가입하여 보험혜택을 받을 수 있도록 하고 1~2년 후에는 실제 지급받는 급여에 대한 4대 보험을 가입해 줌으로써 노후에 안정적 수입이 될 수 있도록 보장해 주어야 한다. 대신 중개업자는 중소기업지원센터에서 운영하는 노란우산제도에 가입하여 직원과 똑같이 퇴직금을 확보할 수 있도록 한다.

2) 중개업자 및 보조원의 자질 연수교육 필요

1997년 IMF이후 정부의 규제완화 정책에 의해 그동안 협회를 중심으로 실시하던 중개업자 및 중개보조원의 자질 연수교육이 폐지되었다. 그러나 1년이면 수도 없이 개정되는 부동산관련 세법과 공법으로 인해 부동산중개업자가 공인중개사 자격증을 취득할 때 얻어진 지식으로는 중개업을 영위하기 매우 어렵다. 간혹 방송이나 신문 등을 통하여 개정되는 부동산중개 관련법령에 대하여 접하고는 있으나 이 개정내용이 무엇을 의미하고 어떤 상황에 적용되며, 어떻게 적용되는지, 그리고 부동산중개 과정에서는 어떻게 적용할 것인가에 대해 알지 못한 채 겨우 개정되었다는 것을 인지하는 수준이고, 이에 대하여 다른 중개업자들이 적용한 것을 듣고 겨우 알고 적용하는 것이 보통이다. 따라서 중개업자는 분기 1회, 중개보조원은 최소 연 1회 연수교육이 필요하며, 직원교육을 위해 전문가를 초청하여 주기적으로 교육을 실시하고, 필요하면 보조원을 부동산 관련대학에 입학하여 교육을 받도록 하여 자질을 향상시켜 주는 노력이 필요하다.

또 하나의 중요한 사실은 현재 많은 중개업소가 보조원의 활동에 전적으로 의존하여 실제수입이 중개업자보다는 보조원의 수입이 더 많이 취득하거나 균등하게 취득하는 풍조의 운영체제를 구성하여 왔다. 중개업자는 공인중개사자격증 소지자이고, 개설등록을 하여 모든 책임을 지는 자이며, 중개사무소를 통하여 국민의 재산을 보호하기도 하지만 더 중요한 것은 사업가로서 효율적이고 능률적으로 중개업소를 지속적으로 운영하고 계획하는 사업가이다. 그런데 아직도 부동산중개업자 중 상당수는 이러한 사업가 자질을 구비하고 있지 못하고 있음은 매우 안타까운 일이나 이제라도 부동산중개업자 본인의 노력으로 직원에 대한 적극적 교육의 소임이 절실히 요구된다.

또 부동산거래는 거래당사자가 거래과정 및 내용의 공개를 꺼리고 오히려 은닉하는 경향이 있음을 이용하여 부동산중개업소 사장이나 보조원도 공히 그들이 받은 수수료 수입을 정확하게 사업장에 알리지 않을 뿐 아니라 오히려 속이거나 고의적으로 누락을 하는 경향이 있다. 또 부동산중개업자나 보조원이 투기꾼이나 부도덕한 고객과 동질화되어 부동산거래를 정당하게 거래신고하지 않고 직거래형태를 채택하여 수입을 빼돌리고 있다. 이러한 중개업자 및 보조원의 자질은 부동산중개업계의 폐습과 부조리만을 양성할 뿐 부동산중개업계 발전을 저해함으로 중개업자의 자질을 우리 스스로 정화하는 활동이 요구된다. 실제 부동산중개업자의 이런 불법행위를 이유로 직원들이 중개업자에게 위협을 해오는 경우가 많이 있으며, 이로 인하여 중개업을 폐업하는 경우까지 발생하고 있다.

직원교육에서 가장 중요한 것은 애사심을 갖도록 하는 것과 직원으로서 도리를 알도록 하는 것이다. 일반적으로 직장생활을 하는 직원들이 자신이 받는 급여를 받기 위해서는 자기가 받는 급여의 3~10배의 순수익은 직장에 수익을 해 주고 있다. 그러나 부동산중개업에 종사는 지금까지의 직원들은 부동산중개업소를 자신의 돈을 벌어 주는 곳으로 인식하여 자신이 매달 받는 급여에 대한 직장에 대한 생각 없이 자신이 벌은 수익을 전부 자기가 받아 가는 것으로 인식되어 왔다. 이제 중개업계도 엄연한 사업장이고, 사업가의 지도하에 운영되는 곳이므로 일반적인 관례를 준수하여야 한다. 대신 사업가는 직원에 대한 최소 최저생계비는 보장이 되도록 급여에 관심을 가져야 한다. 부동산중개업의 특징이 경기 침체기가 길고 수익이 없는 달이 자주 있는 특징이 있음으로 사업가는 이때에도 직원에게 최소 최저생계비 이상의 급여를 지급할 수 있는 준비가 필요하다.

이렇게 될 때 직원들은 직장에 대한 신뢰가 쌓여 애사심을 가질 수 있고 직장 상사를 존경하게 될 것이다. 중개업자가 사업가로서 직원을 통솔함에 있어 자유방임형은 부동산중개업계를 혼탁하게 만드는 것이므로 민주적이면서도 강력한 지휘력을 발휘하여 직원을 통솔하고 관리함이 바람직하다.

4. 물건관리

1) 중개물건 확보

부동산중개업을 하기 위해서는 먼저 중개할 중개대상물을 먼저 확보하여야 하는데, 중개대상물을 확보하는 방법으로는 일반적으로 사무실 간판을 설치하면 부동산중개사무소라는 것을 인지하고 매도 또는 임대 물건을 의뢰하는 일반적인 확보방법이 있고, 부동산중개업자(직원 포함)가 자신의 주력 부동산에 대해 1차 상권 내의 물건에 대한 지주작업을 통하여 물건을 확보하는 방법이 있다. 그 외에 정보지 등 광고물을 통하여 물건을 탐지하여 확보하는 방법이 있고, 전신주나 벽 등에 물건을 게시한 것을 보고 확보하는 방법도 있으며, 매수 및 임차 고객이 있는 경우 인근 및 해당 중개업소에 문의하여 확보하는 방법이 있다.

부동산중개업자가 이 업을 통하여 성공하려면 가급적 많은 물건의 확보가 요구된다. 통상 물건에는 쓸 만한 물건이 별로 없다고 이야기한다. 그러나 경쟁력이 약한 물건이기 때문에 이 이야기가 나오긴 하지만 그러나 모든 물건에는 적합한 사용인이 있기 마련이다. 따라서 부동산중개업자는 시간과 틈이 나는 대로 모든 물건을 분석하여 항상 적절한 고객을 발견하였을 경우 즉각 거래가 성사될 수 있도록 준비를 하여야 한다.

이때 분석의 가장 핵심은 어떤 적합한 사용인을 찾느냐가 핵심이다. 중개업자는 자신이 선정한 아이템에 대하여 매매, 임대, 전세로 구분하여 최소한 각각 10개 이상의 물건을 확보하도록 지속적으로 노력하여야 하고, 만일 이렇게 해도 확보가 어려운 경우에는 인접 및 타 지역에 있는 중개업소와 교류하여 해당 중개업소 물건을 공동중개할 수 있도록 파악하여 확보하는 것도 한 가지 방법이다.

2) 중개대상물 관리

중개대상물의 관리는 일반적으로 노트에 기장하는 형태를 취하고 있다. 그러나 최근 일부 중개업소에서는 엑셀을 이용한 중개대상물을 관리하고 있다. 엑셀을 이용하여 중개대상물을 관리하는 양식은 본인의 취향과 능력에 따라 작성하면 되나 저자가 운영하는 것을 소개하면 다음과 같다.

소재지			면적		방수동·호수	소유자				임차인			가격		계약일자	잔금일자	임대차만료일	비고
시·군·구	읍·면·동/리	번지	토지	건물		성명	주민등록번호	전화번호	주소(임대)	성명	주민등록번호	전화번호	가격(보증금)	월세				

또 사설 인터넷 중개대상물 거래망업체에서는 중개대상물 관리장부를 제공하여 관리할 수 있도록 하고 있으나 이는 그 자료의 유출 가능성이 높아 조심할 점이 있다. 중개대상물 관리양식은 중개업소마다 차이가 있으나 중개대상물 관리의 중점은 고객에게 중개대상물에 대해 설명해 주고 구매욕구를 촉진시키는 데 있으므로 이에 적합하도록 작성되고 관리하여야 한다.

일부 체계를 잘 갖춘 중개업소에서는 물건의 종류별로 파일을 준비하여 물건의 상태, 권리분석 내용, 장점 및 특성, 활용 및 사용방안에 대한 내용까지 잘 정리하여 관리하고 있는 곳도 있다. 또한 과거에 거래한 물건들도 엑셀로 정리하여 부족한 물건을 보완하는 방법을 이용하기도 한다.

5. 고객관리

고객관리는 제1장 제2절 제3항의 마항과 제2장 제2절 제5항을 참조한다. 부동산중개업자가 고객을 관리하는 것은 부동산경기의 특성을 극복하는 데 매우 중요하다. 중개업자가 관리하는 고객은 중개업자가 지속적으로 부동산중개업을 영위할 수 있도록 컨설팅 업무를 제공하고 제공할 수 있기 때문이다.

6. 운영할 자금관리

부동산중개업 경영에서 가장 핵심이 자금관리이다. 부동산중개업자의 자금관리 원칙은 수입을 창출할 수 있는 자금관리가 이루어져야 하며, 자금을 합리적이고 합법적이며 과학적인 관리가 이루어지도록 관리하고 최소한 내적으로는 직원들과 투명하고 공감대가 형성되는 자금관리를 하여야 한다. 자금관리는 수입관리, 지출관리, 급여관리, 세금관리, 예비 자금관리로 구분된다.

1) 수입관리

수입관리는 당해 부동산중개업소에 들어오는 모든 수입을 말한다. 부동산중개업소의 수입은 중개수수료, 실비, 컨설팅 보수, 각종 알선 수수료, 찬조금 부수입 등 다양하고, 그 수입을 당해 부동산중개업소 내에서만 이루어지지 않고 공동중개 등 타 중개업소와 연결되는 경우가 많고, 직원별로 수입이 이루어지는 특징이 있어 적절한 통제가 요구되고 직원들의 투명성과 정직성이 가장 요구되는 특징이 있다. 그래서 부동산중개업자은 먼저 지속적으로 수입을 창출할 수 있는 요소를 개발하고 직원들에게 교육을 통하여 공동인식을 할 수 있도록 하여야 한다.

(1) 지속적인 수입원 개발

부동산중개업자가 지속적으로 수입을 창출할 요소들을 개발하여야 하는데 최근의 상황에서 수입원의 개발은 다음과 같다.

① 중개수수료의 부가가치세를 받자

2006년 대한공인중개사 협회에서는 당시 건설교통부의 잘못된 수수료 유권해석에 반발하여 법제처에 부동산 중개수수료에 대한 유권해석을 받은 바 있다. 이때 법제처에서는 부동산 중개수수료는 용역비이므로 부가가치세를 별도 받아야 한다고 통보해 왔다. 협회에서는 건설교통부(현 국토해양부)에 이를 제시하였고, 건설교통부에서는 국세청과 협의하여 대한공인중개사협회에 회답해 오기를 "일반과세자는 부가가치세를 받을 수 있고, 간이과세자는 부가가치세를 받을 수 없다"고 통고해 왔다. 따라서 중개업자 중 일반과세자는 중개수수료 외에 부가가치세를 추가로 받을 수 있으며, 간이과세자는 실질적으로 3%에 해당하는 부가가치세를 납부하고 있으면서도 부가가치세를 받지 못하고 있다.

국토해양부의 이러한 조치에 의해 실질적으로는 현재 중개업자들이 부가가치세를 받지 못하고 있어 우리의 생존을 위해 부가가치세를 받을 수 있는 활동이 필요하다. 따라서 우리 부동산중개업자들은 중개수수료 외에 부가가치세를 받기 위해서 우리가 거래계약서 작성 시 고객에게 거래계약서에 첨부하여 제공하고 있는 중개대상물 확인·설명서의 중개수수료 및 산출란에 부가가치세 항목을 추가하여 산출 및 계산하여 중개수수료를 산출하고 동시에 중개수수료 청구도 이를 근거로 요청하는 활동이 요구된다.

실제로 일부 중개업소에서는 이렇게 활동하고 있어 아직도 일부 고객은 부가가치세를 제외한 중개수수료를 주거나 법정수수료 조차도 감액하여 주는 고객도 있지만 대부분 고객은 부가가치세를 포함한 금액을 중개수수료로 주고 있다. 또한 중개수수료를 받은 부동산중개업자는 수수료에 대한 현금영수증을 가급적 발행해 주는 활동이 필요하며, 중개수수료는 연말 소득정산 및 양도소득세 산출을 위하여 이용함으로 추후라도 발행을 요구하는 경향이 많아 미리 발행해 줌으로써 신뢰를 얻을 수 있다. 그리고 현금영수증을 수수료 받은 시기에 발행하면 실제 받은 금액을 현금영수증으로 발행하면 되나 만일 추후에 발행하면 법정수수료를 전부 주지 아니한 고객도 가급적 법정수수료 금액으로 발행해 주기를 원하므로 세원이 과대평가될 수 있다.

② 중개수수료는 계약 시 받을 것

과거 부동산중개업법 시절에는 부동산 중개수수료를 계약 시 받는 것으로 했었다. 그러나 그 뒤 지자체가 조례라는 것을 만들면서 경기도 일부에서 계약 시 1/2, 그리고 잔금 시 1/2 지불하는 것으로 조례를 정하자 부동산중개 관련 법률을 잘못 해석한 자들에 의하여 잔금 시까지 중개수수료를 지불하고 있다. 이렇게 되다 보니 중개업자들에게 직접적으로 피해가 발생하기 시작했는데 그 피해는 다음과 같다.

첫째, 계약이 중개업자의 과실이나 잘못 없이 거래당사자 간의 잘못으로 발생한 계약해제 시 중개업자는 중개수수료를 받지 못해 그동안에 들어간 비용을 손해 보고 있다.

둘째, 계약 시는 거래당사자 상호 필요에 의해 거래가 되었음으로 중개수수료 지불하는 것을 당연하다고 생각하여 기분 좋게 주지만, 잔금 시에는 거래당사자의 필요성은 이미 충족하였으므로 중개수수료 지불을 아깝게 생각할 뿐만 아니라 감액하고 싶은 생각이 거래당사자의 머리를 선점하고 있어 법정수수료에서 깎으려 한다. 그렇지 않아도 중개업이 생계형이 되지 못하여 사무실 유지비도 안 나오는 달이 종종 있는데 수입을 갈취당해 피해를 보고 있다.

셋째는 중개업자에 대한 행정관서의 처벌이 용이함을 이용하여 중개업자가 서류상 문제가 되지 않는 부분까지 잘못으로 내세워 협박하며, 수수료를 받지 않겠다는 말을 유도해 내거나 법에 신청하라는 식으로 하고 안 주고 있는 사람이 있다.

이런 자들을 대비하여 중개업자는 계약서 작성에 전문가가 되어야 하고 중개수수료에 대하여 설명하고 또 계약서에 정확하게 명기한 뒤 거래당사자의 날인까지 해둠이 법정에서 유리하다.

③ 묵시의 갱신계약도 계약서 작성

임대차보호법에 의하여 묵시의 갱신이 되면 임차인은 주택의 경우 2년, 상가의 경우 1년을 보장받지만 임대인은 임차인이 통지한 날로부터 3개월이면 보증금을 반환해 주어야 하므로 임차인에게는 유리하나 임대인에게 손해인 계약이 된다. 이는 임대인은 항상 임대차보증금을 준비해 두어야 하며, 임대차 보증금을 정기 예금하여 이윤을 극대화하고 있는 임대인의 경우 중도 해지를 하여야 하므로 수익이 감소된다. 더구나 현행 관례상 임대차 기간 중 임차인의 사정에 의해 중간에 임대차가 종료되는 경우 임차인이 계약위반에 대한 위약금 및 손해배상에 해당하는 금액으로 중개수수료를 부담하고 있다.

그러나 묵시의 갱신인 경우는 임차인이 3개월 전 임대차 종료를 요구하면 임대인은 이를 들어주어야 하므로 중개수수료도 임대인이 부담하여야 한다. 따라서 중개업자는 이 사실을 임대인에게 설명하여 가급적 계약서를 작성하도록 함이 임대인과 임차인이 공평하게 된다. 이때 갱신계약을 부동산중개업자를 통하여 계약서를 작성하는 경우 부동산중개업자는 행정수수료로 갱신계약서 작성 의뢰인으로부터 받을 수 있다.

④ 상가 임대차 계약을 많이 함이 바람직하다

상가 임대차는 사업자등록을 하는 경우에는 국세청에 계약서가 보고되지만 사업자 등록이 필요 없는 임대차도 많이 있다. 특히 상가 임대차를 하는 경우 대부분 권리금이 부차적으로 붙어 있다. 그런데 권리금 소개에 대한 사례금은 중개수수료가 아니므로 수입에서 누락할 수 있는 경우가 많고, 만일 사례금에 대한 영수증을 발급하는 경우는 현금영수증을 발급할 때 컨설팅 비용으로 영수증을 처리하여 소득공제를 받도록 하는 방안이 있다.

상가의 경우는 세입자의 총수입에서 적절하게 배분될 수 있는 범위로 차임을 정하는 것도 고려하여야 한다. 이 건물을 이용하여 차임 등 영업 관련비용을 지불하고, 본인의 생계비 수입이 있어야 하며, 또 앞서 영업 관련비용과 생계비 외에 본인에게도 저축되는 금액이 되어야 할 것이다.

이를 위하여 임대인은 건물의 가치를 상승시키기 위해서도 세입자가 사업이 잘 되어 차임을 더 많이 낼 수 있도록 활동하여야 한다. 즉, 세입자가 차임을 정상적으로 잘 지불할 수 있도록 하기 위하여 세입자의 사업이 잘 되도록 주변에 홍보도 하고, 세입자가 비용을 절감하고 수익을 증가시킬 수 있는 좋은 방법이 있으면 알려 주어 세입자의 총수익을 증가할 수 있도록 지도를 해 주는 것들이 있다. 또 차임에는 건물유지를 위한 비용이 포함된 것으로 보아야 한다. 따라서 임대인은 장기수선계획을 수립하여 세입자가 사업을 하는 데 필요한 건물 관련비용 중 기본적인 시설에 대한 수리 등을 지속적으로 실시 및 관리하여야 한다.

⑤ 컨설팅 비용을 받을 수 있는 노력을 해야 한다

협회에서 잘 해 주어야 할 사항이지만 우리들의 노력도 필요하다. 일부 국회의원들의 잘못된 사고로 인하여「공부법」제14조 중개법인의 겸업제한을 삭제하겠다는 것은 매우 잘못된 사고이다. 이에 대해 지난번 국토부의 모 사무관이 와서「공부법」을 설명할 때 그 공무원의 말은 이를 없애야 중개업자들이 아무거나 더 넓게 업무를 할 수 있다고 유포하고 있으나 실은 이를 없앰으로써 이득이 되는 기관의 사주를 받아 이를 삭제하려 하고 있는 것이다. 현재 부동산중개업계로는 법에 명시된 것도 종종은 시비를 당하고 있는데 법에 명시되지 않으면 이제는 아주 못 하게 하여도 이의를 제기하지 못하게 되며 국토부는 이를 이용하여 이의제기를 하지 못하도록 만들려는 것이다. 특히 이 중 컨설팅 분야는 앞으로 중개업자의 수입을 크게 늘릴 수 있는 매력이 많은 사업인데 이를 본 법에서 없애 아무나 하도록 한다는 것은 중개업계의 수입을 스스로 줄이는 것밖에 되지 않는다.

또 우리도 협회가 법적으로 통일안을 내놓을 때 각자 나름대로 이에 대한 대책을 세워 의뢰인으로부터 컨설팅 비용을 받을 수 있는 노력과 준비를 하고 있어야 하고 또 받아야 한다.

부동산중개 컨설팅은 부동산개발 컨설팅과 달라 그 범위가 제한적이다. 그러나 이를 개발하고 활용하는 중개업자가 거의 없을 정도로 미미하다. 특히 부동산중개 중 매수자의 의뢰사항은 부동산중개 컨설팅으로 활동할 경우가 많아 우리 스스로 개발할 수 있다.

⑥ 지출의 합리적인 절약방안과 과학화하는 것이 좋다

중개업계의 수지는 이제는 투명화된다고 보아야 한다. 그렇다면 지금까지 경험과 현재의 여건을 토대로 수입과 지출을 투명하게 하고, 법규를 이행 가능한 방안을 마련하여 이를 과학화하여야 한다. 지금까지 부동산중개업은 간이과세자였기 때문에 중개업자들의 사무실 수입관리는 별로 정리되지 않은 관리를 해 왔다. 그러나 2006년도 부동산실거래가 신고제 이후 부동산중개업도 점차 일반과세자로 전환되어 가고 있으며, 언젠가는 전부 일반과세자가 된다고 보아야 한다. 따라서 우리 중개업자들은 이에 대하여 준비하여야 한다.

또한 중개보조원이나 소속공인중개사에게 지불한 비용도 과거처럼 임금 주는 형태의 관리로는 부가가치세 및 종합소득세와 4대 보험 비용이 부담이 될 수 있다. 최근 일부 중개업소는 보조원이 고발하는 사건이 발생하는가 하면 인접 중개업소에서 고발하는 사례가 일어나고 있음을 감안할 때 이제는 투명하고 명확한 재정관리가 요구된다. 더불어 공인중개사 자격증을 많은 사람들이 획득하려고 하는 것 중의 하나는 중개업자가 보조원과 종사자들에게 투명하고 명확하며 절도 있게 사업비를 사용하지 않거나 또는 보조원이나 종사자들에 해당하는 급여를 지불하지 않은 데 있다. 이런 경험을 한 보조원이나 종사자들로 있던 자들은 중개업자가 되면 더 많은 수입을 얻을 수 있다고 생각하기 때문이기도 하다. 따라서 중개업자가 손해를 보면서 보조원의 수입을 맞출 수는 없지만 보조원에게 정당한 대가가 지불될 수 있도록 과학화하고 공개되어야 한다. 사업가가 성공하려면 직원들이 의욕적으로 일을 할 수 있도록 해야 하고, 수입이 될 수 있는 것을 선점할 줄 알아야 하며, 또 절세도 잘 할 줄 알아야 한다.

(2) 통장관리

다음은 수입을 한 통장으로 관리하고 에스크로우를 위하여 사무실 명의의 통장을 별도로 운영한다. 그리고 직원들에게는 통장계좌번호만을 주지하거나 수첩에 기록하도록 하고 비밀번호는 대표와 경리만 알도록 관리한다. 수입은 월말 정산 시 외에는 일체 인출하지 않는 것을 규정화하여야 한다. 단, 통장관리는 업무별 책임자 단위로 발급해 주어 관리하기도 한다. 이때도 대표와 경리 외에는 통장 비밀번호를 관리하여야 한다.

2) 지출관리

앞서 부동산중개업 경영의 합리화와 과학화 필요 영향요소에 연구한 바와 같이 우리 부동산중개업계는 최근 5년 이내 정부의 각종제도 변경으로 수입원이 투명하게 나타나 자금을 효율적으로 관리하지 않으면 세금폭탄을 맡도록 되어 있다. 따라서 그 자금을 효율적으로 관리함에 있어 최대한 절세를 할 수 있는 노력이 필요하다.

(1) 간편 장부를 작성하라

간편 장부는 기준경비율 적용사업자와 같이 총수입 금액이 국세청에서 산정한 당해 연도 수입금액 이상이고 3억 원 미만(업종별로 다름)의 사업자로 필요경비를 간편 장부에 기재된 경비를 기재된 대로 적용한다. 이때 이 장부에 기재된 경비가 입증력이 약해도 그대로 적용해 주므로 영수증이 없더라도 필요 제경비로 인정하여 공제해 줌으로 사실대로 기재함이 중요하다. 이때 사용하는 간편 장부의 예를 소개하면 다음과 같다.

① 날짜		② 거래내용	③ 거래처	④ 수입(매출)		⑤ 비용(원가관련 매입 포함)		⑥ 고정자산 증감 (매매)		⑦ 비고
				금액	부가세	금액	부가세	금액	부가세	
12	1	중개수수료	A동 107호 김갑순	800,000	80,000					
12	3	광고 전단지 제작	광고기획			650,000	65,000			세·계
12	5	컴퓨터 구입	컴사랑					1,000,000	100,000	세·계

특히 부동산중개업자는 개인서비스 업종에 해당함으로 일반관세자라면 세무사와 결연하여 재정을 관리하는 방법도 있으나 7,500만 원 이하인 자는 간편 장부 작성을 활용하는 것이 바람직하다. 간편 장부를 작성함으로써 얻는 이득은 간편 장부를 작성하면 종합소득세 신고 시에 연간 1백만 원의 한도 내에서 산출세액의 10%의 세액공제를 받을 수 있다. 또 간편 장부를 작성하면 특별한 사유가 없으면 2년간 세무조사를 면제받으며, 만일 기장한 내용 중 오류나 미비점이 있어도 장부에 기장된 대로 인정을 해 준다. 반면 이를 작성하지 않으면 산출세액의 10%를 무기장 가산세를 가산받아 종합소득세를 납부하게 된다.

간편 장부는 국세청 홈페이지에서 획득할 수 있고 또는 위 양식과 동일함으로 본인이 작성하여 사용할 수 있다. 간편 장부 기재요령은 ①번 날짜는 날짜순위로 매일매일 기록하면 된다.

②번 거래내용은 수입과 지출 구별 없이 거래내용을 기록하며, 기재내용은 품목, 수량, 규격, 단가, 참고사항, 자금 지급형태(현금, 수표, 어음, 외상 등)를 기재한다.

③번 거래처는 수입금인 경우는 대부분 중개수수료지만 수수료 지불처의 명과 전화번호 또는 성명을 기재하고, 비용인 경우는 상품구입처의 상호 및 전화번호와 주소를 약식으로 기재한다.

④번 수입금액은 주 수입금원과 영업 외 수입금원을 기재하며, 일반과세자는 수입금액 중 부가가치세를 제한 금액을 금액란에 기재하고 부가가치세는 부가가치세란에 기재한다. 간이과세자는 부가가치세란은 기재하지 않고 수입금액을 그대로 금액란에 기재한다.

⑤번 비용란은 사무실 운영에 필요한 지출내용의 비용을 모두 기재하는데, 주로 상호, 원재료, 부재료의 매입금액, 제조 또는 공사원가 및 일반관리비, 영업활동비용 및 판매비용을 기재하고, 고정자산에 해당하지 않는 지출비용을 기재한다. 기재요령은 세금계산서를 받은 경우는 공급가액과 부가가치세를 구분하여 기재하고, 계산서, 신용카드, 영수증을 받은 경우는 영수금액을 금액란에 기재한다. 또한 세금계산서는 "세·계", 계산서는 "계", 신용카드는 "카드", 영수증은 "영"을 ⑦번 비고란에 기재한다. 만일 감가상각비, 대손충당금, 퇴직금여충당금 등을 설정하고 필요경비로 계상하고자 하는 경우는 그 해당비용을 비용란에 기재하고 명세서를 별도로 작성하여 각종 영수증과 같이 비치하여야 한다.

⑥번 고정자산 증감란은 사업과 관련하여 자산적 가치가 있는 것을 구입한 경우는 이 란에 기재하며, 기재요령은 구입한 금액은 흑색으로 기재하고 매도한 경우는 적색으로 기재하거나 금액 앞에 "△"을 기입하여 기재한다. 이때 고장자산의 매입에는 사용용품이 대부분이나 그 외에도 시설이나 비품의 설치, 제작, 건설에 소요되는 비용과 그에 따른 부대비용까지 포함한다. 그 외의 기재사항은 ⑤번 란에 기재하는 요령과 같다.

⑦번 비고란에는 수입 및 지출에 대한 금전 지불형태(세금계산서, 계산서 신용카드, 영수증 등)를 기재하고, 기초 및 기말 현재의 상품, 원재료 등의 재고액을 기재한다. 만일 재고액의 기재가 없으면 기초의 재고액과 기말의 재고액이 동일한 것으로 본다. 또 이때 상품 등의 재고액을 기재하는 기준은 과세 개시일과 종료일에 실재 재고량을 기준으로 평가하여 비고란에 재고액을 기재한다. 비고란에 지불형태를 기록할 때는 약자로 기록하며, 세금계산서는 "세·계"로, 일반계산서는 "계"로, 신용카드는 "카드"로, 영수증은 "영"으로 기재한다.

간편 장부와 그 영수증 등 관련서류는 잘 비치했다가 종합소득세 신고 시에 관할세무서에 제출하여야 공제를 받을 수 있다.

(2) 영수증 관리를 잘하라

부동산중개업자가 재정관리에 있어 절세 및 감세를 받을 수 있는 가장 확실한 방법은 영수증을 철저히 관리하는 것이다. 절세 및 공제를 받기 위한 증빙서류에는 여러 가지가 있으나 가급적이면 세금계산서를 받아 관리하는 것이 가장 바람직하며, 설령 세금계산서를 받지 못하는 경우는 사업자등록번호가 있는 영수증을 받아 잘 보관하는 것이 바람직하다. 만일 개인 인건비나 사업자등록번호가 없는 자로부터 영수증을 받아야 하는 경우는 주민등록번호라도 최소한 기재되어야 한다. 영수증 및 세금계산서는 부가가치세 신고 시 사용한 경우가 있는데 종합소득세 신고 시를 위하여 복사해 둘 필요가 있다.

(3) 재정의 지불비용의 정확한 정리 및 절약방안 강구

부동산중개업자가 부동산중개사무소를 운영하면서 들어온 수입과 이 수입을 가지고 사무실 운영에 들어간 비용과 직원에게 지급한 월별 분배금과, 그리고 중개업자가 납부해야 할 세금에 대한 자료의 정리가 요구된다. 특히, 부동산중개업계 내에서 중개업자와 가장 불분명하고 오해와 갈등을 많이 일으키고 있는 직원의 급여에 대해 투명하고 과학적이며, 계산근거에 의해 산출하여 이를 직원에게 설명하고 해당되는 보수를 지급하기 위해서는 그 산출근거를 도표화하여 보여 주는 것이 신뢰를 쌓아 가는 방법이다. 따라서 이를 위해 중개사무소 수지결산표를 다음과 같이 작성하여 사용하는 것이 바람직하다.

(4) 중개수수료 못 받았을 경우 미지불자에게 받아 둘 서류

부동산중개를 하다 보면 수수료를 받지 못하는 경우가 있다. 그러나 국세청에서는 근거가 없으면 인정해 주지 않으므로 필요한 근거서류를 준비하여야 한다. 부동산중개업자가 중개수수료를 못 받는 경우를 살펴보면 가장 많은 것이 정보지에 게재된 직거래물건을 매도 또는 임대의뢰자에게 양해를 얻고 중개하였음에도 직거래로 광고했다는, 즉 중개업자에게 의뢰하지 않았다는 이유로 중개수수료를 지불하지 않으려 하고 실제 안 주는 경우가 많다.

따라서 이런 경우는 사전에 매도 또는 임대의뢰인에게 확실한 중개계약을 체결하고 거래는 것이 바람직하며, 만일 중개수수료를 주지 않는 경우에는 다음과 같은 미지불 확인서를 받아 두는 것이 바람직하다.

다음은 불교 스님이나 교회 목사들이 절과 교회와 관련하여 중개를 한 경우 자신들도 중개수수료를 지불함이 정당한 줄 알면서 절이나 교회에 봉사하는 차원으로 희사하라고 요구받거나 교인 중 다른 사람이 중개했다는 이유를 달아 중개수수료를 지불하지 않는 경우가 많다. 이 또한 사전에 중개의뢰 계약을 명확하게 하거나 다른 업자로 하여금 중개하도록 하여 중개질서를 확립하는 것도 한 방법이다.

다음은 고의적인 중개수수료 미지불하려는 악성 고객들의 행위로 중개수수료를 받지 못하는 경우이다. 이 경우 통상 이 악성고객들은 중개업 과정에서 중개업자가 실수한 점을 이유로 지불하지 못하겠다고 하거나 행정관서에 고발하겠다고 하는 행위자들이다. 이 경우를 대비하여 부동산중개업자는 법과 규정을 명확하게 지키고 설령 보조원이 실수하여 이러한 상황이 닥쳤다 하더라도 당당하게 요구하고 필요하면 소송도 불사하겠음을 분명하게 하는 것을 보여 주는 것이 필요하다. 특히 이런 고객들은 지자체 장이나 의원의 보조원, 국회의원의 보좌관이나 비서 출신들이 이런 행위를 많이 하고 있으므로 여기에 해당하면 해당의원이나 기관장에게 전화나 편지로 통지하여 그런 행위를 다른 곳에 가서는 하지 못하도록 하는 것도 한 방법이다. 이런 자들은 수수료 불지불 확인서도 잘 작성해 주지 않기 때문에 이를 요구하기도 어렵다.

본인이 현재 사용하고 있는 중개수수료를 받지 못한 경우 그 확인서를 소개하면 다음과 같다.

중개수수료 불지불 확인서

1. 부동산의 표시

부동산 형태	단독주택(2층 주택)			
소재지	대전 서구 내동 29-10번지			
토지	지목	대지	면적	286.3㎡
건물	구조	벽돌조	면적	196.86㎡

2. 거래내역

거래일시	계약일		잔금일	
거래금액	계약금		중도금	
	잔금		총계	
거래당사자	매도인	성명		
	매수인	성명		

상기 부동산을 위와 같이 거래하였으며, 중개수수료는 ○○하는 것으로 약속하여 지불하지 않았음을 확인함.

○○○○.○○.○○

매수자 성명: (인)

(5) 합동사무소 운영

부동산중개업소를 개인중개사무소로 운영하는 경우에는 가급적 간이과세자로 운영되는 것이 절세의 방법이다. 따라서 가급적 합동사무소를 운영할 수 있으면 합동사무소를 운영하여 간이과세자가 될 수 있도록 수입을 분산하는 방법을 이용하고 있다. 일반과세자인 개인 중개사무소 및 법인 중개사무소는 회계관리를 통하여 절세할 수 있는 방법을 강구하는 것이 바람직하다.

3) 급여관리

대표 및 직원의 급여관리는 직원들의 사기에 영향을 많이 주므로 잘 관리하여야 한다. 특히 부동산중개업소의 경우 과거에는 대표는 사무실 지키는 것으로 하고 직원만 중개활동을 함으로 직원들이 고객 및 물건을 전부 가지고 있어 그 위협이 대단했다. 그러다 보니 대표는 용돈 식의 수입을 가지고 가고, 대부분은 직원이 가져갔다. 그래서 대표도 한 분야를 맡아 부동산중개 활동을 하여야 하며, 급여배분에도 직원들에게 사전교육을 하고 투명하고 합리적으로 배분될 수 있도록 하여야 한다. 통상 직원의 급여배분은 다음과 같이 하고 있다.

(1) 직원별 수입을 별도로 관리하고 배분하는 방법

이 방법은 견습기간 중에 있는 직원에 대한 급여배분 방법이다. 당해 직원의 수입을 별도 통장에 관리하고 당해 직원의 수입에서 사무실유지 비용을 제외하고 나머지를 대표와

5:5로 한다. 견습직원의 견습기간은 통상 6~11개월로 한다. 견습기간 중에 적성이 발견되는 경우 정식직원으로 채용하고 보조원 등록을 한다.

(2) 정식직원은 수입의 총괄에서 배분하는 방법으로 지급

이 방법은 대표 및 직원의 총수입을 사무실 전체수입으로 하고 여기에서 사무실유지비 및 직원 4대 보험료 중 직장에서 부담하는 비용을 제외하고 나머지를 대표가 60% 직원이 40%로 배분한다. 이때 직원은 법적 최소생계비를 고려하여 그 이상이 되도록 배분하게 된다. 또 일부에서는 대표가 55%, 직원이 45%로 배분하는 곳도 있고, 직원은 수입에 관계없이 월급으로 지급하는 방법을 사용하기도 한다. 그러나 중개업자는 직원의 급여를 월급형태의 급여로 지급하는 것은 꺼리고 있다. 이는 부동산중개업자가 월급형태의 급여지급을 지급하기 곤란하기 때문이다. 그 이유는 먼저 부동산중개업의 지금까지 운영형태가 호경기 시에는 수입이 많기 때문에 월급형으로 지급하는 것이 유리하나 불경기 시에는 월급형태로 지급할 수 없기 때문이다. 특히 부동산중개업의 경기형태가 호경기는 매우 짧고, 불경기는 매우 길기 때문이다.

또 다른 이유는 지금까지 부동산중개사무소를 운영하면서 월급형태로 지급한 경우 거의 100% 직원들이 성과급식 급여 지급할 때에 비하여 활발하게 활동하지 않기 때문이기도 하다.

당해 중개업소별 월별 자금 정상하는 요령은 다음과 같다.

	A	B	C	D	E	F	G	H	I	J	K	L	M		N	O	P	q
1	T(직원별) 2010년 10월 수수료 배당액																	
2	물건명	금월수입	사무실운영비	수입잔액	배당금액			부가가치세 간이: 3%, 일반: 10%	세금						실수령액			
2					대표	주택담당	토지담당		원천징수 세금				4대 보험		계	대표	주택담당	토지담당
3					대표: 6:4 직원: 5:5				계	대표	주택담당	토지담당	주택	토지				
4	총계	=sum(B5:B15)	정산일 통장사용액 입력	=B4-C4	=SUM(E5:E30)	=SUM(F5:F30)	-	=B4*0.03	=sum(J4:L4)	=sum(J5:J15)	=sum(K5:K15)	=sum(L5:L15)	=f4*0.16435	g4*0.16435	=sum(N5:P5)	=sum(N5:N15)	=sum(O5:O15)	=sum(P5:P15)
5	물건명 입력	수수료 전액입력	=b5/b4*c4	=B5-C5	=D5*1			=b5*0.03	=sum(j5:L4)	=(E5*0.033)	=(f5*0.033)	=(g6*0.033)	=f5*0.16435	=g5*0.16435		=e5-J5	=f5-K5	=g5-L5

* 참고로 4대 보험은 국민연금 9%, 고용보험 1.15%, 산재보험 1.515%, 건강보험 4.77%

로 총 16.435%를 직원별 총 배당금에 대해 납입하여야 한다. 작성요령은 다음과 같다.

A항(물건명)은 거래 부동산명을 기록한다. 그 외에 계약서 작성 대행료, 등기 법무사 알선 수수료, 컨설팅 보수, 도배 및 수리 알선 수수료, 이사업체 알선 수수료, 기타 모든 수입원을 기록한다.

B항(금월 구입액)의 총계는 모든 수입의 합계액을 기록하는데 엑셀의 수식함수를 이용하면 자동계산이 된다. 그 산식은 다음과 같다. "=SUM{B5(첫 거래 부동산의 수수료 기록란): B15(해당 월 마지막 거래부동산 수수료 기록란)}"이다. 총계란 이하의 란을 기록하는 요령은 첫 거래부동산의 수수료로부터 해당 월의 마지막 거래부동산의 수수료까지 실수입 그대로 기록한다.

C항(사무실운영비)은 사무실 운영비 기록란이다. 총계는 당해 월 정산일 전일까지 총 지불비용을 기록한다. 그 외의 각 물건별 사무실운영비 배당은 비례식으로 배정한다. 그 산식은 다음과 같다.

> "=당해물건 수수료÷총수입액×당월 사무실유지비 지불액 총액"

D항(수입 잔액)은 수수료에서 사무실 운영비 배당액을 뺀 잔액을 기록한다. 이 또한 수식함수를 이용하여 자동 계산되도록 한다. 그 산식은 다음과 같다.

> "=수수료−사무실운영비 배당액"

E항부터 G항까지는 수입 잔액을 대표와 당해 거래부동산의 거래활동을 한 직원의 배당액을 기록하는 난이다. 모든 거래는 공동재정 관리를 원칙으로 하고, 대표 대 직원의 수입배분은 기본적으로는 6:4로 배분하고, 직원이 입수한 물건을 직원이 거래를 성사하였을 경우나 사무실 물건을 직원이 모시고 온 고객에게 거래를 성사시킨 경우, 그리고 직원이 입수한 물건을 직원이 모시고 온 고객에게 거래를 성사시킨 경우는 5:5로 배당한다. 그 산식은 다음과 같다.

> 대표의 경우 "=수입 잔액×0.6" 또는 "=수입 잔액×0.5"
> 직원은 "=수입 잔액×0.4" 또는 "=수입 잔액×0.5"

H항부터 L항까지는 세금을 계산하는 란이다. H항(부가가치세)은 부가가치세를 계산하는 난으로 간이과세자는 수수료에서 3%로 산출하고, 일반과세자는 수수료의 10%를 계산한다. 그 산식은 다음과 같다.

간이과세자인 경우 "=당해물건의 수수료 총액×0.03"
일반과세자인 경우는 "=당해물건 수수료 총액×0.1"

I항부터 L항은 원천징수 세금을 산출하는 란으로 수입의 3.3%를 원천징수하며, 그 산식은 다음과 같다.

총계란은 원천징수 금액을 전부 더한 금액을 기록하는데 "=SUM(첫 물건의 원천징수액: 마지막 물건의 원천징수액)"이고, 각 물건별 원천징수액의 산식은 "=(해당자 수입배당액 ×0.033)"이다.

M항은 4대 보험 납입액을 산출하는 난이다. 그 산출요령은 F항에서부터 각 직원들의 수입배당 총액을 기준하여 보험료 총합계 비율인 0.16435를 곱하여 산출하며 그 산식은 다음과 같다.

"=해당직원 수입배당 총액×0.16435"

N항부터 Q항까지는 실수령액을 기록한다. 즉 당월 각자의 실수령액이다. 산출요령은 직원별 총수입 배당액에서 부가가치세를 제하고 원천징수세액을 제하며, 4대 보험료를 제하여 산출한다. 그 산식은 다음과 같다.

"=수입배당 총액-(부가가치세 총액÷인원 수)-원천징수액-4대 보험"

각자의 실수령액 산출 시 확인하여야 할 사항은 직원별 수입비율에 맞추어 차등 지급되어야 하는 점과 대표의 실수령액이 직원의 실수령액과 비교하여 실수령액 차이가 6:4를 초과하지 않도록 배분하여야 한다. 그리고 만일 직원들과 합의하여 새로운 사업을 확장하기 위한 경우는 총수입액의 일정 비율을 새로운 사업비 준비비로 산출하기도 하는데, 이때 이 비율은 총수입의 5%를 초과하면 하지 말아야 한다. 견습생의 경우는 견습생이 거래를 성사시킨 것을 따로 산출하는데 수입 총액에서 사무실유지비를 제외하고 다시 부가가치세 및 원천징수세액만을 제하고 나머지를 대표와 5:5로 배분한다. 또 부동산중개업자는 직원의 퇴직금은 국민연금저축을 통하여 해결하고 자신을 위해서는 중소기업중앙회에서 운영하는 노란우산공제에 가입하여 퇴직에 대한 대비를 하여야 한다.

4) 세금관리

세금관리에 대해서는 제6절을 참조한다.

5) 예비 자금관리

부동산중개업자가 부동산중개업을 성공적으로 하기 위해서는 안정적인 수입이 기반이 된 형태의 부동산중개업 형태를 갖추는 것이 바람직하다. 통상 여성 부동산중개업자들이 주거시설에서 안정적으로 부동산중개업을 장기간 지속적으로 운영할 수 있는 것은 대부분 주거시설은 지속적으로 움직이기 때문에 수입이 지속적으로 확보되는 점도 있지만 남편들이 별도로 직장이 있어 가정의 생계에 대한 위협이 없기 때문이다.

또한 연금을 수령하는 공무원 출신의 부동산중개업자나 고액의 국민연금을 수령하는 대기업 출신의 임원 출신의 부동산중개업자가 부동산중개업을 장기적이고 지속적으로 할 수 있는 것도 동일한 이유에서이다. 따라서 부동산중개업자가 안정적으로 부동산중개업을 직업으로 하는 생계형 직업이 되기 위해서는 고정적인 안정적 수입을 얻을 수 있는 방안을 강구하는 것이 바람직하다. 이를 위한 대책이 곧 예비자금을 확보해야 하고 이를 잘 관리하여야 한다. 그 방안을 살펴보면 다음과 같다.

(1) 주기적으로 투자를 통하여 안정적 수입을 확보하는 방안

경매참여, 급매 등 수익성이 있는 부동산에 투자하는 방안, 주식 및 펀드에 투자하는 방안 등

(2) 임대사업을 병행하는 방안

아파트 등 공동주택 임대사업, 다가구 등 임대부동산 임대사업, 오피스텔 임대사업, 상가 및 빌딩 임대사업, 공동임대사업 등

(3) 겸업하는 방안

부동산 상담(컨설팅)업, 부동산 개발업, 부동산 거래정보사업, 부동산 분양업, 부동산 대부업 및 보험업, 부동산 이전에 다른 이사 및 도배업, 부동산 리모델링 및 수리업 등

이를 위하여 필요한 자금은 일정하게 정할 수는 없지만 부동산 투자의 경우는 3~5억 원, 임대사업의 경우는 2~3억 원, 겸업의 경우는 5~30억 원을 준비하고 있다. 예비 자금관리의 특징은 부동산중개업자가 예비자금을 관리하면서 부동산 금융에 대한 전문지식을 획득할 수 있으며 투자에 적합한 상품을 볼 줄 아는 혜안이 생긴다.

제3장 | 중개 수수료

1. 중개수수료의 근거

중개수수료는 부동산중개업자가 중개업무 활동을 하고 그 대가로 받는 보수를 말한다. 그러나 부동산중개업자가 중개수수료를 받을 수 있는 것은 부동산 거래계약을 성사시켜야 하며, 거래계약이 성사되지 않으면 그간의 노력 및 활동의 대가는 아무 보상이 없다. 부동산중개업자가 이 중개수수료를 받을 수 있는 법적 근거는 「공부법」 제32조(중개수수료 등)와 동법 시행규칙 제17조(수수료, 영수증)에 근거하고 있다.

2. 중개수수료의 종류

부동산중개업자가 부동산거래를 성사시키고 받을 수 있는 중개수수료의 종류는 크게 3가지로 구분할 수 있다.

첫째는 「공부법」 제32조(중개수수료 등) 제1항에 의거 부동산중개 활동에 의한 중개수수료이다.

둘째는 「공부법」 제32조(중개수수료 등) 제2항에 의거 「공부법」 제31조(계약금 등의 반환채무이행의 보장)에 소요되는 실비를 받을 수 있다.

셋째는 「공인중개사의 매수 신청대리인 등록에 관한 규칙」 제17조(수수료, 영수증) 제1항에 의거 경매를 알선하고 경매신청 대리의뢰인으로부터 소정의 수수료를 받을 수 있다.

3. 중개수수료에 관한 통제기관

중개수수료에 관한 제정 및 통제기관은 부동산의 종류 및 업무의 성격에 따라 세분하고 있다. **중개수수료**는 주택과 주택 외 부동산으로 구분하여 주택은 부동산소재지 시·군·구에서 조례로 통제하고 있고, 주택 외 부동산은 국토해양부가 규칙으로 통제하고 있다.

계약금 등의 반환의무이행의 보장에 대한 실비는 「공부법」 제31조와 동법 시행령 제27조 제2항에 의거 그 실비를 받을 수 있다. **경매 대리행위에 대한 수수료**는 대법원에서 규칙으로 통제하고 있다.

4. 중개수수료 요율표

중개수수료에 대한 요율표는 지자체마다 자체상황에 따라 적합하도록 조례로 정하도록 되어 있으나 실제로는 서울시 조례를 대부분 원용하고 있는 실정이다. 2011년도 1월 1일 현재 부동산중개업자와 관련된 중개수수료와 실비에 대한 내용을 소개하면 다음과 같다.

1) 부동산중개수수료

(1) 주택의 중개수수료(부속토지 포함)

거래종류	거래금액	수수료 요율	한도액	비 고
매매 · 교환	5천만 원 미만	1천분의 6	25만 원	수수료 요율은 요율 상한 범위 내에서 당사자 간 계약에 따라 자율적으로 결정할 수 있음.
	5천만 원 이상 2억 원 미만	1천분의 5	80만 원	
	2억 원 이상 6억 원 미만	1천분의 4	–	
	6억 원 이상	1천분의 9	–	
임대차 등 (매매 · 교환 이외)	5천만 원 미만	1천분의 5	20만 원	
	5천만 원 이상 1억 원 미만	1천분의 4	30만 원	
	1억 원 이상 3억 원 미만	1천분의 3	–	
	3억 원 이상	1천분의 9	–	

※ 중개수수료는 거래금액에 수수료 요율을 곱한 금액으로 하되, 수수료가 한도액을 초과하는 경우에는 한도액 범위 안에서만 받을 수 있음
※ 수수료 지불시기-다른 약정이 없으면 거래계약 성립된 때에 2분의 1, 거래대금 완불 시에 2분의 1을 지불
※ 수수료 부담-중개의뢰인 쌍방이 정해진 요율 및 한도액 범위 안에서 협의한 금액을 각각 부담
※ 중개대상물인 건축물 중 주택의 면적이 2분의 1 이상인 경우에는 주택의 중개에 대한 수수료 요율을 적용하고, 주택의 면적이 2분의 1 미만인 경우에는 주택 외의 중개수수료 요율을 적용

(2) 주택 외의 중개수수료

중개의뢰인 쌍방으로부터 각각 받되, 거래금액의 1천분의 9 이내에서 중개의뢰인과 중개업자가 서로 협의하여 결정한다.

※ 실제 우리 중개업소에서 받고자 하는 중개수수료의 상한요율: 거래금액의 1천분의 (9)

(3) 거래금액 산정기준

부동산중개업자가 부동산거래 계약을 체결하고 부동산 중개수수료를 받을 때 중개수수료를 산출하기 위하여 적용하는 거래금액의 산출기준은 다음과 같다.

① **매매가격**: 실거래가격
② **교환의 경우**: 교환대상 중개대상물 중 거래금액이 큰 중개대상물의 가액
③ **임대차의 경우**

    ㉠ 전세의 경우: 전세금액
    ㉡ 월세 있는 임대차의 경우: 임대보증금+(월 단위 차임액×100)으로 환산한 보증금의 총액 다만, 임대보증금+(월 단위 차임액×100)을 적용하여 환산한 보증금의 총액이 5천만 원 미만일 경우는 "임대보증금+(월 단위 차임액×70)"으로 산출하여 산출된 보증금 총액을 거래금액으로 한다. 또 동일인에 대하여 매매와 임대를 동시에 실시한 경우 동일한 중개대상물에 대하여 동일 당사자 간에 매매와 임대차 거래를 동일 기회에 이루어지는 경우에는 매매계약에 관한 거래금액만을 적용한다. 여기에서 주의할 것은 동일 중개대상물은 매매와 임대차를 동시에 실시한 경우에 해당하므로 동일 중개대상물이냐 아니냐에 다르다. 이 경우가 적용되는 것은 매도인이 매도한 중개대상물을 임대차로 계속 거주하거나 매수자가 매수한 중개대상물을 임대사업을 위해 다시 임대물건으로 내놓은 경우에 해당한다.

2) 실비

실비에 관한 규정은 공인중개사의 업무 및 부동산거래 신고에 관한 규정에만 명시되어 있으며, 실비의 종류에는 **부동산중개에 있어 중개대상물에 대한 권리관계를 확인**하는 데 소요되는 실비와 **계약금 등의 반환채무이행 보장**을 위해 소요되는 실비로 구분한다.

구분	청구범위	한도액	부담자	지불시기
중개대상물의 권리관계 등의 확인에 소요되는 실비	제 증명 신청 및 공부열람 대행률	건당 1천 원	매도·임대 그 밖의 권리를 이전하고자 하는 자	중개업자와 중개의뢰인이 약정(약정이 없으면 중개대상물에 대하여 확인 설명한 후에 지불)
	제 증명 발급 및 공부열람 수수료	당해 증명 발급 및 열람 수수료		
	여비 (교통비, 숙박료)	실비		
계약금 등의 반환채무이행 보장에 소요되는 실비	계약금 등의 예치에 따른 비용	예치 수수료	매도·임대 그 밖의 권리를 취득하고자 하는 자	중개업자와 중개의뢰인이 약정(약정이 없으면 계약금 등의 반환 또는 지급과 동시에 지불)
	계약금 등의 예치금 반환 시 보증 설정에 따른 비용	실비		
	교통비	실비		

참고로 일본의 상담에 대한 보수표를 소개하면 다음과 같다.

일본 컨설팅 보수표

구분	순위	컨설팅 내용	보수액	비고
부동산 매매	1	매도 부동산 가격 상담	5만 엔	
	2	매수 부동산 가격 상담	5만 엔	
	3	현 소유자금으로 구매가능 부동산 상담	5만 엔	
	4	차지권의 지대 수준 상담	10만 엔	
	5	차지권 가격 수준 상담	10만 엔	
	6	차지권 갱신율 상담	3만 엔	
	7	차지권 양도 승낙료 시세 상담	3만 엔	
상속·증여	1	상속·증여의 유의점 상담	5만 엔	
	2	소유자산 운용문제점 적출은	5만 엔	
	3	물납방법 조언	5만 엔	
	4	소유자산 운영문제점 적출은	5만 엔	
	5	유산 분할협의서 작성	3만 엔	
부동산 유효활용	1	현재 활용계획 점검	7만 엔	계획 및 임대료 시세 검증
	2	아파트·맨션 경영수지 검토	15만 엔	
	3	소유지 최유효활용 방안	30만 엔	
주거	1	증·개축에 관한 조언	3~5만 엔	
	2	인테리어 코디네이터의 기본계획 제출	5만 엔	
	3	자기 소유지에 맞는 기본계획 제출	10만 엔	
부동산 거래	1	권리관계 조사	1만 엔	등본, 지적도, 기일지정
	2	융자 교섭 및 사무대행	5만 엔	
	3	공적융자의 대리 신청	5만 엔	
	4	구입부동산의 주요항목 조사	5만 엔	
	5	계약이행의 사무대행	5만 엔	

	6	계약임대료 갱신 조언	임대료의 0.5월분	임대아파트
	7	매매계약에서 잔금까지 입회	20만 엔	중개는 제외
기타	1	카운터에서의 상담	3,000 엔/건	

3) 경매대리에 관한 수수료 요율표

매수신청대리 수수료 요율

1. 상담 및 권리분석 수수료
   ① 수수료 요율: 50만 원 안에서 당사자의 협의에 의하여 결정한다.
   ② 주의사항
   - 4개 부동산 이상의 일괄매각의 경우에는 3개를 초과하는 것부터 1 부동산당 5만 원의 범위 안에서 상한선을 증액할 수 있다(예를 들어, 5개 부동산의 일괄매각의 경우 3개를 초과하는 2개 때문에 60만 원까지로 상한선 범위가 증액될 수 있음).
   - 개별매각의 여러 물건을 함께 분석하는 경우에는 1 부동산당 5만 원의 범위 안에서 상한선을 증액할 수 있다.
   - 위 수수료에 대하여 위임계약 체결 전에 위임인에게 미리 설명하여야 하며, 이를 사건카드에 반드시 기록하여야 한다.

2. 매수신청대리 수수료
   (1) 최고가매수인으로 결정된 경우
   ① 수수료 요율: 감정평가액의 1%와 최저매각가격의 1.5% 중 적은 것 안에서 당사자의 협의에 의하여 결정한다.
   ② 주의사항: 위 수수료에 대하여 위임계약 체결 전에 위임인에게 미리 설명하여야 하며, 이를 사건카드에 반드시 기록하여야 한다.
   (2) 최고가매수인으로 되지 못한 경우
   ① 수수료 요율: 50만 원 안에서 당사자의 협의에 의하여 결정한다.
   ② 주의사항: 위 수수료에 대하여 위임계약 체결 전에 위임인에게 미리 설명하여야 하며, 이를 사건카드에 반드시 기록하여야 한다.

3. 실비
   ① 수수료 요율: 30만 원 안에서 당사자의 협의에 의하여 결정한다.
   ② 주의사항
   - 실비는 매수신청대리와 관련하여 발생하는 특별비용(원거리 출장비, 원거리 교통비 등)으로 중개업자는 이에 관한 영수증 등을 첨부하여 청구하여야 한다.
   - 매수신청대리와 관련하여 발생하는 통상의 비용(등기부등본 비용, 근거리 교통비용 등)은 위 수수료에 당연히 포함된 것으로 보고 별도로 청구하지 않는다.
   - 실비에 대하여 위임계약 체결 전에 위임인에게 미리 설명하여야 하며, 이를 사건카드에 반드시 기록하여야 한다.

중개업자가 의뢰인으로부터 중개수수료를 받는 방법에 있어서 통상은 현금으로 받고 있다. 그러나 아파트 부지나 골프장 부지 또는 수백 및 수천억 빌딩을 중개한 경우는 현금으로 받지 않고 해당 부동산의 지분으로 받는 경우도 있다. 이때 지분으로 받는 경우는 현금보다 실비가 더 많게 된다. 따라서 중개업자는 실비에 대해서도 세심하게 살펴보고 적극적으로 받는 노력이 필요하다.

5. 중개수수료의 세부내용 분석

부동산중개업을 영위한 자는 누구를 막론하고 종종 부동산중개업과 관련된 내용에 대하여 고객에게 상담을 한 경험이 있다. 부동산중개업자가 이처럼 상담한 내용을 자세히 보면 부동산중개 활동과 연관이 있으며, 경우에 따라서는 중개활동의 일부를 상담하였음을 인지하였을 것이다.

또한 「공부법」에 의하면 중개법인은 부동산중개와 관련된 상담을 업으로 할 수 있도록 되어 있다. 공인중개사들이 부동산을 전문으로 공부하여 전문가로 배출되어 감에 따라 부동산중개의 상담에 대한 발전의 필요성이 대두되고 있다. 따라서 현재는 우리에게 주어진 범위 내에서 부동산중개와 관련된 상담을 체계화하고 그에 따른 보수도 정해져야 한다고 생각한다.

이를 위해 필자는 고객들에게 상담한 내용을 분류하고 중개수수료의 내용도 중개활동과 연관하여 면밀히 분석하였다. 필자가 부동산 중개수수료를 분석한 목적은 부동산중개 상담수수료를 결정하고, 직원들의 성공수수료 결정에 이용할 수 있도록 하고자 분석한 것이다.

현재 고객들이 부동산중개업자에게 상담을 요구하고 있는 내용을 분류해 보면 다음과 같다. 먼저 부동산중개업자가 고객과 동업자의 상담비중을 보면 고객보다는 동업자의 상담이 더 많은 편이다. 고객의 상담 요구내용을 분류 및 순위를 보면 다음과 같다.
 ① 가격 문의
 ② 세금 문의(양도소득세, 취득비용)
 ③ 가격변화 문의
 ④ 매매 및 매입시기

⑤ 융자가능 금액 및 이율

⑥ 특별조치법에 대한 내용

⑦ 중개수수료 문의(수수료 요율, 해약 시 중개수수료 지불)

⑧ 계약의 적법성 문의

⑨ 묵시의 갱신에 대한 임대차 기간

⑩ 증여 문의 등

동업자의 상담 요구내용을 분류 및 순위를 보면 다음과 같다.

① 중개수수료 받아 내는 방법

② 계약해약에 따른 중개업자의 책임과 처벌범위

③ 토지허가지역에서 농지 및 임야의 취득방법

④ 묵시의 갱신관련 사항

　　㉠ 묵시의 갱신 시 임대차 기간

　　㉡ 상가의 묵시 갱신이 연장 안 되는 경우

⑤ 토지거래 허가지역에서 허가 나기 전 중도금 및 잔금 지불했을 경우 처리

⑥ 중개사고에 대한 소송 문의(다가구의 총 임대료 및 세입자수 기록문제 등)

⑦ 토지거래 허가지역 및 투기지역 해당 여부 등

1) 부동산중개 활동 면에서 분석

(1) 사무소 개설

부동산중개를 위해서는 공인중개사자격증이 있는 자가 있어야 하고 행정적인 절차를 거쳐야 하며 사무소라는 법적 장소가 있어야 부동산중개업을 시작할 수 있다. 이 중 사무소는 부동산중개업을 하는 데 소요되는 비용 중에서 임대료라는 비용이 제일 큰 비중을 차지하고 있다. 또한 사무소는 부동산중개에 있어 고객이 접근하는 중요요소로 사무소가 있어야 중개대상물을 접수할 수 있고 중개대상물을 구매하려는 고객의 접근이 가능하며 이와 같이 접수된 중개대상물이 있어야 부동산중개를 할 수 있다. 따라서 사무소 개설은 부동산중개에 있어 제일 큰 비중을 차지하는 요소로 본다.

(2) 분석활동

중개대상물이 접수되거나 구매의뢰가 접수되면 부동산중개업자는 이에 대하여 분석하게 되는데 이때 부동산중개업자는 관련 행정서류를 발급을 받아 분석하고 관련법규를 탐색하여 분석하며 현장을 확인하거나 의뢰자의 요구도 내적 요구를 분석하며 필요시 경험 있는 자로부터 자문을 받아 분석을 하게 된다. 이와 같은 분석활동은 부동산중개에 있어 상담을 성공적인 상담으로 이룩하는 데 결정적인 역할을 한다. 이 분석활동이 부동산중개업자가 부동산중개업을 하면서 활동하여야 할 가장 주요소로 부동산거래 성패의 결정적 요소라 할 수 있다. 분석활동 내용을 분류하면 다음과 같다.

① 권리분석
  ㉠ 물건에 대한 권리상 문제점
  ㉡ 매도인의 적합성
  ㉢ 매수자의 적합성
② 용도분석
  ㉠ 건축의 가능성
  ㉡ 용도지역 등에 따른 적합 및 가능 건축
  ㉢ 건축을 위한 행정절차
③ 세무분석
  ㉠ 양도소득세
  ㉡ 보유세
  ㉢ 취득 및 등록세
④ 수익성 분석
  ㉠ 물건의 장점
  ㉡ 최유효이용 방안: 수익률(세공제 전·후)

(3) 광고 및 설명

광고 및 설명은 고객을 유인하고 중개 대상물건을 고객에게 직접적으로 확인할 수 있도록 해 주고 고객의 구매충동을 유발하는 결정적 요소이다. 여기에서 광고는 인터넷이나 정보지 등에 광고하는 것을 말하는 것 외에 부동산중개업자가 적지(適地)에 나가 직접 광고하는 활동까지 포함되며, 인터넷이나 정보지에 광고 등 광고매체에 광고하는 자체에서도 그 내용을 어떻게 구상하고 어떠한 문구를 사용하느냐에 결정적인 결과를 유발한다.

(4) 계약서 작성

부동산중개에서 결정적 활동은 계약서 작성이다. 계약서 작성은 부동산중개업자에게 부동산중개 활동에 있어 개인적으로 또 사회적으로 가장 중요한 책임이기 때문에 이것만은 공인중개사인 중개업자(기 중개업자로 허가받은 중개인 포함)가 직접 작성하도록 하고 있다.

계약서는 법적으로 중요성을 가지며 계약당사자의 형평의 원칙적용과 양자의 자유합의의 원칙에 충실하여야 하기 때문에 부동산중개에 대한 관련법을 공부를 하고 이를 책임 있는 사업주인 공인중개사인 중개업자가 작성하도록 한 것이다. 또 이 계약서 작성은 거래계약의 완성까지의 활동이 포함된다.

(5) 서류발급

부동산중개 활동에 대한 서류발급 활동은 활동 면에서는 분석활동에 포함하고, 비용 면에서는 실비를 받을 수 있기 때문에 실비로 따로 적용하여야 한다고 생각한다.

2) 부동산중개 각 활동별 비중

부동산 중개수수료를 활동 면에서 분석하는 것은 실제 중개를 위해 필요한 활동을 검토하고, 이것이 중개수수료라는 금전과 연계되어 있기 때문이며, 이 활동이 중개수수료라는 금전을 확보하게 하는 데 얼마만큼의 역할을 하느냐를 검토함으로써 각 활동에 중요 정도를 판단하고 또 직원들의 활동도에 따른 수익의 배분과 고객의 상담료를 책정하는 데 기초를 이루기 위함이다. 이를 위하여 앞서 부동산중개 활동 면에서 분석한 각 항목에 대해 비중을 부동산중개업자에 문답으로 분석해 본 결과는 다음과 같다.

구분	비중도	비고
사무소 개설	15%	
물건 분석	25%	
설명 및 광고	25%	
계약서 작성	30%	
기타	5%	서류관리 등
계	100%	

6. 중개수수료에 대한 제척기간

중개수수료에 대한 영수증 보관은 3년이다. 중개수수료를 받은 날로부터 3년이 경과하면 중개수수료 영수증을 보관할 의무가 사라진다. 또 부동산중개업자들로부터 중개수수료에 대한 상담을 해 오는 것 중 상당수는 과거 초과수수료를 받고 이에 대하여 고민을 많이 하고 있다. 중개수수료에 대한 초과수수료를 받는 것은 불법사항이므로 부당이득을 취득한 것으로 적용될 수 있다.

만일 불법사항으로 취급이 되면 징역형에 해당하므로 공소시효에 해당할 수 있어 최대 15년은 경과되어야 한다고 볼 수 있고 부당 이득에 해당할 경우는 3년의 시효를 경과하여야 한다.

제4장 | 부동산중개사고 예방

1. 개요

1) 중개사고 정의

부동산중개 사고란 중개업자가 중개행위를 함에 있어 중개업자의 고의 또는 과실로 인하여 거래당사자에게 재산상의 손해를 발생하게 한 것을 말한다.

2) 매도인 사기사건

(1) 매도 중개사고 유형

매도인의 사기에 의해 최근까지 발생한 부동산중개 사고의 유형을 보면 통상 다음과 같다.

① 물건의 권리 없는 자와 계약하는 경우
② 제한 물권이 있는데도 위장 계약하는 경우
③ 용도 및 지목 변경이 불가능한 것을 거짓 계약하는 경우
④ 등기 이전이 불가능한데도 허위 계약하는 경우
⑤ 계약 후 저당권 설정 및 이중계약을 하는 경우

(2) 매도 중개사고 방지방법

중개업자가 매도인 사기를 방지하기 위해서는 가장 중요한 것이 매도인을 직접 확인하는 것이다. 그래서 잘 알고 있는 물건을 접수하는 경우는 매도하고자 하는 부동산의 소유자를 잘 알고 있음으로 부동산 매도사기를 당하지 않는다. 그러나 매도물건에 대하여 잘 알지 못하는 경우에서 매도사기가 많이 발생하므로 가급적 매도인은 확인하려는 노력을 하여야 한다. 매도인을 확인하는 방법은 다음과 같다.

① 물건접수 시 상담하면서 매도인을 확인하는 방법

잘 알지 못하는 물건을 의뢰인으로부터 의뢰받을 때 부동산중개업자는 등기부등본상 소유자를 확인하는 것이 바람직하다. 그러나 우리나라의 경우 부동산은 대부분 남자명의로 되어 있으나 물건을 매도 의뢰하는 것은 부인이나 자녀가 의뢰하는 경우가 많다. 그래서 가족관계에 있음으로 통상 믿고 거래를 추진하고 있는데 이는 위험할 수 있음으로 의뢰인이 매도인인지 확인하고 매도인이라고 하면 임장활동 등 추후에 확인해 두는 것이 바람직하고, 만일 아니라고 하면 등기부등본을 발급받아 등기부등본상의 소유자 주소지로 확인하는 것이 바람직하다.

② 임장활동 시 매도인을 확인하라

부동산중개업자는 잘 알지 못하는 물건이나 소유자에 대한 물건을 접수하면 이를 분석하고 임장활동 시에 가급적 매도인이 참석토록 하거나 현장에서 중개대상물 자료요구서를 작성하면서 매도인을 확인하는 방법으로 매도인을 확인한다. 특히 매도인이 급매로 급히 매매를 서두르는 것은 일단 의심하라.

③ 등기부등본상 소유자의 주소지를 방문하라

만일 매도인이 부동산중개업자의 영업지역에 거주하지 않거나 또는 업무상 등으로 임장활동 때 소유자를 만날 수 없을 경우는 등기부등본상의 소유자 주소지로 직접 가서 중개대상물 자료요구서를 작성하며 매도인을 확인하는 방법이 있다.

④ 계약서 작성 시 매도인이 직접참석(의료보험증과 주민등록증 대조)

만일 계약서 작성할 때까지 매도인을 확인하지 못한 경우는 거래계약서 작성할 때라도 매도인이 직접 참석하도록 하는 것이 바람직하다. 이때 매도인이 당사자인지 확인하기 위하여 주민등록증이나 운전면허증, 또는 등기권리증이나 의료보험증 등을 지참하도록 하여 확인할 수 있도록 미리 연락한다.

⑤ 매도인과 전화로 확인하는 방법

거래계약서 작성할 때 매도인이 참석하지 못하는 경우에는 위임장을 지참하는 것이 기본이나 이 위임장 및 인감증명서를 지참하지 않은 상태에서 거래계약서를 작성하는 경우 매수인에게 매도인이 거래계약을 위임했음을 인지시켜 주기 위하여 부동산중개업자는 이 사실을 매수인에게 설명하고 전화로 확인시켜 주는 것이 바람직하다.

3) 매수인 사기사건

매도인 사기보다는 적은 경우이나 매수인이 사기행위를 하는 경우가 있다. 따라서 중개업자는 이에 대한 사례를 알고 그 방지책을 대비하는 것이 바람직하다.

(1) 매수인 중개사고 사례

먼저 매수인 사기발생 사례를 보면 아파트에 현재 거주하고 있는 소유자가 신아파트를 분양받고 그 아파트에 입주할 때까지 전세를 놓는 조건의 아파트를 매도 의뢰한 경우이다. 이 광고를 보고 이러한 아파트를 사서 전세로 놓을 매수자로 가장한 매수자가 융자금을 받아 거래대금을 갈취하는 사기사건이다. 이때 매수인은 융자금과 전세금이 합했을 때 실제 거래가격보다 높도록 융자를 받고 매매잔금을 지불하고 소유권이전을 받고 전세계약서까지 작성해 준 뒤 자취를 감추는 것이 매수인 사기의 일반적인 형태이다.

이럴 경우 현 주택에 거주하는 소유자는 잔금일 24시간 부로 임차인이 되므로 소유권이전 뒤 전세권 설정등기를 하고 그다음 근저당을 설정하지 않는 한 전 소유자는 피해를 입어야 한다. 그래서 위장 매수자에 의해 전 소유자가 낙찰을 받아 다시 소유자가 된 사건이다. 이런 경우 부동산중개업자는 중개사고는 아니다. 그러나 지역 내에 생활을 같이 하면서 항상 미안한 마음은 안고 살아야 한다.

(2) 사기사건 방지방법

다만 중개업자가 더 착안할 사항은 너무 의심스러우면 계약을 하지 않는 방법이 있고, 잔금처리 시에 소유권이전을 하는 법무사를 부동산중개업자가 추천하는 법무사를 사용하기로 하고 소유권이전 시 등기접수 순서를 소유권이전, 전세권 설정, 융자 설정, 등기 순으로 등기를 할 수 있도록 함으로써 소유권이전 서류접수 다음으로 전세권 설정 서류를 접수하고 융자 서류를 맨 나중에 접수하도록 한다.

4) 임대인 사기사건

(1) 임대인 사기 사례

임대인 사기 사건은 임차인이 보증금이 없는 임대차나 사글세 계약을 하거나, 보증금을 아주 적게 책정하고 월세가 많은 임대차 계약을 체결한 뒤에 잔금까지 완납 후 신임차인이 집을 완전 수리한다. 이때 임차인은 주변 사람에게 새로 임대차 부동산을 매수하여 수리하는 것으로 거짓 광고(소문)를 하면서 완전히 집주인으로 행세한 후 임대인인 것처럼 행세하며 전세로 놓는 경우이다.

(2) 임대인 사기 방지방법

이러한 임대인 사기를 방지하기 위해서는 최근 매매 및 임대로 나온 지 얼마 되지 않아 다시 매매나 임대로 나온 물건은 일단 의심하여야 한다. 그래서 다시 나온 이유를 자세히 확인할 필요가 있다. 그 확인하는 방법은 거짓 임대인에게 등기권리증을 지참하도록 하는 방법이 있다. 이 거짓 임대인은 등기권리증이 없으므로 거래계약을 여러 핑계를 붙여 직접 참석하지 않는다. 그러면 부동산중개업자는 신임차인을 설득하여 계약금 등을 예치하도록 하고 이를 위해 보증보험에 가입하여 보증증권을 발급해 주는 방안도 있다. 참고로 중개업자가 임대인을 확인하는 방법을 소개하면 다음과 같다.

① 임장활동 시 임대인을 참석토록 하여 중개대상물 자료요구서도 작성하고 임대인도 확인하며 주민등록증이나 운전면허증 등으로 신분을 확인하는 방법이다.

② 임장활동 시 당해건물에 세입자가 거주하는 등 임대인이 참석하기 곤란한 경우에는

등기부등본의 주소지로 직접 가서 중개대상물 자료요구서를 작성하며 임대인을 확인하는 방법이다.

③ 물건접수 시 상담하면서 임대인과 관계를 문의하여 임대인에 대해 정보를 확보하여 확인하는 방법이다.

④ 접수 시에는 대리인이 의뢰하더라도 계약서 작성 시에는 반드시 임대인이 참석토록 하고 임대인이 참석할 때 의료보험증과 주민등록증 등을 지참하도록 하는 방법이다.

⑤ 기타 임대인과 전화로 확인하는 방법이다.

2. 중개사고 유형

한국공인중개사협회에서는 그간 공제사고를 통한 중개사고의 유형을 분류한 것을 소개하면 부동산 범죄에 의한 사고, 중개보조원에 의한 사고, 중개대상물 확인·설명의무 위반 및 소홀, 대리권 흠결에 의한 사고, 계약내용 미이행에 의한 사고, 공인중개사의 무리한 계약체결로 인한 사고로 분류하고 있다.

1) 부동산 범죄에 의한 사고

부동산 범죄에 의한 사고를 보면 신분증을 위조하여 사기행위를 한 중개사고로 소유자 행세를 한 임차인은 임대차 계약 등을 체결하여 임대차 계약서를 통해 주인의 신분을 알게 되고, 또 매매계약을 체결하고 융자를 얻어 잔금을 치루고 잔금처리 직전에 그 집을 전세를 놓고 융자금 일부와 전세금을 갈취하는 방법, 매도인이 매도 후 전세를 사는 조건을 악용하여 잔금일에 융자금 또는 전세금을 갈취하는 방법 등으로 부동산 범죄를 일으키고 있다. 더 대범한 사기꾼은 자신의 소유도 아닌 토지의 소유자 행세를 하며 매매계약을 체결하고 계약금 또는 중도금을 편취하고 도주하는 방법, 중개업자 및 중개보조원이 잔금일 융자금 상환할 돈을 인수하고 이를 편취하거나 투자자를 유치하여 이들 투자자들의 투자금액을 편취하고 도주하는 방법 등을 사용하고 있다.

2) 중개보조원에 의한 사고

중개보조원이 투자를 하도록 하고 투자금 일부를 갈취하거나, 경매 중인 물건을 소개하는 경우, 중도금을 지불하지 못할 경우 이를 되팔아 주겠다고 중개보조원이 약속하여 고객에게 피해를 입혀 고객에게 손해를 입힌 사건, 고객에게 고가의 수익성이 있는 물건을 소개하였으나 그 수익률을 1년간 매도인이 보전해 주기로 한 경우 등이다.

3) 중개대상물 확인 설명 의무 위반한 사고

공법상의 이용제한을 알지 못하여 발생한 사고, 분양권 전매를 알지 못하고 계약을 한 경우, 주택거래 신고지역 설명 소홀로 발생한 사고, 다가구주택 중개를 하면서 당해건물의 임대차 내역을 설명하지 않고 계약한 경우, 포괄근저당의 채무관계를 확인하지 않고 중개한 경우, 경매부동산의 권리분석을 잘못하여 경매대리를 한 경우, 등기부등본상의 권리를 확인하지 않고 중개한 경우 등이다.

4) 대리권의 흠결에 의한 사고

소유자의 처가 대리인으로 한 계약을 체결하였으나 소유자가 부인이 무권대리라고 주장하여 위임장을 확인하지 않은 사고, 소유자와 친한 자가 소유자의 처로 가장하여 대리인으로 계약을 체결한 경우 등이다.

5) 이행과정의 사고

이중매매로 인한 사고로 조합아파트 분양권 매매에서 매도인이 분양권 분실신고를 하고 분양계약서를 재발급받아 이중매매한 경우의 사고이다.

6) 공인중개사가 책임지기로 한 무리한 계약의 사고

실제건물과 주민등록상 호수가 상이한 것을 중개업자가 임대보증금을 책임지겠다고 무리하게 계약을 한 사고이다.

3. 중개사고 예방법

1) 매도인(임대인)을 확인하라

부동산중개업자가 부동산중개 사고를 예방하는 가장 조심하고 확인할 것은 잘 알지 못하는 중개대상물에 대해서는 그 소유자를 확인하는 것이 제일 중요한 것이다. 매도(임대)인을 확인하는 방법은 가급적 현장확인 시에 대동하여 현장 확인하는 것이 바람직하고, 그 외에 등기부등본상의 소유자에 대한 인적사항을 등기부등본상의 주소나 물건접수 시 거주지를 확인해 두었다가 현지에 가서 확인하는 방법으로 확인하며, 최소한 계약할 때라도 물건소유자가 직접 참여할 수 있도록 하는 등 소유자를 철저히 확인하고 점검하여야 한다. 이때 물건소유자 확인요령은 주민등록증으로 확인하거나 등기권리증 또는 의료보험카드를 계약 시 지참토록 하여 확인하는 방법이 있으며, 만일 주민등록증이나 운전면허증으로 소유자를 확인하는 경우는 직원으로 하여금 전화기로 행정안전부에서 제공하는 주민등록증 진위확인 방법을 이용하여 확인 하여야 한다.

2) 현장확인을 철저히 하라

부동산중개 사고가 발생할 수 있는 사항은 매도(임대)인과 중개대상물이다. 이 두 가지 요소에 대한 중개 사고를 동시에 예방할 수 있는 가장 좋은 방법은 현장확인을 철저히 하는 것이다. 그런데 현장 확인할 때 조건이 있다. 제일 조건은 가급적 매도(임대)인을 동석하여 현장 확인을 하는 것이고, 두 번째 조건은 물건에 대하여 잘 아는 사람에게 확인하는 것이며, 마지막 조건은 중개대상물 자료요구서를 지참하고 현장확인을 하는 것이다.

이를 위하여 매도(임대)인이 거래할 중개대상물에 매도(임대)인이 직접 거주하는 경우에는 매도(임대)인의 시간에 맞추어 현장 확인하고, 매도(임대)인이 거래할 중개대상물에 거주하지 않는 경우에는 매도(임대)인의 시간에 맞추되 세입자가 같이 참석할 수 있도록 하는 것이 바람직하다.

그리고 현장확인 시 가급적 중개대상물 자료요구서를 지참하여 점검하는 것이 효율적이며 특히 단독주택의 경우는 지붕의 누수와 배관의 누수, 보일러 가동상태에 대하여 착안하여야 하고 10년 넘은 아파트나 빌라의 경우에는 화장실 누수, 특히 확장한 부분에서 발생하는 누수, 개별보일러 경우 보일러 작동상태, 나무문에 유리를 설치한 곳은 유리파손 여부, 베란다의 유리파손 여부, 일반적인 집과 상이한 부분은 그 상이한 부분 등을 명확히 기재해 주는 것이 책임을 감소하는 방법이다. 그리고 사고 발생 우려가 있는 물건(권리의 하자 있는 물건이나 중개물건에 하자가 심한 물건)은 가급적 사고 우려 부분이 해소되지 않는 한 중개를 금지하는 것도 하나의 방법이다. 현장 확인하는 요령은 중개절차를 참조한다.

3) 중개대상물 확인 · 설명서 작성을 철저히 하라

부동산중개업자는 중개대상물 확인 · 설명서를 작성하여 쌍방에 교부하도록 「공부법」에 규정하고 있으므로 당연히 교부하여야 하지만 더 중요한 것은 부동산중개업자 자신을 위해서도 중개대상물 확인 · 설명서를 작성하여 교부하는 것이 중개사고를 방지할 수 있다. 이때 만일 장래 분쟁의 우려가 될 가능성이 있는 부분은 미리 알려 주고 그 내용을 중개대상물 확인 · 설명서에 기재해 주어야 하며, 특히 누수(지붕, 배관, 화장실 등), 보일러 가동상태(설치연도, 수리 여부 등), 벽면 곰팡이 유무 및 정도 등 부동산중개업자가 직접 확인할 수 없는 것은 매도(임대)인으로부터 확인을 받아 두는 것이 좋다.

4) 공부내용을 철저히 확인하라

권리의 하자로 발생하는 것은 해당 중개대상물에 관련된 공부만을 철저히 확인해도 중개사고를 예방할 수 있다. 여기에 추가하면 해당 중개대상물의 점유에 관한 사항만 추가 확인한다면 100% 권리에 대한 하자는 방지할 수 있다. 권리에 대한 하자로 발생하는 중개사고는 대부분 중개업자의 과실로 판결된다. 따라서 각종 공부를 철저히 확인하고 점검하며, 현장확인을 통하여 권리 및 물건자체상 문제가 될 만한 것을 자세히 살펴보아야 한다.

5) 직원교육과 인장관리 철저

실제 부동산중개 활동을 하면서 중개업자가 전 활동을 다 할 수 없다. 따라서 중개보조원이 중개업자를 대신하여 현장안내 및 중개대상물에 대한 설명을 하게 되는데 이에 의한 중개사고를 예방하기 위하여 중개업자는 중개보조원을 수시로 중개 관련교육과 중개기술교육을 실시하여 지속적으로 관리하여야 하고, 특히 등록 인장은 반드시 중개업자 본인이 직접 관리하는 것이 좋다. 일부 중개업소에서는 직원들을 믿는다는 명목으로 계약서에 미리 인장을 날인하여 놓고 이를 이용함은 대단히 위험한 행동이다. 상당부분의 중개사고가 여기에서 발생하였음을 간과하여서는 아니 된다.

6) 대리인의 경우 위임장을 지참토록 하라

부동산중개는 상당수가 대리인에 의하여 이루어지고 있다. 그 대리인에는 배우자, 소유자의 부모나 배우자의 부모, 형제지간이나 친척 등이 대리인으로 참여하며, 간혹 친구가 대리인으로 참석하는 경우가 있다. 이때 중개업자는 만일 대리인과 계약을 할 경우에는 배우자나 부모라 할지라도 가급적 인감증명과 위임장을 지참토록 하고 필히 이를 확인하며 계약서에 그 사본을 첨부시켜 주는 것이 좋다. 그러나 현장에서는 이 위임장과 인감증명서를 지참하지 않는 경우가 대부분이며, 간혹 주민등록증이나 인감도장을 지참하여 대리인으로 인정해 주기를 원하고 있다. 이러한 경우 최소한 소유자와 직접 통화를 하고 매수(임차)인에게 통화로 위임 사실을 확인하도록 하며, 중도금 또는 중도금이 없는 경우에는 잔금 시라도 위임장 및 인감증명서를 첨부할 수 있도록 함이 바람직하다.

7) 주민등록증 등 위조 여부 확인하는 방법

부동산중개업자가 계약서를 작성하기 위하여 매도(임대)인이나 매수(임차)인의 주민등록증을 요구하면 계약당사자는 주민등록증이나 운전면허증을 제출하는데, 이때 제출하는 주민등록증이나 운전면허증도 위조가 가능하므로 중개업자가 이들을 확인하는 동안 중개보조원은 주민등록번호와 발행일자 및 성명 세 가지만 확인하고 전화기로 국번 없이 1382번을 눌러 그 진위 여부를 확인하여 중개업자에게 알려 주어야 한다. 이때 중개보조원이 확인하는 방법은 1382번을 누르면 멘트가 나오는데 이 멘트에 따라 주민등록번호를 누르고 다음에 발행일자를 누르면 **주민등록번호와 발행일자가 맞는지를 확인**해 주며, 주민등록증의 **주인 성명까지 확인**해 준다.

이렇게 하여 소유자가 제시한 신분증과 전화상으로 확인한 소유자가 일치하면 일치함을 거래당사자가 눈치채지 못하도록 중개업자에게 통지하도록 하고, 만일 일치하지 않을 경우는 즉각 계약서 작성을 중지하도록 하여야 한다.

4. 중개대상물별 중개사고 유의할 사항

중개대상물별 중개사고로 연결될 수 있는 중개대상물의 상태를 구체적으로 확인할 사항을 정리하면 다음과 같다.

1) 단독주택/다가구주택

① 수도 배관의 파손 여부(테이프로 바른 부분 확인)
② 보일러 배관의 파손 여부(분배기가 잠겨 있는 곳은 방바닥 확인)
③ 보일러 자체의 누수 및 가동상태
④ 벽 및 출입문의 화재 잔해를 도배 등으로 응급처치만 한 상태
⑤ 옥상 누수상태
⑥ 1~2층은 방범망 설치 여부(임대차)
⑦ 매도인의 주택보유수

2) 다세대 주택

① 평형을 말하지 말고 대신 전유면적으로 아파트와 비교하여 아파트 평형을 알려줌으로써 고객이 그 규모를 판단할 수 있도록 하는 것이 바람직하다. 같은 공동주택이라도 연립주택 및 다세대주택은 베란다 등이 건축면적에 포함됨으로 건축물 관리대장상의 공유면적과 전유면적의 합이 평형이 되지만 아파트는 베란다 등이 건축물 관리대장상에 포함

되지 않아 연립주택이나 다세대주택보다는 넓음을 착안하여 공간을 판단하여야 한다. 특히 옥상 부분을 불법으로 확장하고서 그 확장한 부분까지를 면적으로 소개하는 매도인이 있으므로 이것 또한 착안하여야 한다.

건축주 등이 다세대 및 연립주택의 경우에는 주차장 및 토지 지분까지도 평형에 포함하여 계산하는 경우가 있음으로 평형을 그대로 믿고 중개를 하는 경우 매수인으로부터 속였다는 오해를 받을 수 있음으로 전유면적 평형만으로 아파트와 비교하여 설명함이 바람직하다.

② 수도 배관의 파손 여부

③ 보일러 배관의 파손 여부

④ 보일러 자체의 누수 및 가동상태

⑤ 벽 및 출입문의 화재 잔해를 도배 등으로 응급처치만 한 상태

⑥ 옥상 누수상태

⑦ 1~2층은 방범망 설치 여부(임대차)

3) 아파트

① 화장실 및 베란다, 싱크대 지역의 아래층으로 누수 여부

② 베란다의 우수 배관의 누수 여부

③ 거실 및 작은 방을 확장한 경우 아래층에 누수 여부

④ 1995년도 이전 아파트는 수도 배관을 백관으로 사용하여 화장실과 연접한 방과 거실 등에 누수가 있어 확인 필요

⑤ 새시부분과 벽과의 연결부분인 코킹부분의 누수 여부

⑥ 개인난방의 경우 보일러 상태 확인 및 설치연도

⑦ 주차상태

⑧ 출입문의 작동상태

⑨ 1~2층은 방범망 설치 여부(임대차)

4) 상가

① 인·허가 문제
② 권리금 관계
③ 전 세입자의 원상복구 한계
④ 인테리어 비용
⑤ 주차장 및 정화조
⑥ 계약서 작성의 순서: 임대차 계약서 작성 후 권리금 계약서 작성

5. 중개사고 발생 시 처리요령

통상 중개사고는 부동산중개업자가 창업일로부터 2년 이내는 비교적 발생률이 매우 낮다. 그리고 창업일로부터 2년 이상이 되면 중개사고가 많이 발생하므로 이 이후의 시기에 특히 조심하여야 한다. 부동산 중개사고 발생 빈도는 부동산중개업을 하면서 개인의 성격에 따라 차이가 있으나 일반적으로는 그리 높지는 않으나 중개사고가 발생하면 부동산은 거래단위가 크기 때문에 중개사고로 인한 피해액도 크다. 따라서 중개사고는 발생하지 않는 것이 가장 바람직하다. 그러나 일단 중개사고가 발생하면 당황하거나 고객과 싸우지 말고 고객을 안정시킨 뒤 차분하게 처리함이 바람직하다.

먼저 최우선적으로 협회에 ① 사고 발생 일시/장소, ② 손해 정도, ③ 거래 당사자 주소, 성명, 연락처를 통보하고 상담을 하면 협회에는 각종 사례 및 판례가 있으므로 자문을 받을 수 있다. 그리고 이 자문내용을 참고하여 행동하는 것이 현명하다.

중개사고 발생 시에 유의할 사항은 협회와 상담 없이 손해배상을 합의하여 큰 피해를 받지 않도록 함이 중요하다. 만에 하나 중개업자에게 책임이 있다 하더라도 판례를 보면 중개업자가 전부를 책임지지 않고 있다. 물론 최근에 국토해양부에서 감독기관이라는 명목으로 중개사고가 발생하면 공제 및 보험으로 전부 배상해 주도록 하고 있으나 이는 무책임한 해석이므로 법원의 판결을 받아 적절하게 배상하는 것이 올바른 행동으로 본다. 또한 중개업자에게 책임이 있는 경우에도 그 책임 정도에 따라 대처방안이 다르므로 이에 대하여 협회 공제요원 및 사무국장과 충분히 상담하고 변호사 선임 등 대책을 강구하

는 것이 좋다. 또 일부 지방자치단체의 지적담당자들은 중개사고 고발 국민으로부터 시달림을 받고 싶지 않으려고 중개업자가 잘못한 것으로 결론을 내려 중개업자에게 억압하거나 잘못된 행정처리를 하는 경우가 많으므로 행정소송을 준비하는 것도 바람직하다.

제5장
행정검열 준비

행정검열의 종류에는 등록관청 검열, 시/도 검열, 세무서 검열, 특별한 경우 경찰 및 검찰 검열 등이 있다. 등록관청과 시/도 검열은 주로 행정위주의 검열을 실시하고, 세무서 검열은 탈세·투기 조장행위 검열을 주로 실시하며, 검찰의 검열은 범죄행위가 적발되었을 경우 통상 실시해 오고 있다.

행정검열의 빈도는 해당 행정관서의 계획에 의거 실시하나 통상 분기 또는 반기에 1회 정도 실시하고 그 외에 고발 등의 사건이 발생하면 수시로 확인 또는 전화로 점검한다. 행정검열 시 주로 확인하는 사항은 부착물 부착상태와 행정서류 비치상태를 검열하는 데 그 내용은 다음과 같다.

1. 부착물의 종류

① 공인중개사 자격증
② 중개사무소 개설 등록증
③ 공제 및 보험 가입증서
④ 중개수수료 요율표(구청 및 시·군청 발행한 것)
⑤ 사업자 등록증

2. 비치서류

① 계약서 철 및 거래계약서 명부 철

② 중개대상물 확인 · 설명서 철

③ 중개대상물 접수 철

④ 고용계약서 철

⑤ 고용인 명부 철

⑥ 4대 보험료 납부 철

⑦ 기타 양식

공무원들의 행정검열에 대하여 과민하게 반응하는 것은 금물이다. 공무원들에게도 지도단속 권한이 있으므로 이들도 자기의 직무를 수행하고 있음을 이해하여 적극적으로 응해 주는 것이 좋다. 특히 공무원들이 행정검열 시 전 중개업사무소를 다 검열할 수 없음으로 주로 과거 중개사고가 발생했던 중개사무소나 민원이 접수되었던 선례가 있었던 중개사무소를 검열대상으로 함을 착안하여 가급적 고객과 다투거나 중개사고가 발생하지 않는 것이 행정검열을 대비하는 것이다.

제6장 | 부동산중개업자 부가가치세 및 소득세 신고

1. 부동산중개업자 소득원

1) 소득원 구분

부동산중개업자의 소득원은 주로 중개수수료이고 부가적으로 부동산 등기 시 법무사 알선료, 융자금 알선 시 알선료, 부동산 시세 조사 기관의 시세 조사료, 집수리 시 수리업체 알선료, 청소업체 알선료, 양도소득세 신고 세무사 알선료, 토지형질변경 등 공사 시 공사업체 알선료, 기타 부동산관련 법률자문 또는 같은 업종의 업자들의 자문료, 권리금에 대한 사례비, 인장 등 제2겸업 활동에 대한 수익, 계약서 작성 등 행정대서료 등이다. 이 중 중개수수료가 주 소득원이고 기타 부수적 수입원들은 극히 미미한 실태이다.

2) 소득신고

부동산중개업자의 소득에 대하여 신고형태를 보면 부가가치세 신고와 현금영수증을 통한 신고 등으로 소득원 신고가 되고 있으며, 그 외에 컨설팅 보수 등과 종합소득세 신고 시 특히 일반과세자는 연 1회 결산을 통한 소득신고가 이루어지고 있다.

2. 부동산중개업과 관련된 세금신고

부동산중개업자가 중개업과 관련하여 납부하여야 할 세금과 신고사항은 3가지이다. 즉, ① 부가가치세, ② 종합소득세, ③ 원천징수 이행상황 신고 등이다.

1) 부가가치세

(1) 신고대상

구분	간이과세자	일반과세자
매입금액 대상	연 4,800만 원 이하	연 4,800만 원 초과/법인
매출세액	공급대가×업종별 부가율×10%	공급대가×10%
세금계산서 발행	발행 불가능	발행 가능
매입세액 공제	매입세액×업종별 부가율	전액공제
부가가치세 환급	불가능	가능

중개업자의 수입은 수수료가 대부분이다. 그런데 이 수수료에는 부가가치세가 포함되어 있는 것으로 보기 때문에 중개업자는 부가가치세 신고의 대상이 된다. 만일 전혀 영업실적이 없어 매출액이 없다 하더라도 폐업을 하지 않는 한 부가가치세 신고는 하여야 한다.

부동산중개업자는 대부분 개인사무소인 경우는 간이과세자 또는 일반과세자이고, 법인 중개업자는 일반과세자이다. 개인사무소를 운영하는 중개업자는 대부분 간이과세자이지만 1년 매출액이 4,800만 원을 초과하면 일반과세자가 된다. 또 개인사무소를 운영하는 중개업자가 전 연도 또는 전 과세기간에 영업실적이 좋아 연간 매출액이 4,800만 원을 초과하면 그다음 해에는 자동적으로 일반과세자로 전환되므로 일반과세자로 신고를 하여야 한다. 그런데 그다음 해는 또 영업실적이 부진하여 연간 매출액이 4,800만 원 이하가 되었다면 그다음 연도는 중개업자가 간이과세자로 신고를 하여야 하도록 되어 있으나 실제는 일반과세자가 간이과세자로 전환하는 것은 쉽지 않다.

(2) 신고시기

신고구분		과세기간	납부기한	일반과세자	간이과세자
1기	예정신고	1. 1.~3. 31.	4. 25.	예정신고	생략
	확정신고	4. 1.~6. 30.	7. 25.	확정신고	확정신고
2기	예정신고	7. 1.~9. 30.	10. 25.	예정신고	생략
	확정신고	10. 1.~12. 31.	익년 1. 25.	확정신고	확정신고

부가가치세 신고시기는 매년 1기와 2기로 구분하며 간이과세자는 당해 연도 1월 1일부터 6월 30일 사이 발생한 총 매출액과 매입액을 7월 25일에, 7월 1일부터 12월 31일 사이에 발생한 총 매출액과 매입액을 익년도 1월 25일 신고하는 확정신고를 1년에 두 번 신고한다. 그러나 일반과세자는 확정신고 외에 매년 1월 1일부터 3월 31일까지의 매출액을 4월 25일에, 7월 1일부터 9월 30일까지의 매출액을 10월 25일까지 예정신고를 하여야 한다.

(3) 신고방법

부가가치세 신고방법은 소득 및 지출 증빙서류를 지참하고 관할세무서를 방문하여 민원종합 신고실에서 신고하는 방법이 있고, 다른 하나는 국세청 홈페이지에 들어가 전자문서로 신고하는 방법이 있으며, 또 하나의 방법은 세무서에서 보내 준 양식에 의거 작성하여 우편으로 신고하는 방법이 있다.

(4) 신고서 작성요령

부가가치세는 신고납부 세금이기 때문에 중개업자가 실제 1년 동안에 발생한 매출액과 매입액을 증빙서류를 가지고 신고하고 납부하여야 한다. 중개업자가 부가가치세를 신고하기 위해서 준비해야 할 서류는 당해기간 내 계약서 철에 기재된 총수입된 중개수수료와 매입처별로 발행받은 세금계산서 합계표, 신용카드 전표, 전자화폐로 매출액을 결재해 준 사업자가 발행한 영수증, 장애인 등이 생산한 물품 등 면세물건 목록 등을 의제매입 물품대금, 기간 중에 발행한 신용카드 및 현금영수증 등을 준비하여야 한다.

이와 같이 준비된 서류로 국세청에서 발행한 간이(일반)과세자 부가가치세 신고서에 작성하여 제출하며 확정신고 때에는 세금 자진신고서에 부가가치세 신고서에서 산출된 세금을 기재하여 은행 및 우체국 등에 납부하면 된다. 이때 중개업자는 절세를 하기 위해 매입세금 계산서 수취금액을 늘려야 하는데 중개업자가 수취할 수 있는 매입세금 계산서 용도목록을 보면 다음과 같다.

① 사무실을 임차한 중개업자의 경우는 임차료

② 컴퓨터, 팩스 등 사무용 기기 구입비

③ 전화료, 전기료 등 납부한 공과금

④ 각종 컴퓨터 중개 프로그램 구입비

⑤ 인터넷 및 광고업체에 지불한 사용료

⑥ 사용인에게 지급한 임금

⑦ A4 용지 등 사무용품 구입비

⑧ 기타 사업에 직접적으로 사용된 증빙서가 있는 각종 비용

이때 주의할 점은 ① 차량 유류대와 ② 접대비는 인정되지 않으며, 간이영수증은 5만 원 미만 금액만 인정된다. 간이영수증을 포함한 세금영수증은 사업자가 발행한 영수증으로 사업자등록번호와 상호가 필히 기재되어야 한다. 영수증에는 현금영수증도 가능하다. 또 유의할 점은 부동산중개는 공동 중개를 많이 하고 있으며 특히 매매의 경우 실거래가 신고에 있어 중개업자가 등록되는데 일부 중개업자는 자신이 면세를 받기 위하여 실거래가 신고 때 자신은 누락을 요구하는 경우가 있거나 이를 악용하여 압력을 행하는 경우가 있으나 이 경우 상대방은 두 배의 세금을 납부하여야 하므로 유의하여야 한다.

또 부가가치세 신고액이 곧 소득세 과표로 확정되므로 부가가치세 신고 때보다 정확하고 세심하게 신고해야 함을 유의하여야 한다.

그 외의 절세방법으로 부가가치세는 사업장별로 과세되므로 사무소를 합동사무소를 운영하거나 공동으로 투자하여 사업을 운영하는 것도 한 방법이 될 수 있다. 그리고 간이과세자라 하더라도 간편 장부를 작성하여 이를 부가가치세 신고 시 신고하면 10% 할인해 줌과 동시에 간편 장부에 기재된 내용을 인정하여 매출 및 매입을 인정하고 있어 이를 통한 절세방법으로 활용하는 방법도 있다.

2) 종합소득세 신고

(1) 신고시기

소득세 신고시기는 매년 5월 말일까지 전 연도 1월 1일부터 12월 31일까지의 소득에 대하여 확정 신고한다.

(2) 소득세 과세체계

```
총수입 금액-필요경비=종합소득금액
종합소득금액-소득공제=과세표준
과세표준×세율=산출세액
```

소득세의 과세체계는 연간 총 매출액인 총수입 금액에서 직원급료 및 임대료 등 1년간 사업장 관련 모든 비용으로 부가가치세 신고 때 신고된 간이영수증, 현금영수증, 신용카드 전표, 세금계산서 등의 사업에 직접적으로 사용된 총비용을 필요경비를 제하면 종합소득 금액이 산출된다. 다음 이 종합소득 금액에서 인적공제 및 연금저축공제 등 소득공제를 제하면 과세표준이 산출하고 이 과세표준에 해금 소득금액에 따른 세율을 곱하면 산출세액이 결정된다.

(3) 신고유형 결정

소득세 신고를 위해서는 신고자 본인이 어느 신고유형에 해당하는 신고유형을 먼저 확인하여야 한다. 신고유형은 크게 3가지로 구분되는데 그 유형으로는 ① 추계에 의한 방법, ② 간편 장부에 의한 방법, ③ 복식부기에 의한 방법이 있다. 이 신고의 유형은 필요경비의 공제방법을 결정하는 데 직접적으로 관련이 있다.

① 추계에 의한 방법

먼저 추계에 의한 방법은 총수입 금액이 국세청에서 산정한 당해 연도 수입금액 미만의 사업자로 단순경비율을 적용하는 사업자와 국세청에서 산정한 당해 연도 수입금액 이상이고 3억 원 미만의 사업자는 기준경비율 사업자로 구분한다. 단순경비율 적용 사업자는 필요경비를 총수입 금액에 단순경비율을 곱하여 필요경비를 적용한다. 기준경비율 사업자는 총수입 금액에서 인건비 및 임차료와 기타 증빙서가 첨부된 매입비용을 제하고 또 총수입 금액에 기준경비율을 곱한 금액을 제하여 필요경비를 적용한다. 이때 적용되는 단순경비율과 기준경비율은 매년 국세청에서 정하여 공고함으로 이를 확인하여 적용하여야 한다.

② 간편 장부에 의한 방법

다음 간편 장부에 의한 방법은 앞서 기준경비율 적용사업자와 같이 총수입 금액이 국세청에서 산정한 당해 연도 수입금액 이상이고 3억 원 미만(업종별로 다름)의 사업자로 필요경비를 간편 장부에 기재된 경비를 기재된 대로 적용한다. 이때 이 장부에 기재된 경비가 입증력이 약해도 그대로 적용해 주므로 영수증이 없더라도 사실대로 기재함이 중요하다. 이때 사용하는 간편 장부 작성요령은 부동산경영을 참조한다.

특히 부동산중개업자는 개인서비스업종에 해당하므로 7,500만 원 이하 자이면 간편 장부를 작성하여야 한다. 간편 장부를 작성함으로써 이득은 간편 장부를 작성하면 종합소득세 신고 시에 연간 1백만 원의 한도 내에서 산출세액의 10%의 세액공제를 받을 수 있다. 또 간편 장부를 작성하면 특별한 사유가 없으면 2년간 세무조사를 면제받으며, 만일 기장한 내용 중 오류나 미비점이 있어도 장부에 기장된 대로 인정을 해 준다. 반면 이를 작성하지 않으면 산출세액의 10%를 무기장 가산세를 가산받아 종합소득세를 납부하게 된다. 간편 장부는 국세청 홈페이지에서 획득할 수 있고 또는 위 양식과 동일하므로 본인이 작성하여 사용할 수 있다.

③ 복식부기에 의한 방법

다음 복식부기에 의한 방법은 총수입 금액이 3억 원 이상 사업자로 필요경비를 복식부기에 의한 경비를 적용한다. 이때는 경비는 입증력이 매우 중요함에 유의해야 하며, 만일 복식부기 의무자가 추계에 의한 방법이나 간편 장부에 의한 방법으로 신고하였을 경우에 신고불성실 가산세와 무기장 가산세 등 각종 가산세가 부과될 수 있다. 복식부기에 해당하는 사업소는 대부분 세무사에 위탁하여 처리하고 있다.

(4) 필요경비로 인정되는 비용

필요경비로 인정을 받는 것은 당해 사업장에서 발생한 사업관련 비용이어야 하며 세금
계산서, 신용카드전표, 현금영수증, 5만원 미만의 간이영수증이 모두 인정된다.

항목구분	주요 경비내용	비 고
급료, 임금	급료, 임금, 제 수당, 상여금, 퇴직금, 잡급	갑근세원천징수, 4대 보험관련
임차료	부동산, OA기기, 정수기, 차량운반구 등 사업용 고정자산 임차료	
복리후생비	음료대, 음식료품 구입비	
여비교통비	시내 외 교통비, 출장비, 통행료	본인명의 차량만 해당
감가상각비	차량운반구, 비품 등 감가상각비	
수선비	차량운반구, 기타 사업용 자산 수선·수리를 위한 장비 및 부품 구입비용	
접대비	중개관련 주류, 식사비, 양복·양장 구입비 등 업무관련 접대비	
광고선전비	광고전단지, 견본품, 달력, 수첩, 부채 등 비용, 간판제작비	
차량유지비	유류대, 차량부품, 소모품 등	
소모품비	사무용품, 문구, 장부서식 구입비	
전기, 수도, 광열비	전기료, 가스, 석유, 상하수도비	
통신비	전화료, 핸드폰요금, 우편요금, 인터넷사용료	
보험료	화재보험료, 손해보험료, 산재보험료, 고용보험료, 건강보험료	저축성 보험은 제외
도서인쇄비	신문, 잡지, 도서대, 도장, 명함, 고무인	
기부금	임의 조직단체 협회비	

* 카드사용 내역서를 수집한 사업자는 별도로 매출전표 수집할 필요 없음.

(5) 소득공제

소득세 신고 때 소득공제를 받을 수 있는 내용은 기본공제, 추자공제, 표준공제, 연금보
험공제 등이 있다. 기본공제에는 본인 및 배우자 부양가족이 포함되며, 추가공제는 장애
인·경노우대·자녀양육비·부녀자우대 등이 포함된다. 구체적인 내용은 매년 정부정책
으로 결정하여 공고되므로 이를 확인하여야 한다.

(6) 세율

세율은 과세표준액에 따라 8~35%까지 누진세율을 적용하고 있다. 2011년도 과세표준액별 세율을 구분하면 다음과 같다.

① 과세표준: 1,200만 원 이하: 세율 6/100
② 과세표준: 1,200만 원 초과~4,600만 원 이하: 세율 15/100
③ 과세표준: 4,600만 원 초과~8,800만 원 이하: 세율 24/100
④ 과세표준: 8,800만 원 이상: 세율 35/100

3) 원천징수 이행상황 신고

원천징수란 상대방의 소득이나 수입에 대한 세금을 이 소득이나 수입액을 지급하는 자가 납세자를 대신하여 소득이나 수입금액에서 세금을 공제하여 지급하고 공제된 세금을 대신 내는 제도를 말한다. 일반과세자가 대신 원천징수를 하여 세금을 납부하게 되면 일반과세자는 증빙서를 수취한 것이 되므로 증빙불비 가산세 대상이 되지 않고 비용을 인정받게 된다.

(1) 원천징수 대상 및 세율

① **갑종근로소득**
   ㉠ 80,000원 초과 일당 수입자: (일당$-$8만 원)$\times$10%$\times$(1$-$0.55)
   ㉡ 월 급여자: 간이세액조견표의 세율
② **갑종퇴직소득**: (총 퇴직금-각종공제)$\div$근속연수$\times$기본세율$\times$근속연수
   ㉠ 퇴직급여
   ㉡ 단체퇴직보험금
③ **사업소득**: 사업소득 총 지급액$\times$3%
④ **상금**: {지급액-(지급액$\times$0.8)}$\times$0.2
⑤ **강연료**: {지급액-(지급액$\times$0.8)}$\times$0.2
⑥ **기타소득**: 연 300만 원 초과소득과 매건 5만 원 초과소득

중개업자가 중개보조원 또는 소속공인중개사에게 지급하는 급여는 사업소득에 준하여 세금을 부과하고 여기에 주민세를 부과하여 산출한다.

(2) 신고대상자 및 기관

원천징수 이행상황 신고대상자는 원천징수 실적이 있는 모든 사업자는 모두 해당된다. 따라서 중개업자의 경우는 사용인을 고용한 경우 이 사용인에게 급여를 지급하는 경우에 해당되므로 부부간에 하는 중개업자 외 대부분의 중개업자는 이에 해당한다고 보아야 한다.

(3) 신고 및 납부시기

통상 월 단위로 신고함이 원칙이므로 다음 달 10일까지 신고하고 이를 납부하나, 반기납을 신청한 납부자는 매년 7월 10일과 익년 1월 10일 두 차례 신고하고 납부한다.

(4) 신고내용

신고내용은 사용인에게 급여형태로 준 급여의 매월 원천징수한 세액을 신고하며, 이 급여의 형태는 봉급형태는 물론 성과급 형태도 포함된다.

(5) 신고요령

매월 10일에는 원천징수한 세금을 신고하고 납부하며, 매년 2월 말일에는 지급조서를 제출하여야 한다. 지급조서 신고서식은 '별지 제24호 서식'에 의하여 지급조서를 작성하며 그 서식은 다음과 같다.

근로소득 지급명세서

관리번호			정본: 발행자 보고용 부본: 발행자 보관용		

지급자	① 사업자등록번호			② 법인명 또는 상호			③ 성명	
	④ 주민(법인)등록번호			⑤ 소재지 또는 주소				

⑥ 일련 번호	⑦ 성명	⑧ 주민등록번호	⑨ 귀속 연도	⑩ 근무 월수	근로소득			비고
					⑪ 급여 총액	⑫ 상여 총액	⑬ 총액	
1								
2								
3								
4								
5								
6								
7								
8								
9								
10								

(6) 주민세

원천징수세액의 10%를 주민세로 납부하여야 하므로 원천징수 세금을 징수할 때 주민세도 같이 징수하여야 한다.

PART

3

+

부동산투자 상담

제1장 총괄

1. 개요

　부동산중개업자가 부동산투자 상담을 실시하는 것은 통상 두 가지 형으로 이루어진다. 하나는 부동산거래와 관련하여 같이 이루어지거나 또 하나는 투자자를 위한 투자 상담이다. 이 부동산투자 상담은 그 유형에 관계없이 동일한 내용으로 상담을 실시한다. 즉, 부동산중개업자가 부동산투자 상담을 하는 것은 투자하고자 하는 부동산을 최유효이용하는 것을 목적으로 하며, 이 최유효이용을 통하여 최대의 수익을 얻는 데 있다. 예를 들면 주택을 구입하거나 매도를 하는 경우 고객은 그 목적이 구입이나 매도에 있지만 단순히 구입 및 매도에 있지 않고 구입하는 경우에는 그 구입하는 물건이 자신이 가장 효율적으로 이용하거나 아니면 장차 가장 효율적으로 이용할 자를 찾아 거래함으로써 가장 좋은 가격을 받을 수 있도록 하며 또 이렇게 장차 가격이 상승하여 수익을 얻을 수 있는 좋은 물건, 즉 투자가치가 있는 물건이기를 검토하여 구입되기를 바라고 매도를 하면서도 자신이 구입했을 때보다 높은 가격에 매도하고 있다. 따라서 부동산중개업자는 고객에게 이를 적절하게 상담해 줄 수 있어야 하며 이를 위해서는 부동산투자에 대한 많은 지식과 경험을 갖추어야 한다. 이러한 부동산투자 상담을 가장 효율적으로 하기 위해서는 항상 접수된 물건을 거래를 효율적으로 실시할 수 있도록 분석하여 준비해 두어야 한다. 이때 분석할 요소는 당해물건에 대하여 최유효이용하는 방안을 도출하고 이를 가장 효율적으로 이용할 수 있는 적합한 자가 누가 되겠는가를 정리해 두며 이렇게 이용할 때 수익성이 있거나 수익성이 증가될 수 있도록 하는 데 중점을 두고 분석한다.

2. 부동산투자 이유

　고객들이 부동산에 투자하는 이유가 무엇인가? 우리가 재테크를 위하여, 즉 자산을 증식하기 위하여 투자를 하는 곳은 부동산 외에도 주식이라든지, 펀드, 금 및 보석 등 귀금속, 도자기 등 골동품, 그림 및 붓글씨, 우표수집, 옛날 돈 수집, 유명화가 그림, 유명인사의 서명, 유명인사가 사용했던 물품, 유명작가의 자필 원고지, 역사적으로 유명한 문헌 등 그 종류가 매우 다양하다.

　얼마 전까지만 해도 부동산에 투자하여 자산을 증식하였다고 하면 마치 투기꾼으로 바라보는가 하면 부동산 자체를 투기의 대상으로 생각하고 있다.

　이는 과거 우리나라가 보릿고개를 넘길 정도로 어렵게 살던 시절에서 세종대왕 이래 가장 위대한 지도자가 나타나 우리 국민들의 생활을 윤택하게 만드는 과정에서 산업발전 하는 데 많은 부지의 소요를 해소하기 위하여 부동산을 개발하게 되고 이 개발을 통하여 돈이 개발하는 곳으로 집중하자 더불어 투자의 대상도 개발하고 있는 부동산으로 집중하게 되어 이 과정에서 다른 어느 투자방법보다 많은 수익을 단기간에 얻게 된 시절을 생각하여 부동산을 투기대상으로 보고 있다. 그런데 최근에 들어와서는 일반적으로 고객들이 이렇게 많은 자산증식 방법이 있고 과거에 좋지 못한 인식이던 부동산에 투자하는 이유는 무엇인가? 그 이유는 보는 사람에 따라 많은 요인이 있겠지만 본인이 판단하기로는 다음과 같다.

　먼저 앞서 이야기한 많은 자산증식분야 중 부동산이 가장 흔하고 우리 일상생활에서 쉽게 접할 수 있어 접근이 용이하다는 것이다. 다음에는 모든 사람들이 자산 증식함에 있어 필히 고려할 요소는 수익성이 반드시 있어야 하고 투자대상물을 보유하는 데 안전하여야 하며, 이 투자대상물이 돈으로 전환시키고자 하는 경우 돈으로 전환하는 데 빨리 전환이 가능한 환금성을 고려하여야 한다.

　그런데 부동산은 부동산의 특성 중의 하나인 부증성(不增性) 때문에 그 가치가 지속적으로 상승할 수밖에 없고 오래 보관할수록 필히 가치가 증가되므로 다른 투자요소보다는 수익성이 높다. 더구나 미래로 갈수록 인구는 계속 증가하기 때문에 부동산 수요는 계속 늘어나 가치가 높아질 수밖에 없어 수익성이 계속 증가할 수밖에 없다는 것이다. 반면 이로 인하여 거래금액의 단위가 갈수록 높아져 필요시 돈으로 전환하는 데 다소 어려움, 즉 환금성이 낮다. 그리고 부동산은 고정성이라는 특성이 있어 아무리 욕심을 내고 자기 것으로 만들기 위해 이동시키려 해도 이동시킬 수 없음으로 도난당할 염려가 없고, 불변성 (不變性) 때문에 오래 가지고 있어도 썩거나 없어지지 않기 때문에 가장 안전하다는 것이다. 이런 특성들 때문에 많은 사람들이 자산을 증식하는 데 부동산 외 다른 투자대상의 자산증식 방안보다 부동산이 가장 적격한 대상이라고 판단하고 있고, 그래서 부동산을 가장 선호하고 있다고 본다.

또 건전한 부동산투자는 적어도 현재로는 수익성·안전성이 증권의 환금성을 커버하고도 남는다[15]고 할 정도로 수익성이 높기 때문에 부동산을 투자대상에서 제일로 하고 있다. 또한 부동산투자를 위해서는 통상 부동산중개업자와 상담하여 투자를 하게 된다. 이를 위해 부동산중개업자는 일반 고객이나 다른 자산증식 전문가보다는 부동산으로 자산을 증식시키는 전문가로 요구된다.

3. 부동산투자 원칙

그런데 부동산에 투자하는 데는 몇 가지 기본원칙이 있다.

1) 투자목적을 확실하게 하라

토지, 즉 땅에는 쓰는 땅과 못 쓰는 땅이 정하여 있지 않다. 다시 말해서 지구상에 못 쓰는 땅은 없다는 것이다. 있다면 환경오염이 심하여 인간이 살 수 없는 땅은 못 쓰는 땅일 것이다. 다만, 못 쓰는 땅은 사용할 줄 모르는 사람이 소유했을 때 못 쓰는 땅이 된다. 그리고 못 쓰는 땅을 만드는 것은 투기꾼이 만든 땅이다. 투기는 큰 부자를 만들거나 거지를 만들지만 건전한 투자는 항상 이윤을 가져온다[16]고 한다. 따라서 부동산의 투자는 실소유자가 최적의 투자자이며 부동산투자를 통해 최대 이윤을 남길 수 있는 자이다.

한 예로 충남 금산에 남들이 거들떠보지도 않는 돌산을 수만 평 사 달라고 부탁하는 투자자가 있었다. 이 돌산은 소하천에 3면이 둘러싸여 있는 데다 경사도가 심한 돌산으로 흙을 찾아보기 힘든 산이라 오래전부터 매매로 나온 물건이다. 그래서 아주 싼 값으로 구

---

15) 이태교 저, 부동산투자 요령, 경영문화원, 1985. 7. 5, p.15.
16) 이태교 저, 부동산투자 요령, 경영문화원, 1985. 7. 5, p.14.

입해 주었다. 그 뒤 그 산에 다시 가 보니 그 산은 염소의 산이 되어 있었다. 새로 구입한 자는 아무 쓸모없다고 생각한 돌산에 염소를 방목하여 1년에 수억 원의 수입을 올리고 있었다. 단지 이 투자자가 하는 것은 다른 임야와 연접한 면 한쪽에 울타리 친 것과, 겨울과 평상시에 한 번 사료와 호각을 가지고 가 염소 집합훈련만 실시하는 것이 투자활동의 전부였다. 또 최근에는 심산 맹지인 임야를 싸게 사들여 거기에 장뇌삼을 심는 자도 늘어나고 있다. 이 외에 부동산은 장기적으로 가격이 상승해가는 투자상품이므로 기간은 어느 정도로 할 것인가, 투자대상 부동산은 무엇으로 할 것인가, 가격은 어느 정도 선으로 할 것인가 등 투자목적을 분명히 하여야 한다.

투자자는 일단 적은 돈으로, 즉 좀 싸게 구입하고 싶은 것이 실체이므로 가급적 싼 가격에 구입하여야 하는데 목적이 명확하지 않으면 싼 물건이라도 놓치는 경우가 많다. 그렇다고 부동산중개업자에게 알아서 투자해 달라고 맡기는 경우가 있는데 부동산중개업자 입장에서는 고객이 한두 사람이 아니기 때문에 다 관리를 못 하는 경우가 있다.

2) 부동산투자는 중·장기를 바라보고 투자하라

부동산의 특성에는 토지의 특성과 건물의 특성 그리고 경제적 특성이 있다. 토지의 특성에는 자연적인 특성과 인문적인 특성으로 구분하는데 자연적인 특성에는 부동성(고정성), 영속성(불변성), 부증성, 개별성, 인접성, 적재성, 지력성 등이 있으며, 인문적 특성에는 용도의 다양성, 병합 및 분할 가능성, 사회적·경제적·행정적 위치의 가변성, 국토성, 지역성 등이 있다. 건물의 특성에는 부동성, 국지성, 비영속성, 생산가능성, 동질가능성, 지배성, 장기성이 있고, 경제적 특성에는 생산요소, 희소성, 투자의 장기성, 위치의 선호성, 가치형성의 복잡성, 내구성, 시차성 등 많은 특성이 있다. 이러한 특성은 부동산의 투자가치를 결정하는 영향을 입히는 요소들이기도 하다.

이 중 부동산투자에 가장 영향을 많이 입히는 대표적인 특성을 선택한다면 고정성, 불변성, 부증성, 용도의 다양성 등을 들 수 있다. 고정성은 투자의 안전성과 수익성에 영향을 주고, 불변성은 안전성과 환금성에 영향을 주며, 부증성은 수익성과 환금성에 용도의 다양성은 수익성에 영향을 준다고 볼 수 있다. 이러한 특성으로 부동산은 일정하게 가격을 결정할 수 없으며 인접한 부동산이라도 가격이 균일할 수 없고, 보유하여도 변하거나 없어지지 않으면서 가치는 계속 상승하게 한다. 이러한 특성을 잘 이용한다면 투자의 가치는 더 증대될 수 있다. 이를 잘 활용하는 것이 투자기간을 잘 이용하는 것이다. 부동산투자는 앞을 내다볼 수 있는 식견이 있어야 하며 이 식견만 갖추고 있다면 투자대상 중 부동산투자가 최고의 투자처라 하겠다.

지금까지의 부동산투자는 무조건식 투자를 해도 무방했다. 왜냐하면 수요에 비하여 공급이 항상 달렸기 때문이다. 그러나 이제는 우리나라도 선진국 대열에 진입하면서 어느 정도의 부동산 수요가 안정을 찾아가고 있게 되었다. 그리고 국민들이 모두 부동산을 통하여 투자하는 것에 대해 많이 알고 있으며, 우리나라의 특성인 모든 국민이 투자를 소유하고자 하는 욕구가 강하고 매도인 위주의 가격이라는 것을 잘 알고 있으므로 단기간 큰 투자수익을 얻기는 어렵다. 따라서 이제의 부동산투자는 중·장기 미래를 보고 투자하여야 하며, 또 과학적이고 합리적인 선별투자가 요구되고 있다. 그리고 중·장기 투자를 위해서는 부동산투자의 장기, 중기, 단기 및 이에 해당하는 물건에 대하여 잘 알아야 한다.

장기란 최소 10년 이상의 앞을 바라보고 하는 투자를 말하며 그 대상은 현재는 일반인 및 투자자들이 별로 관심을 가지지 않는 부동산에 투자하는 것이다. 예를 들면 국가 장기 발전계획을 보고 현재 추진되지 않고 지역의 계획을 참조하여 해당지역에서 해당계획이 실현될 만한 지역에 투자하거나, 다른 선진국들의 현재 부동산 신개념이 일어나고 있는 사항을 분석하여 우리나라에서 실현가능성이 있는 사항을 예측하여 투자하는 것이다. 즉, 외국에서 해안별장의 붐이 불고 있던 사항이 10년 후 우리나라에서 일어났던 것 등이다.

또 앞으로는 각종 공해로부터 자유스럽고 싶을 것이다. 따라서 물 좋고 공기 좋은 곳에서 기거하며 자녀들에게 무공해 채소를 경작할 수 있는 곳, 그리고 재개발·재건축이 현재는 말도 없지만 앞으로 3~5년 후면 말이 나올 만한 지역도 장기 투자처로 좋을 것이다. 장기 투자는 적은 돈으로 많은 토지를 구입할 수 있도록 하고 융자를 받지 않는 자기 돈만으로의 투자가 요구된다.

중기란 4~6년 앞을 바라보고 하는 투자를 말하며 대도시 주변과 공업화 지역의 부동산, 그리고 재개발이 시작된 지역의 부동산 등을 말한다. 대도시 주변은 대중교통수단의 종점역 부근이 좋고, 공업화 지역은 공업 지역을 상대로 하는 근린상가 지역이 좋을 것이다. 또한 재건축 및 재개발 지역은 조합이 조성된 지역이나 그 외곽지역이 좋을 것이다. 특히 대중교통수단의 종점이 다른 곳으로 이동할 계획이 있으면 이 이동할 지역 등이 중기 투자지역으로 좋을 것이다.

단기란 3년 이내를 내다보고 투자하는 것을 말한다. 정부의 각종 개발계획이 발표되는 곳이나 착공한 지역 또는 입주 직전에 있는 지역을 말하며 주요 관공서의 이동이 예정된 지역, 주요 도로의 신교량 설치지역 주변, 새로 신설되는 도로의 물이 모이는 곳 등도 이에 해당한다.

3) 정부의 각종 개발계획에 맞추어라

부동산을 투자하면서 반드시 해당 부동산의 정부계획과 법규에 맞추어야 경제적 가치가 상승한다. 정부의 각종 개발계획과 관련법규를 무시하고 투자하는 것은 장님이 지팡이도 들지 않고 걸어가는 것과 같다.

정부의 각종 개발계획은 해당 행정기관의 홈페이지에 들어가면 다 확인할 수 있다. 즉, 국토종합개발계획, 도시기본계획, 도시개발계획, 도시재개발 및 재건축계획, 도시환경정비계획, 도로계획, 지하철설치계획 기타 개발 및 정비계획을 확인할 수 있다. 또 부동산 관련법규를 확인해야 한다. 즉, 「국토계획 및 이용에 관한 법률」, 도시계획 조례, 「건축법」, 「농지법」, 「산지 및 산지관리법」, 「도시개발법」, 「도시 및 주거환경 정비법」, 임대사업법 등 관련법규를 확인해야 투자하고자 하는 부동산을 어떻게 활용할 것인가를 결정할 수 있고 구입하고자 하는 목적에 적합한 부동산을 구입할 수 있다. 부동산중개업자가 필요한 것이 바로 이 부분 때문이다. 일반 국민은 이러한 법에 접하지 않기 때문에 잘 모르기 마련이다. 그래서 부동산 전문가에게 의뢰하게 되는데 부동산중개업자 중 의뢰인의 요구를 충족하여 주고 있는 자도 있지만 투자에 대하여 잘 알지 못하는 부동산중개업자들이 많아 고객의 이런 요구를 충족시켜 주지 못함으로써 도시계획이나 건축과 관련된 자들에게 많은 수입원을 빼앗기고 있다. 따라서 부동산중개업자들이 부단히 공부해야 하는 이유 중의 하나이다.

4) 투자자금은 자기자금으로 하라

부동산의 투자는 대체적으로 중·장기를 대상으로 투자하여야 수익이 증대된다. 예를 들면 주택에 투자하는 경우 최소 3년 이상을 보유하여야 1가구 1세대의 경우 비과세를 받을 수 있고, 비사업용 토지인 경우도 최근 3년 중 2년을 사업용으로 사용하거나 최근 5년 중 3년 이상을 사용하여야 비사용에서 벗어날 수 있어 중과세 대상에서 제외된다. 그런데 일반적인 투자자들은 정부 및 지방자치단체의 각종 개발계획에 대한 정보를 입수하며 투자시기를 놓치지 않기 위하여 과도하게 융자를 받아 투자한다. 그러나 매도한 결과를 보면 상당수의 투자들은 중과세를 당하였을 뿐 아니라 은행에 지불한 이자까지 합하여 투자된 돈을 환산해 보면 은행에 예금한 것보다도 못한 수익을 얻게 된다. 또 곧 자신이 계획한 기간이 지난 뒤에 팔릴 것으로 판단하여 은행 및 남의 돈을 고리로 차용 또는 다른 곳에 투입해야 할 돈을 우선 투자를 했다가 물건이 잘 팔리지 않아 장기간 이자를 지불하게 되거나 계획했던 곳에 자금을 투입하지 못해 계획을 망치어 더 큰 손해를 보는 경우가 발생한다. 그래서 부동산에 대한 투자는 장기간을 배려한 투자이므로 자기 돈의 범위 내에서 투자하는 것이 원칙이다. 단, 정부나 지방자체단체의 계획을 100% 정확하게 입수했을 경우라도 투자수익을 산출해 보고 단기간에 팔 자신이 있는 경우에는 남의 돈을 투자하여 그 대가를 지불하고도 큰 수익을 볼 수 있다면 남의 돈을 차용하여 투자함이 더 바람직할 수 있다.

5) 투자한 부동산은 반드시 다듬어라

대부분의 투자자는 돈을 던져 투자한 부동산이 스스로 가치를 상승시켜 주기를 바란다. 과거에는 이것이 가능했다. 그러나 이제는 이러한 투자는 매우 어렵다. 왜냐하면 과거에는 수요가 계속 달리므로 가장 증여, 허위계약서 작성, 전매 등 불법행위들이 가능했다. 그러나 지금은 그러한 불법행위들이 모두 노출되어 국세청에서 주민등록번호 하나만으로도 모든 자금흐름이 노출되고 또는 그 폐해들이 법제화되었다. 따라서 이제는 투자한 가치를 높이는 것은 투자자가 투자한 물건을 얼마나 잘 다듬느냐에 따라 다르다. 즉, 도로 밑으로 낮은 토지는 성토를 하여 가격을 높인다든지, 농지를 사서 큰 노력 들이지 않고 직접 농사를 경작하거나 미꾸라지 등을 양어하여 수익을 높이는 것이다.

제2장 | 주택투자 상담

1. 개요

일반적으로 주택은 가정을 갖고 있는 사람이면 누구나 소유하고자 한다. 그래서 주택을 구입하는 방법을 보면 신규주택을 분양받거나 건축하는 방법을 택하는 사람들이 있고, 기존주택을 구입하는 방법을 택하기도 한다.

주택을 분양받거나 건축하여 소유하고자 하는 사람은 주택에 거주하는 동안 수리 부담을 갖지 않기를 원하거나 새로운 집에 입주하는 즐거움, 그리고 생애 처음 주택을 구입하는 사람들이 많이 선호하는 방법이다. 반면 기존주택을 구입하는 사람들은 일정기간 목돈을 마련할 수 있어 목돈이 준비되었을 때 주택을 구입하는 사람이나 새집증후군이 싫은 사람들, 그리고 소형주택으로부터 생활환경의 변화와 소득의 향상으로 자기 수준에 맞도록 주택을 구입하며 넓혀 가는 사람들이 많이 선호하는 방법이다.

2. 신축주택 투자

신규주택을 구입하는 방법은 공동주택의 경우는 분양을 받는 방법이고 다가구주택 및 단독주택은 건축하여 소유하는 방법이나 건축된 신축주택을 구입하는 방법이 있다.

1) 공동주택

(1) 일반분양

일반 서민이 공동주택을 잘 구입하는 방법은 분양을 받는 것이 가장 경제적이다. 특히 내 집 마련의 가장 일반적인 방법은 새 아파트를 분양받는 것인데 아파트를 분양받기 위해서는 청약통장에 가입해야 한다. 건설회사에서는 아파트를 분양할 때 청약통장을 가입하고 일정한 자격을 갖춘 자에게 분양신청을 받아 당첨자를 결정하고 있으며, 분양이 미달되는 경우에는 자체적으로 분양할 수 있다. 따라서 투자가치가 높은 인기지역의 아파트는 미분양이 통상 없다.

2007년 9월 이전에는 청약통장이 3가지 종류가 있었다. 즉, 청약저축통장, 청약예금통장, 청약부금통장이다. 또 이 청약통장의 통장의 종류에 따라 가입자격이 상이하였다. 청약저축의 경우는 20세 이상 성인만이 가입할 수 있었으나 청약예금과 부금은 연령의 제한 없이 누구나 가입할 수 있었다. 또 이미 당첨 받은 사람도 청약저축을 제외한 청약통장에 재가입할 수 있었다. 그러나 2007년 9월 17일부터는 청약통장을 종합청약저축통장으로 일원화하면서 투기수요를 방지하고 실수요자 중심으로 주택을 공급하기 위하여 무주택자 우선 공급을 하도록 하되 무주택기간과 부양가족 수 그리고 청약통장 가입기간 등에 대해 접수제를 부여하여 고득점자 우선 분양주택 분양을 실시하게 되었다. 이때 가점제로만 할 경우 유주택자 중에서 피해를 받는 자가 있을 수 있으므로 일부는 추첨제를 병행하여 실시하고 있다.

① 주택청약제도 주요 내용
㉠ 가점제 방식 청약 시 주택소유에 따른 청약순위

> - 무주택자: 가점제 청약 1순위 자격
>   * 유의사항: 가점제 청약에서 무주택자 여부 판단방법. 배우자의 직계존속(동일한 주민등록표에 등재된 경우에 한함)을 포함하여 판단한다.
> - 1주택을 소유한 경우: 가점제 청약 1순위는 불가함. 추첨제 1순위로 청약 가능
> - 2주택 이상 소유한 경우: 가점제 청약 2순위 자격이며, 주택 소유에 따른 감점이 각 주택마다 5점씩 감점 적용된다.

* 참고로 추첨제 방식에 있어서 유주택자의 청약순위는 다음과 같다.

> – 1주택 소유한 경우 : 추첨제 청약 1순위
> – 2주택 이상 소유한 경우 : 추첨제 청약 2순위 자격

ⓛ 입주자 선정업무를 은행에서 대행: 인터넷 청약을 전국 확대실시, 다만 사업주체가 토지주택공사·지방공사인 경우는 은행이 입주자 선정 대행 업무를 의무화에서 제외할 수 있다.

> – 청약접수, 당첨자 선정 및 발표 등의 입주자 선정업무를 은행에서 대행하도록 의무화 (종전: 민간사업체도 접수)
> – 은행전산망을 활용한 인터넷청약을 전국으로 확대 시행(종전: 수도권 투기 과열지구 내에서만 인터넷 청약)
> – 인터넷 신청에 익숙하지 못한 청약자는 예외적으로 방문신청 가능

* 은행의 인터넷 청약접수방법은 전 시중은행 및 금융결제원 홈페이지 인터넷 청약가상 체험관에서 확인할 수 있으며, 인터넷 청약 시 유의사항은 다음과 같다.

> – 청약통장 가입은행의 "인터넷뱅킹과 전자공인인증서"를 신청접수일 이전에 미리 발급받아야 한다.
> – 거주지역별, 순위별 청약접수 일정이 다르므로 반드시 "입주자 모집 공고문"을 사전에 확인하여야 한다.
> – 청약자가 인터넷 청약내용을 잘못 입력하여 당첨자로 결정된 경우에도 부적격 당첨 에 해당하므로 불이익이 크다(「주택법」 제39조 제2항의 부정한 방법에 해당). 관련증빙 서류 등을 통해 청약내용을 정확하게 확인한 후에 입력하여야 한다.

* 당첨자 결정 후에 당첨자의 청약내용에 대한 정확성을 확인하게 된다.

* 부적격 당첨에 대한 불이익: 당첨자(규칙 제2조 제13호)로 관리되므로 청약통장 재사용 불가(규칙 제5조 제5항) 및 재당첨 제한(규칙 제23조)

ⓒ 각종 특별공급제도

> 3자녀 이상 무주택 세대주, 국가유공자 또는 유족, 장애인, 공공사업의 시행을 위하여 철거되는 주택의 소유자 등에 대해 일정물량의 주택을 별도 공급하는 특별 공급제도는 그대로 유지한다.

② 청약가점제의 점수 산정기준표

> – 가점은 3가지 항목으로 구성된다(총점 84점).
>   무주택기간(32점), 부양가족 수(35점), 입주자 저축가입기간(17점)
> – 감점은 2가지 항목으로 구성된다(가점점수 산정기준표 참조).
> – 점수 입력은 청약자 책임(당첨자 결정 후에 당첨자에 대해 청약내용의 허위입력 여부
>   를 확인하고 있음) → 사전에 관련서류를 확인하여 정확하게 입력하여야 한다.

㉠ 감점점수 산정기준표(주택공급규칙 별표 1)

구분	감점항목		감점 점수
	기준	소유 주택 수	
Ⓐ	제6조 제3항 제6호에 따른 60세 이상의 직계존속(배우자 직계존속 포함)이 소유하는 주택이 2호 또는 2세대 이상인 경우	2호 또는 2세대	-5
		3호 또는 3세대	-10
		⋮	⋮
Ⓑ	2호 또는 2세대 이상의 주택을 소유한 세대에 속한 자가 제11조의 2 제1항 제2호 또는 제12조 제1항 제2호에 따라 2순위로 주택공급을 신청한 경우	2호 또는 2세대	-10
		3호 또는 3세대	-15
		⋮	⋮

* Ⓐ 세대원 중 60세 이상의 직계존속(배우자 직계존속 포함)이 2주택 이상을 소유
  한 경우는 1주택을 초과하는 주택마다 5점씩 감점됨.
  예: 2주택 소유 시 5점을 감점함, 세대원인 만 60세 이상 직계존속(가입자가 세
  대주인 경우)이 주택을 소유한 경우에 가입자는 무주택으로 간주됨.
* Ⓑ 2주택 이상 소유한 세대에 속한 자가 가점제에서 청약 2순위로 신청한 경우
  → 각각의 주택마다 5점씩 감점됨.
  예: 2주택 소유 시에 10점 감점
* 1주택을 소유한 세대에 속한 자는 가점제 청약 2순위로 신청한 경우 유주택자이
  므로 무주택기간 점수는 해당 없으며(0점임) 1주택이므로 주택소유에 따른 감점
  도 없음.
* 감점점수가 전체점수보다 많은 경우: 가점제의 점수는 "0점"으로 산정됨.

ⓒ 가점점수 산정기준표(주택공급규칙 별표 1)

가점항목	가점상한	가점구분	점수	가점구분	점수
① 무주택기간	32	1년 미만	2	8년 이상~9년 미만	18
		1년 이상~2년 미만	4	9년 이상~10년 미만	20
		2년 이상~3년 미만	6	10년 이상~11년 미만	22
		3년 이상~4년 미만	8	11년 이상~12년 미만	24
		4년 이상~5년 미만	10	12년 이상~13년 미만	26
		5년 이상~6년 미만	12	13년 이상~14년 미만	28
		6년 이상~7년 미만	14	14년 이상~15년 미만	30
		7년 이상~8년 미만	16	15년 이상	32
② 부양가족 수	35	0명	5	4명	25
		1명	10	5명	30
		2명	15	6명 이상	35
		3명	20		
③ 입주자 저축 가입기간	17	6월 미만	1	8년 이상~9년 미만	10
		6월 이상~1년 미만	2	9년 이상~10년 미만	11
		1년 이상~2년 미만	3	10년 이상~11년 미만	12
		2년 이상~3년 미만	4	11년 이상~12년 미만	13
		3년 이상~4년 미만	5	12년 이상~13년 미만	14
		4년 이상~5년 미만	6	13년 이상~14년 미만	15
		5년 이상~6년 미만	7	14년 이상~15년 미만	16
		6년 이상~7년 미만	8	15년 이상	17
		7년 이상~8년 미만	9		

③ 청약가점제의 무주택기간 계산방법

- 가점제 항목의 무주택에 해당하는지에 대해 먼저 확인해야 한다.
  가점제의 무주택기간 및 부양가족 수 관련으로 "배우자의 직계존속"이 신규 포함되어 있음(가점제 적용상의 유의사항).
- 무주택에 해당된 것으로 확인된 경우에는 "청약자와 배우자의 무주택기간"을 기준으로 가점에 해당하는 무주택기간을 계산한다.

㉠ 감점제 항목의 무주택 해당 여부의 판단방법(규칙 별표 1)

- 입주자 모집 공고일 기준으로 입주자 저축가입자 저축가입자와 동일한 주민등록표 상에 등재된 세대원 전원이 무주택이어야 하며, 세대원에는 배우자·직계존속·직계비속과 배우자의 직계존속도 포함됨.
  * 세대원 중 배우자의 직계존속에 대한 사항은 가점제의 무주택 여부에 대한 판단, 가점제의 부양가족 수 계산 등에 관련됨.
- 세대원이 가입자와 동일한 주민등록표에 등록되어 있지 않은 경우에도 가입자의 배우자와 동일한 세대를 이루고 있는 세대원도 포함되며 전원이 무주택이어야 함.
- 주택을 소유해도 일정한 경우에는 무주택으로 간주되는 경우가 있음.

ⓐ 청약자가 확인해야 할 증빙서류

- 주민등록등본(필요한 경우 배우자 주민등록등본), 가족관계확인서
- (필요한 경우) 건물등기부등본, 건축물관리대장 등 "다"항에 해당되는 경우에는 관련 증빙서류 확인

ⓑ 주택을 소유해도 무주택으로 보는 사례

- 상속으로 인한 주택의 공유지분을 보유하고 있는 자가 청약 당첨 부적격자로 통보받은 후 3개월 이내에 그 지분을 처분한 경우
- 면의 행정구역(수도권 제외) 등에 사용검사 후 20년 경과 또는 85㎡ 이하 단독주택 등이 있으나 다른 지역으로 이전한 경우
- 개인주택 사업자가 주택을 분양 완료하였으나 청약 당첨 부적격자로 통보받은 후 3개월 이내에 처분한 경우
- 개인사업자가 근로자 등의 기숙사를 지어 소유한 경우
- 20㎡ 이하의 주택을 1호 또는 1주택 소유한 경우(아파트 제외)
- 만 60세 이상의 직계존속이 주택을 소유하고 있는 경우
- 건축물관리대장 등에 주택으로 등재되어 있으나 폐가·멸실·주택 이외의 용도로 사용되고 있는 경우로 청약 당첨 부적격 통보를 받은 후 3개월 이내에 공부(公簿)를 정리한 경우
- 무허가 건물을 소유하고 있는 경우
* 해당 여부에 대해서는 구체적인 내용을 확인한 후 판단하여야 함.

ⓛ 가점제의 무주택기간 계산법(규칙 별표 1)

- "가입자 및 배우자의 무주택기간"을 대상으로 계산하는데 입주자 모집공고일 기준으로 계산함.
- 청약통장 가입자의 연령이 만 30세가 되는 날부터 무주택기간을 산정하되 가입가 만 30세 이전에 혼인한 경우는 혼인 신고일부터 계산함.
- 가입자 또는 배우자가 과거 일정기간 주택을 소유하다가 처분한 경우에는 처분한 후 최근 무주택자가 된 이후부터 무주택기간을 계산함.

  * 청약자가 확인해야 할 증빙서류
  - 가입자 주민등록등본, (필요한 경우)배우자 주민등록등본, 가족관계확인서
  - (필요한 경우)건물등기부등본, 건축물관리대장 등
  - (필요한 경우) 무주택 간주 사례의 경우에 관련 증빙서류 확인

④ **소형·저가주택 1호 10년 이상 계속 보유한 경우의 특례:** 전유면적이 60㎡ 이하이며, 5천만 원 이하인(소형·저가주택) 소유에 대해 다음 요건을 충족하는 경우 소형·저가주택 보유기간을 무주택기간으로 인정(장기간 보유 특례)

- 입주자 모집 공고일 기준으로 소형·저가주택 1호를 10년 이상 보유한 경우: 현재 소형·저가주택을 10년 미만 보유한 경우는 특례에 해당되지 않고 따라서 유주택이며, 종전 무주택기간은 포함되지 않음.
- 종전에 소형·저가주택을 처분한 후 계속 무주택자인 경우 두 기간을 합해 10년 이상 경과한 경우 → 해당 소형·저가주택의 보유기간도 무주택으로 간주함.

* 이때 소형·저가주택 해당 여부에 대한 평가기준은 다음과 같다.

- 전유면적이 60㎡ 이하이며 주택공시가격이 5천만 원 이하인 주택
- 주택공시가격 확인방법

  - 주택을 계속 보유하고 있는 경우: 입주자 모집공고일 이전에 공시된 주택공시 가격 중 모집공고일에 가장 가까운 날에 공시된 가격에 따름.
  - 주택을 처분한 경우: 처분일 이전에 공시된 주택공시 가격 중 처분일에 가장 가까운 날에 공시된 가격을 따르되, 개정 규칙 시행일 이전에 주택을 처분한 경우에는 해당 개정 규정 시행일에 적용되는 해의 주택공시 가격을 적용함.
  - 주택이 멸실, 증개축이 된 경우: 개별 공시지가를 적용하되 종전 주택의 용도변 경 등으로 개별 공시지가의 적용이 곤란한 경우에는 인근 주택가격을 적용

- 주택 공시가격 공시: 공동주택은 2006년도, 단독주택 등은 2005년도부터 공시됨. 개별 공시지가는 1990년도부터 공시됨.

> ＊ 청약자가 확인해야 할 증빙서류
> − 주택공시가격
> −(필요한 경우) 건물등기부등본, 건축물관리대장 등

⑤ **청약가점제의 부양가족 수 계산법:** 세대원이 가점제의 부양가족에 해당되는 자에 대해 다음의 판단기준을 적용하여 주민등록등본을 통해 사전에 확인하여야 한다. 가점제 항목의 부양가족 해당 여부의 판단방법은 다음과 같다.

> 가. 입주자 저축가입자의 세대원을 대상으로 부양가족을 판단하는 데 세대원 인정 여부는 원칙적으로 주민등록표를 기준으로 판단한다.
> • 입주자 저축가입자와 동일한 주민등록표상에 등재된 세대원
> • 가입자가 동일한 주민등록표상에 등재되어 있지 않은 가입자의 배우자 및 배우자와 동일한 세대를 이루고 있는 세대원은 가족관계확인서를 징구받아 확인
> 나. 세대원의 부양가족 해당 여부 판단방법
> • 직계존속을 부양하는 경우(가입자가 세대주여야 함): 최근 3년 이상 계속하여 동일한 주민등록표에 등재된 경우에 부양가족 점수를 받음(배우자의 직계존속도 포함됨). 배우자가 세대를 분리하여 직계존속을 부양하는 경우 → 배우자가 세대주여야 직계존속을 부양가족 점수로 계산
> • 직계비속은 주민등록표상에 등재된 미혼 자녀로 한정됨: 만 30세 이상의 미혼 자녀: 입주자 모집공고일 기준으로 최근 1년 이상 계속하여 동일한 주민등록표상에 등재된 경우에만 부양가족 점수를 받음.
>
> > ＊ 청약자가 확인해야 할 증빙서류
> > 주민등록등본, (필요한 경우) 배우자 주민등록등본, 가족관계확인서

⑥ **3자녀 이상 무주택가구의 특별공급(규칙 제19조 제6항):** 저출산 문제에 대한 대책으로 미성년자인 3명 이상의 자녀를 둔 무주택세대주에게 민영 및 공공기관이 건설·공급하는 건설량의 3% 범위 내 주택을 특별 공급할 수 있도록 출산 인센티브 정책을 말한다.

> 제19조 ⑥ 사업주체가 주택을 건설하여 공급하는 경우에는 입주자 모집 공고일 현재 「민법」상 미성년자인 3명 이상의 자녀를 둔 무주택 세대주에게 그 건설량의 3%의 범위 안에서 1회에 한하여 특별 공급할 수 있다.

* 국토해양부 「3자녀 이상 무주택 세대주에 대한 주택 특별공급 운용지침」

> – 특별공급 대상자 선정절차: (사업주체가 민간사업자인 경우) 지자체에서 대상자로부터 신청을 받아 대상자를 선정한 후 사업주체에 명단을 통보하도록 하고 (사업주체가 토지주택공사 및 지방공사 등 공공기관인 경우) 사업주체가 직접 대상자로부터 신청을 받아 대상자를 선정하도록 함.
> – 경쟁이 있는 경우에는 '우선순위 배점표'에 따라 미성년자녀수(40점), 영유아 자녀수(10점), 세대구성(20점), 지역 거주기간(20점) 등 5개 항목의 점수를 종합하여 점수 순에 따라 선정. 동일 점수인 경우는 미성년 자녀수, 세대주 연령순으로 대상자를 선정
> – 신청 대상지역은 수도권 거주자는 수도권(서울, 경기, 인천) 전 지역에서 건설·공급되는 주택에 대해 신청 가능하고, 그 외 지역의 거주자는 해당 시(광역시)·도에서 건설·공급되는 주택에 대하여 신청이 가능함.
> – 과거 주택청약에 당첨이 된 경우에도 현재 무주택자인 경우 신청이 가능. 다만 분양가 상한제가 적용되는 주택의 당첨자는 재당첨 제한기간 동안에는 신청이 제한됨

* 우선순위 배점표

배점표(해당사항 있는 각 항목에 √ 표기)

평점요소		총배점	배점기준		해당사항	비고
			기준	점수		
계		100				
자녀수 (1)	미성년자녀	40	4자녀 이상	40		자녀(입양아포함)는 입주자모집 공고일 현재 만 20세 미만인 경우만 포함
			3자녀	35		
	영유아	10	2명 이상	10		영유아는 입주자 모집공고일 현재 만 6세 미만의 자녀
			1명	5		
세대구성(2)		10	3세대 이상	10		세대주의 직계존속이 입주자 모집공고일 현재로부터 과거 3년 이상 계속하여 동일한 주민등록등본에 등재 *직계존속은 배우자의 직계존속을 포함하며 3세대는 직계존비속으로 구성
			2세대	5		
무주택기간(3)		20	세대주 나이가 40세이면서 무주택기간 10년 이상	20		입주자 모집공고일 현재 세대주, 배우자 직계존비속을 포함한 세대원 전원이 무주택자여야 하며 무주택기간은 세대주 및 배우자의 무주택기간을 산정 * 무주택자 기준은 주택공급규칙 제6조 제3항의 규정에 다름(60세 이상의 직계존속이 주택을 소유한 경우 무주택자로 인정)
			세대주 나이가 35세이면서 무주택기간 5년 이상	15		
			무주택기간 5년 미만	10		
당해 시·도 거주기간(4)		20	10년 이상	20		세대주가 당해지역에 입주자 모집공고일 현재로부터 계속하여 거주한 기간 * 시는 특별시·광역시 기준이며, 수도권의 경우 서울·경기·인천 지역 전체를 당해 시·도로 봄

(2) 국민임대주택 분양

국민임대주택에 대한 공급은 신규주택에 대한 분양과 기존주택에 대한 입주대상자 예비모집 두 종류가 있다.

① **임대대상 및 임대조건: 신규주택 및 기존주택에 대한 임대대상과 조건은 동일하다. 임대대상과 임대조건은 다음과 같다.**

　㉠ 임대차 기간: 국민임대주택의 임대차 기간은 2년이며, 계속 거주를 희망하는 경우에는 주택공급에 관한 규칙에서 정한 입주자격을 충족하는 자에 한하여 2년 단위로 계약을 갱신할 수 있다.

　㉡ 신청자격: 국민임대주택 신청자격은 입주자 모집공고일 및 임대차 종료일까지 무주택 세대주여야 한다. 무주택 세대란 신청인 본인과 주민등록표 등본 상에 등재되어 있는 세대원, 그리고 신청인과 동일한 세대별 주민등록표 등본 상에 등재되어 있지 아니한 배우자 및 그 세대원을 포함한 전원이 무자격자이어야 한다.

　㉢ 소득수준(2011년도 기준): 가구원 수는 신청인(세대주)과 배우자, 세대주의 직계존·비속인 세대원, 주민등록표 등본 상 분리된 배우자와 그 세대원을 모두 포함하여 산정한다. 만일 임신 중인 경우에는 태아도 포함한다.

　　월 평균 소득액은 본인과 세대원(주민등록표 등본 상 분리된 배우자와 그 세대원 포함)의 월 평균 소득액을 모두 합산한 금액이다.

가구원 수	월 평균 소득기준
3인 이하 가구	2,805,360원 이하
4인 가구	3,112,900원 이하
5인 이상 가구	3,296,830원 이하

　㉣ 부동산 보유: 해당 세대가 보유하고 있는 토지 및 건축물 등 모든 부동산의 가액을 합산하여 1억 2,600만 원 이하이어야 한다. 이때 부동산 가액 산정은 토지의 경우는 개별공시지가로 산정하고, 건축물은 지방세 책정 시 적용하는 과세표준액을 기준하여 산정한다. 그리고 토지는 전·답·과수원·목장용지·임야·광천지·염전·대지·공장용지·주차장·주유소용지·창고용지·양어장·잡종지 등 14개 지목에 해당하는 토지가 대상이다. 단, 농지원부상 농업인과 소유자가 동일한 토지·종중 소유 토지·문화재가 건립된 토지·목장용지를 목장의

용도로 사용하는 경우는 대상에서 제외한다.

ⓜ 자동차 가액: 세대원 전원이 보유하고 있는 자동차의 당해 연도 가액을 전부 합산하지 않고 그중에 차량가액이 가장 높은 가액을 기준하여 적용하며, 2011년도 기준 2,467만 원 이하여야 한다. 만일 자동차를 세대원 공유로 되어 있는 경우는 세대원의 지분을 합산한 가액으로 한다. 이때 차량의 용도는 비영업용 승용차만 대상이 되며, 차량등록증 상 장애인 차량과 국가유공자 소유의 차량 중 보철용 차량(상이등급 1~7등급)은 제외한다.

② **임대주택 규모 및 임대료**

ⓖ 임대주택 규모: 임대주택 규모는 국가 및 지방 사정에 따라 다를 수 있으나 현재까지는 공동주택의 경우 24평형 이하로 보급하고 있다. 현재 평형의 종류를 보면 15평형, 18평형, 20평형, 24평형이 공급되고 있다.

ⓛ 임대조건: 임대조건은 국가 및 지방 재정사정에 따라 다를 수 있으나 2011년도 토지주택공사에서 공급되는 평형별 임대조건은 아래 표와 같다.

구분	15평형	18평형	20평형	24평형
임대보증금	1,500만 원	2,000만 원	3,000만 원	3,500만 원
차임	10만 원	12만 원	16만 원	20만 원

③ **임대청약 대상자 선정: 임대청약 대상자(입주자) 선정은 전용면적 50㎡ 미만과 50㎡ 이상으로 구분하여 선정한다.**

ⓖ 전용면적 50㎡ 미만 대상자 선정방법

본인과 세대원 소득금액의 합이 가구원 수별로 월평균 소득의 50% 이하인 세대에게 먼저 공급하고 남은 주택이 있을 경우 가구원별 가구당 월평균 소득의 50%를 초과하고 70% 이하인 세대에게 공급한다. 이때 소득금액의 범위는 매년 책정하여 결정하며 2011년도 가구원 수별로 세대원 소득금액의 합은 다음과 같다.

가구원수	가구원 수별 가구당 월평균 소득의 50%	가구원 수별 가구당 월평균 소득의 70%
3인 이하	2,003,830원	2,805,360원
4인	2,223,500원	3,112,900원
5인 이상	2,354,880원	3,296,830원

소득원에 대한 경쟁이 있는 경우에는 지역거주로 순위를 정하여 입주자를 선정한다.

순위	대상자
1순위	입주자 모집공고일 현재 분양주택 소재지 시·군·구에 거주하는 자
2순위	입주자 모집공고일 현재 분양주택 소재지 광역자치지역 및 인접 시·군·구 거주하는 자
3순위	국민임대주택 입주자격을 충족하는 자

이때 거주지는 입주신청자의 주민등록표 상의 등본을 근거로 선정하며, 만일동순위 내에서 경쟁이 있는 경우에는 미성년자 3인 이상 가구, 배점이 높은 자 순위로 선정하고, 배점이 높은 자의 경쟁이 있는 경우는 추첨으로 선정한다. 동순위 경쟁이 있는 경우 입주자 선정기준은 다음과 같다.

구분	3점	2점	1점
① 세대주 나이	만 50세 이상	만 40세 이상	만 30세 이상
② 부양가족 수	3인 이상	2인	1인
③ 당해 주택건설지역 거주기간	5년 이상	3년 이상 5년 미만	1년 이상 3년 미만
④ 미성년자 수	3자녀 이상	2자녀	
⑤ 만 65세 이상 직계존속 1년 이상 부양자	적용		
⑥ 중소기업 제조업에 종사하는 근로자	적용		
⑦ 1년 이상 퇴직공제금 적립된 건설근로자	적용		
⑧ 청약저축 납입횟수	60회 이상	48회 이상 59회	36회 이상 47회
⑨ 사회 취약계층	① 국민기초생활수급자, ② 보호대상 한부모가족, 국가유공자 또는 그 유족으로 국민기초생활수급자 선정기준의 소득평가액 이하인 자, ③ 북한이탈주민, ④ 일군위안부피해자, ⑤ 만 65세 이상의 직계존속을 부양하는 자로서 국민기초생활수급자 선정기준의 소득평가액 이하인 자, ⑥ 아동복지시설 퇴소자로서 아동복지시설장이 추천하는 자, ⑦ 기타 국토해양부장관 및 시·도지사가 영구임대주택의 입주가 필요하다고 인정하는 자		
	「국민기초생활 보장법」 제2조 제11항의 차상위 계층에 속한 자		
	영구임대주택에 거주하는 자 중 청약저축 가입자		

ⓒ 전용면적 50㎡ 이상의 입주자 선정방법

전용면적 50㎡ 이상의 입주자 선정방법에서 선정순위는 다음과 같다.

순위	대상자
1순위	청약저축 가입 2년 경과한 자로서 월 납입금을 24회 이상 납입한 자
2순위	청약저축 가입 6월 경과한 자로서 월 납입금을 6회 이상 납입한 자
3순위	국민임대주택 입주자격을 충족한 자

청약저축통장은 2009년 9월 17일 이전의 청약저축통장이나 2009년도 9월 17일 이후의 주택청약종합저축통장을 말한다. 청약저축통장은 청약저축을 사용하여 국민임대주택의 입주자로 선정된 후 동일한 통장을 재사용하여 다른 분양주택 또는 임대주택을 신청할 수 있다.

전유면적 50㎡ 이상 입주자 선정 시에도 거주지는 입주신청자의 주민등록표 상의 등본을 근거로 선정하며, 만일 동 순위 내에서 경쟁이 있는 경우에는 미성년자 3인 이상 가구, 배점이 높은 자 순위로 선정하고, 배점이 높은 자의 경쟁이 있는 경우는 추첨으로 선정한다. 이에 대한 구체적인 입주자 선정기준은 전유면적 50㎡ 이하의 경우와 동일하다.

(3) 주택청약에 관련 의문점

① 청약예금 및 부금의 평형(예치금)변경은 가능한가

청약예금 및 청약부금 가입 후 2년이 경과한 경우 납입 인정금액이 지역별 85㎡ 이하 청약 예치금액 이상 납입한 경우에는 예치금액을 변경하여 다른 평형으로 신청이 가능하다. 또 변경 후 2년경과 시마다 횟수에 제한 없이 평형 변경이 가능하다. 단 현행지역 예치금액을 적용한다.

변경방법에 있어 큰 평형으로 변경 시에는 변경 후 해당 평형으로는 1년간 청약제한이 되며, 청약제한 1년간은 변경 전의 평형으로는 청약이 가능하다. 작은 평형으로 변경 시에는 변경 후 평형에 대하여 청약제한 기간은 없다. 따라서 청약하고자 하는 아파트의 최초입주자 모집공고일 전일까지 변경하면 청약이 가능하다.

② 청약예금 및 부금의 명의변경은 가능한가

청약예금 및 부금 가입자의 명의변경은 2000년 3월 27일 이후 가입자는 가입자의 사망의 경우에만 가능하고, 그 이전 가입자는 사망, 결혼 또는 가입자 배우자 또는 세대원인 직계 존·비속으로 세대주가 변경된 경우에도 가능하다.

③ 청약저축을 가지고 청약예금으로 전환이 가능한가

청약저축 가입자는 85㎡ 이하의 민영주택을 받을 수 있다. 불입금액이 지역별 청약예금 예치금액 이상인 계좌로 불입한 금액 범위 내에서 희망하는 주택규모의 청약예금으로 전환이 가능하다. 전환 후 청약제한 기간은 없으나 청약하고자 하는 아파트의 최초입주자 모집공고 전일까지 전환하여야 한다. 순위 기산일은 청약저축 가입일이다.

④ 지방에서 서울지역으로 주소를 이전한 경우 이전한 지역으로 청약이 가능한가

청약예금에 가입 후 청약예금 예치금액이 다르게 적용되는 타 주택건설지역으로 주소지를 이전하고자 하는 경우, 청약 신청자는 신청하고자 하는 주택건설지역으로 전입신고를 하여 주소지를 변경하고, 또 청약 받고자 하는 평형에 해당하는 예치금액을 보충하여 예치하여야 한다. 그리고 순위를 확보하려면 예치금을 추가로 예치한 날로부터 해당 순위에 해당하는 기간 동안 기다려야 한다.

⑤ 수도권 거주자가 서울지역으로 청약이 가능한가

수도권(경기, 인천) 거주자가 주소지를 이전하지 않고 청약예금의 예치금액을 서울에서 공급하는 주택을 청약하고자 하는 경우에는 증액을 하지 않아도 청약이 가능하나, 순위 적용에 있어 동일 순위 내에서는 당해 주택 건설지역의 거주자가 우선한다.

2) 단독주택

단독주택에 대한 투자는 전형적인 단독주택과 다가구주택으로 구분된다. 이때 단독주택은 자신의 영역을 독점적으로 확보하기 위하여 단독주택을 선택하는 경우가 있고, 도시에 공동주택과 같은 주택을 두면서 농촌 및 바닷가에 휴식이나 농촌생활을 즐기기 위한 농가주택이나 별장과 같은 전원주택을 구입하는 경우가 있다.

다가구주택은 대부분 노후를 대비하여 임대사업을 통한 임대료로 노후의 생계를 보장받기 위하거나 건축업자가 다가구주택을 건축하여 매매하는 주택 건설사업을 위해 투자하는 경우가 있다.

(1) 단독주택

단독주택에 투자하는 경우 신축주택을 구입하는 경우와 기존주택을 구입하여 투자하는 경우가 있다. 이 중 기존주택을 구입하는 경우는 다음 3항에서 구체적으로 취급하기로 하고 여기에서는 단독주택 중 신축주택에 대하여 투자상담을 기술하기로 한다.

① 도시지역 내 전형적 단독주택 투자: 도시지역에 전형적인 단독주택을 구입하거나 투자하는 경우는 첫째 최근에 베이비세대의 퇴직이 가까이 다가오면서 공동주택에서 벗어나 자신만의 독점적 영역을 가지면서 도시지역 내 정원주택식의 거주지를 확보하기 위하여 전형적인 단독주택을 구하고 있는 추세이다. 이러한 고객의 의도를 충족하기 위하여 부동산중개업자가 착안하고 상담해야 할 사항은 다음과 같다.

  ㉠ 위치
    ⓐ 도시공원이나 근린공원이 가까이 있는 지역
    ⓑ 승용차가 출입이 가능한 8m 내·외의 도로와 접한 지역
    ⓒ 택지로 개발된 지목이 대지인 지역
    ⓓ 주변에 농지나 마당을 넓게 가질 수 있는 지역
    ⓔ 백화점이나 할인매장 등이 멀지 않은 지역
    ⓕ 조용하고 전원주택 기분을 얻을 수 있는 지역
  ㉡ 면적: 230㎡(70평) 이상의 면적
  ㉢ 조건
    ⓐ 전기, 상수도 등 도시 기반시설이 설치된 지역, 특히 도시개발지역 내 대지
    ⓑ 대중교통수단(버스, 지하철역 등)의 이용이 어렵지 않은 지역
    ⓒ 토지가격이 비교적 높지 않은 지역
    * ㎡당 75만 원(평당 250만 원)에서 ㎡당 90만 원(평당 300만 원)
  ㉣ 기타 상담내용
    ⓐ 건축비 및 세금
    ⓑ 건축기간 및 시공자 선정
    ⓒ 자금조달 방법
    ⓓ 내부배치 및 마당 환경 조성안(건축설계)

② 전원주택 또는 농가주택: 전원주택이나 농가주택에 대해서는 별도로 여러 가지 고려할 사항이 있으나 여기에서 전부 고객과 상담할 내용을 망라할 수 없어 기본적인 사항만 기술한다. 전원주택이나 농가주택은 도시지역에 주거지역을 두고 농촌체험을 하면서 농사를 하고자 투자를 많이 하고 있다. 이 전원주택이나 농가주택을 구입하고자 하는 고객은 일반적으로 농지를 구입하여 전원주택이나 농가주택을 건축하려는 꿈을 가지고 있으나 이런 꿈을 실행하는 고객은 비교적 많지 않고 가급적 건축되어 있는 주택을 구입하고 있다. 따라서 전원주택이나 농가주택을 구입하려는 경우는 마당이 약 230㎡(약 70평) 내·외의 텃밭이 있는 농가주택을 구입해 주는 것이 가장 선호도가 높고 가격은 지역에 따라 다르나 대지 값 포함하여 1억 원 내외가 가장 고객이 많다. 또는 농지를 구입하여 전원주택이나 농가주택을 건축하려는 고객은 우선 계획 관리지역에 있는 330㎡(100평)에서 660㎡(200평) 정도의 농지를 찾아 전기 및 수도시설이 용이한 지역으로 선정하여야 한다. 가격은 ㎡당 10만 원(평당 30만 원) 이하의 농지를 선호하며, 도시지역 주거지로부터 30분(최대 1시간) 거리 내에 위치한 농지를 선호한다.

(2) 다가구 주택

다가구주택에서 건축업자에게 소개하는 토지는 여기서는 기술하지 않고 고객들이 건축하거나 구입하는 경우에 대하여 기술하고자 한다.

3. 기존주택에 투자

내 집 마련을 위한 기존주택에 투자하는 것은 주거의 쾌적성과 교통·생활·학군의 편리성 때문에 분양을 받지 않고 기존주택을 구입하는 경우가 있고, 기존에 있던 주택을 넓혀 가려고 하거나, 아파트에서 연립주택 등으로 주택을 변경 등을 하기 위해 기존주택을 구입하고 있다.

기존주택의 거래는 우리나라의 건물 보유 면에서 볼 때 기존건물이 전체건물의 93%에 이르고 있어[17] 기존건물이 분양건물의 14배 이상이고, 2006년도 2년 미만의 신축건물이

934,000채인 데 비해 기존건물의 거래량은 당해 연도 총 건물거래량 1,788,337채 중 신규 건물을 제하면 854,337채가 거래되어 신축건물의 분양과 비슷한 거래가 이루어지고 있음을 알 수 있다.[18]

건물거래에 있어 주류는 주택거래이며[19] 투자목적으로 기존주택을 구입하는 경우는 대개 다음과 같은 곳에 많이 투자하고 있다.

① 아파트 등 공동주택

② 농촌주택 및 전원주택

③ 개발이 예상되는 지역에 있는 기존주택 등

1) 기본적인 고려사항

이때 부동산중개업자가 기존주택을 구입하고자 하는 고객과 상담하기 위하여 착안해야 할 사항은 다음과 같은 요소들을 기본적으로 검토하여야 한다. 먼저 매도고객에게는 기존주택은 흔히 말하는 헌 집이다. 따라서 새집보다 선호도가 떨어진다. 그러므로 집을 깨끗이 수리하여 팔면 쉽게 판매될 수 있음을 주지시킬 필요가 있다. 또 부동산에서 매도인의 담보책임에 대한 제적기간이 6개월이므로 6개월 이내에 하자가 발견되면 수리를 해 줄 의무가 있음을 주지시켜 6개월 내 고장이나 하자가 나타날 만한 것은 미리 고쳐 놓는 것이 안전함을 주지시킬 필요가 있다. 매수자 고객에게는 수리를 하였을 때 수리비 문제는 기본골조가 아닌 내부 인테리어 부분은 10년을 수명기간으로 보아 감가상각함을 주지시켜 가격을 결정할 때 수리한 주택은 수리를 하지 않은 주택에 비하여 수리비를 더 고려해 주어야 함을 주지시킬 필요가 있다. 이를 위해 기본적으로 검토할 사항을 정리하면 다음과 같다.

(1) 경제성 면

① 다른 지역에 비하여 상대적으로 저평가되어 있는 지역의 기존주택인가?

② 현재 거주가 가능한가? 만일 거주가 불가능하다면 수리비용은 얼마나 소요되는가?

---

17) 진영섭 저, 안전하고 선진화된 부동산거래 보장 받기, 한국학술정보(주), 2009. 9. 26, p.272.

18) 진영섭 저, 안전하고 선진화된 부동산거래 보장 받기, 한국학술정보(주), 2009. 9. 26, p.68.

19) 진영섭 저, 안전하고 선진화된 부동산거래 보장 받기, 한국학술정보(주), 2009. 9. 26, pp.68~70.

③ 장차(예상 보유기간 말) 예상 차익은 어느 정도로 예상되는가?

④ 재개발 가능성 여부는?

(2) 지역성 면

① 주변에 공원 또는 녹지대 등이 있어 얼마나 쾌적한가?

② 초등학교는 대부분 가까이 있으나 중학교 및 고등학교가 가까이 있으며, 학원의 배치, 그리고 학원 등의 위치 등 학군은 좋은가?

③ 의식생활을 위한 백화점이나 할인매장, 재래시장이 얼마나 가까운가?

④ 병원 및 동사무소, 구청에 접근성이 좋은 지역인지 등 생활의 편리성은 좋은가?

⑤ 버스노선 및 지하철 등 교통의 편리성 좋은가?

⑥ 지역에 윤락사업과 쓰레기 소각장 등 혐오시설과 가스 충전소, 변전실, 고압선 등 위험시설은 어느 정도인가?

2) 주택 자체면

(1) 기본조건

주택의 위치는 여러 가지 조건이 있겠으나 우선 거리 면에서 도시지역은 버스정류장으로부터 걸어서 5~15분 이내 거리가 가장 이상적이다. 그리고 일조 및 통풍 그리고 재해로부터 피해를 입지 않도록 평지보다는 약간 높은 곳이 좋고 주택의 적절한 습도를 위하고 겨울에 따뜻한 남향이나 동남향을 바라보는 집이 명당이고 대문은 동남향 대문이 있는 곳을 가장 이상적인 주택으로 한다. 이런 기본적인 위치의 주택에 전기시설이 갖추어졌고, 상수도가 설치되어 있으며, 연료는 도시가스를 사용할 수 있으면서 개별난방이면 비교적 쾌적한 주택이라 할 것이다.

(2) 주택종류별

이 외에 주택별로 고려되어야 할 사항은 다음과 같다.

① **아파트 및 연립주택**
　　㉠ 단지의 규모
　　㉡ 건축연도
　　㉢ 난방방식(개별난방/중앙난방)
　　㉣ 아파트 구조(복도식, 계단식)
　　㉤ 방향(남향/동향/북향)
　　㉥ 주민의 생활수준
　　㉦ 주차시설
　　㉧ 건축회사 지명도 등

② **단독주택**
　　㉠ 건축연도
　　㉡ 건축구조
　　㉢ 정원 보유 여부
　　㉣ 난방 및 연료시설(도시가스/LPG/기름)
　　㉤ 주변에 간단한 농사를 지을 수 있는 농지 존재

③ **농가 및 전원주택**
　　㉠ 도시주택에서 접근 시간은?(기준: 차량이 밀릴 경우)
　　㉡ 200~300평 정도 면적인가?
　　㉢ 농가는 즉시 사용이 가능한가?
　　㉣ 방향은?
　　㉤ 전기 및 지하수는?
　　㉥ 기존마을과 거리는?(가까울수록 좋음)
　　㉦ 승용차 이상의 접근 도로 등

4. 분양권 전매

1) 분양권 매매 허용

종전에는 당첨 직후부터 전매제한을 받았으나 지난 1998년 8월 27일 서울·수도권을 포함하여 전국적으로 분양하는 아파트에 대하여 분양계약 후 계약금만 내면 곧바로 분양권 전매가 가능하다. 그 후 2002년 하반기부터는 투기과열 지역은 분양계약 체결 후 1년 경과 및 중도금 2회 이상 납부하여야 가능하도록 변경되었으며 2003년 6월 7일 이후부터는 주상복합 300세대 이상을 포함하여 등기 시까지 전매를 제한하였다.

「임대주택법」에 따라 건설 공급되는 임대주택은 임대기간(최소 5년) 동안 전대가 금지된다. 전매란 재임대 행위 및 임대권리의 양도 등을 말한다. 그러나 부동산 경기 활성화정책의 일환으로 1999년 3월 1일부터 민영·국민주택의 전매제한이 모두 풀렸으므로 서울·수도권을 포함한 전국의 아파트를 계약금 납부 직후 일정 요건 하에 사고팔 수 있게 되었다.

2) 분양권 매매 절차

1998년 8월 이후 임대주택을 제외한 모든 주택의 분양권 명의변경이 가능해졌다.

일반분양으로 공급되는 민영주택과 국민주택, 재건축 지역·직장 조합주택 모두 분양권 명의를 일정 요건 하에 자유롭게 바꿀 수 있다. 명의변경의 조건은 주택 종류와 지역에 따라 다르다.

첫째, 매매계약을 체결한다. 분양권을 사려는 사람과 팔려는 사람이 제일 먼저 해야 할 일은 분양권 매매계약을 체결하는 것이다. 아파트 분양계약서 및 매매계약서를 지참하고 시·군·구청 지적과를 방문하여 매매계약서에 검인 도장을 받는다.

둘째, 매수자, 매도자는 건설회사와 조합(재건축, 지역, 직장)을 찾아가 명의변경을 요청하면 된다. 일반분양 아파트는 건설회사, 조합아파트는 건설회사와 조합 두 곳에 매매계약서 등 관련서류를 가지고 직접 방문해 당첨자 명의변경을 요청한다.

셋째, 건설업체나 조합에서는 대출 승계여부를 돈을 꿔 준 금융기관에 의뢰한다. 이는 금융기관과 건설회사, 조합이 분양 당시 아파트를 담보로 중도금을 대출해주거나 이주비 등을 지급할 때, 최초분양자가 바뀔 때는 해당 사실을 반드시 통보토록 약정을 맺어 놓고 있기 때문이다.

넷째, 금융기관이 대출승계 여부를 건설회사, 조합에게 알리면 건설회사와 조합에서는 분양권 명의를 변경해 준다.

다섯째, 나머지 잔금을 납부하고 매수자 명의로 명의변경하고 소유권을 이전해 오면 모든 절차는 끝난다.

3) 투기 과열지역에서 분양권 전매금지 기간 중 전매 허용 가능 경우

① 근무, 생업상 사유, 질병치료, 결혼 등으로 인해 가구원 전원이 다른 주택 건설지역 (수도권 제외)으로 이전하는 경우
② 상속으로 취득한 주택에 가구원 전원이 이전할 때
③ 가구원 전원이 외국으로 이주하거나 2년 이상 외국에 체류하고자 할 때
④ 이혼으로 인해 입주자로 선정된 지위를 배우자에게 이전하고자 하는 경우

5. 주택 임대사업

1) 임대주택 사업은 이런 지역을 골라라

(1) 임대주택 사업은 임대 수익이 주목적이므로 매매가 대비 전세가 비율이 60% 이상 은 되어야 사업성이 있다.

(2) 임대 수요가 많아야 한다. 임대 수요는 배후 지역에 공업단지, 대학교, 종합병원, 관공서, 업무 밀집지역 유흥업소 등 위락·관광 시설 등이 집중되어 있는 지역이 우선 거론 될 수 있고, 대단지 아파트단지가 있는 곳도 보다 유리하다.

(3) 임대 수요가 있을지 없을지의 판단기준이 되는 것이 교통여건이다. 가장 중요한 교통요소는 지하철이라고 할 수 있는데, 출퇴근 시간이 평균 30분~1시간 정도가 소요되는 곳이 좋다. 지하철역 주변지역은 임대 수요가 충분하다. 즉, 지하철역에서 도보로 5~10분 정도 걸리는 것이 가장 이상적이다.

(4) 임대주택 사업자금이 넉넉하다면 외국인이 많이 거주하는 곳도 고려해 볼 만하다.

외국인들은 보통 2~3년 동안 계약을 하기 때문에 임대료를 한꺼번에 받을 수 있는 장점이 있어서 이 돈을 금융상품에 투자하면 투자수익률이 배가된다.

2) 임대주택 사업 절차도

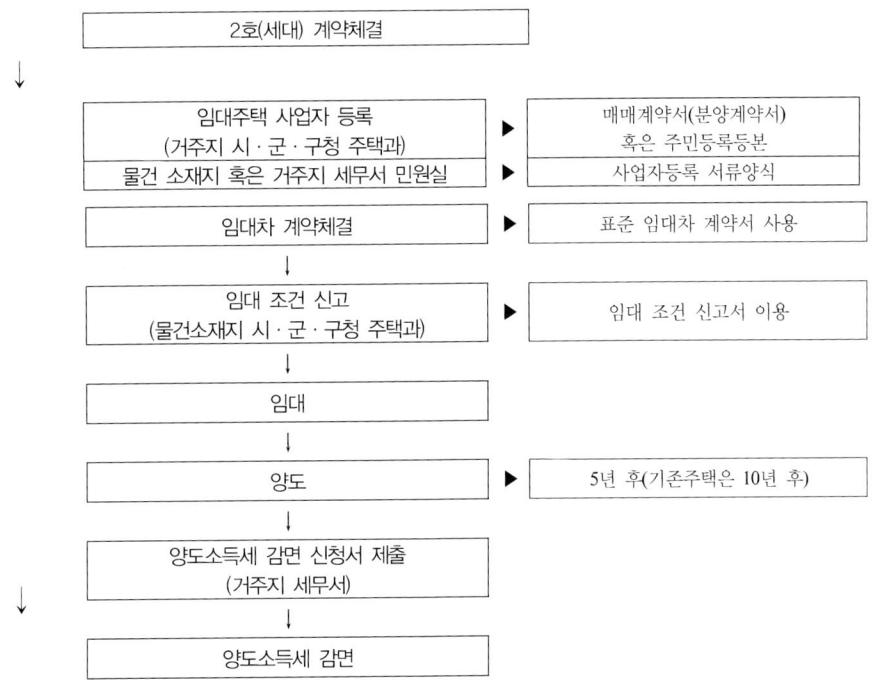

3) 임대주택 사업 점검표

(1) 임대 사업자 등록

① **등록 기준**: 단독주택은 2호, 공동주택은 2세대 이상
    ㉠ 2호(세대) 이상을 소유하고 있거나 이를 매입하기 위하여 계약(분양계약 포함)
       을 체결
    ㉡ 2인 이상이 공동으로 건설하거나 소유하는 주택의 경우는 공동명의로 등록

② **등록 대상자 및 구비서류**
    ㉠ 개인의 경우: 주민등록초본이나 주민등록증 사본

ⓛ 법인의 경우: 법인 등기부등본

ⓒ 재외국민인 경우: 재외국민등록증 사본 및 여권 사본

ⓔ 외국인인 경우에는 「출입국관리법」 제88조의 규정에 의한 외국인 등록사업 증
  명서 또는 「법인 아닌 사단·재단 및 외국인의 부동산등기용 등록번호 부여절
  차에 관한 규정」 제15조의 규정에 의한 등록증명서 또는 국내의 등기소가 발
  급한 법인 등기부등본(외국 법인의 경우)

③ **등록관청**: 사업자 주소지를 관할하는 행정 관청에 등록한다.

  ⓐ 국토해양부장관으로부터 등록 권한을 위임받은 특별시장·광역시장·도지사

  ⓑ 등록 권한이 재위임되는 경우에는 **시장·군수·구청장**

④ **등록절차**

등록 대상자	구비서류
주택건설 사업자	− 주택건설 사업자 등록증 사본 − 「임대주택법 시행규칙」 별지 제1호 서식
주택건설 사업자와 공동으로 사업을 시행하는 토지 소유자	− 주택건설 사업계획 승인서 − 「임대주택법 시행규칙」 별지 제1호 서식
임대 목적으로 주택을 건축하기 위하여 「건축법」 제8조 에 의거 허가를 받은 자	− 건축 허가서 − 「임대주택법 시행규칙」 별지 제1호 서식
임대 목적으로 주택을 소유하거나 이를 매입하기 위한 계약을 체결한 자	− 주택의 등기부등본(계약의 경우 계약서 사본, 분양계 약서 포함) − 「임대주택법 시행규칙」 별지 제1호 서식

  * 등록관청이 등록에 적합한 요건을 갖추었다고 인정하는 경우 임대사업자 등록
    부에 등록하고 등록증을 교부하여야 한다.

  * 주소지 관할관청에서 등록증을 교부하거나 등록사항을 변경한 때에는 지체 없
    이 임대주택 소재지 관할관청에 통보하여야 한다.

(2) 임대조건 신고

① **신고사항**

  ⓐ 임대차 계약기간, 임대 보증금, 임대료

  ⓑ 임대주택을 매각하려고 하는 경우에는 매각시기 및 가격의 산정기준

② 신고기한

　ㄱ 입주 예정일 10일 전, 변경 신고의 경우에는 변경일 10일 전

　ㄴ 단, 매입 임대주택에 기존 임차인이 있는 경우에는 전 소유자와 임차인 간에 체결된 계약의 임대기간 종료일 10일 전까지 신고해야 한다.

③ 신고절차

　ㄱ 임대조건 신고서에 표준임대차 계약서를 첨부하여 주택소재지의 시장·군수·구청장에게 제출해야 한다.

　ㄴ 시장·군수·구청장은 임대조건 신고대장에 기재하고 신고필증을 교부하여야 한다.

(3) 임대주택 사업과 세금혜택

기존주택은 2000년 12월 31일까지 임대에 제공된 것만 양도소득세 감면혜택이 있으며(「조세특례제한법」 제97조), 신규주택은 2001년 12월까지 취득(잔금지급)하여 임대에 제공된 것만 양도소득세 감면혜택이 있고, 2002년부터는 양도소득세 감면혜택이 없다.

① 주택 임대사업 세제혜택 개관

주택구입 방식	취득세·등록세	양도소득세
신규분양	18평 미만 100% 감면	혜택 없음.
분양권 구입	18평 미만 100% 감면	혜택 없음.
기존주택 구입	혜택 없음.	혜택 없음.
미분양아파트 구입	18평 미만 2채 이상 100% 감면	혜택 없음.

② 지방세 감면(취득세 및 등록세): 취득세·등록세 감면혜택은 전용면적 18평 이하 신규 공동주택을 구입할 때만 적용된다.

　ㄱ 신축주택 중 전용면적 18평 미만 소형주택에만 세금이 감면된다. 기존주택을 사면 평형이나 가구 수에 관계없이 취득세 및 등록세를 내야 한다.

　ㄴ 주택을 취득(등기, 잔금 지급, 입주일자 중 최초시점 기준)하기 전에 사업자등록을 먼저 해야 세금감면을 받을 수 있으며, 취득일로부터 2월 이내에 보존 등기 또는 이전 등기를 하지 않으면 면제된 세금이 추징된다. 또한 5년 이내에

임대 이외의 목적에 사용하면 면제된 등록세와 취득세가 추징되고 감면대상 주택이라도 먼저 세금을 납부했다면 추후 돌려받을 수 없다.

－분양권을 매입하거나 기존주택을 구입할 때는 해당되지 않는다.

③ 국세 감면(양도소득세 및 종합소득세)

ⓐ 전용면적 85㎡(25.7평) 이하의 국민주택 규모만 감면혜택 받는다.

ⓑ 5가구 임대사업자는 1986년 1월 이후의 건축주택을 5년 임대 후 양도할 경우 50%, 10년 임대 후 양도할 경우 100% 감면받고, 신축주택의 경우 5년 후 양도할 경우 100% 감면받는다.

ⓒ 2가구 임대사업자는 조세특례제한법 제97조의 2에 따라 1999년 8월 20일 이후의 신축주택을 분양받을 때만 세제감면 혜택이 있다. 분양을 받은 경우 2001년 12월 31일까지 분양계약을 체결하고 계약금만 냈어도 양도소득세를 면제받을 수 있다.

ⓓ 지방세와 달리 공동주택일 필요는 없다.

ⓔ 임대기간은 연속하여 5년 이상이어야 한다. 예컨대 3년 임대하고 2년간 본인이 거주한 뒤 다시 2년을 임대할 경우에는 감면 혜택이 없다.

ⓕ 5가구 이상 임대할 경우 사업자등록을 하지 않아도 양도소득세가 감면된다.

ⓖ 임대용 5가구 이외의 본인 소유 1주택은 1가구 1주택으로 간주한다.

ⓗ 양도소득세를 100% 감면받더라도 농어촌 특별세는 별도로 납부해야 한다. 세율은 감면받은 세액의 20%이다.

ⓘ 기존주택은 2000년 12월 31일까지 임대에 제공된 것만 양도소득세 감면혜택이 있다(「조세특례제한법」 제97조).

ⓙ 신규주택은 2001년 12월 31일까지 취득하고 임대사업에 제공된 것만 양도소득세 감면혜택이 있다(「조세특례제한법」 제97조의2)

  * 2002년부터는 양도소득세 면제 혜택 없음.

6. 재건축 투자

1) 12가지 점검사항

재건축이 예상되는 노후주택이라고 해서 전부 투자가치가 있는 것은 아니다. 층수, 대지 지분, 땅값, 입지 여건 등에 따라 사업성이 크게 달라진다.

(1) 아파트 노후 정도에 상관없이 땅값이 비싼 지역이 유리하다

땅값이 비싸면 분양가가 높게 책정돼 개발이익이 많아지며 개발이익이 많을수록 조합원의 추가부담이 적어진다.

(2) 기존주택 면적과 대지권 지분을 비교하여 대지권 지분이 넓을수록 유리하다

대지 지분이 많고 적음은 조합원이 무상으로 분양받을 수 있는 평형의 크기를 결정하는 핵심요소이다.

(3) 넓은 평형의 세대수가 상대적으로 적은 아파트가 유리하다

재건축 아파트는 평형별 건립비율이 제한되며, 평형 배정은 지분 크기에 따라 결정된다. 따라서 큰 평형을 배정받으려면 큰 평형의 세대 수가 적은 단지에서 되도록 큰 평형을 선택하는 것이 좋다.

(4) 고지대에 자리 잡고 있거나 단독주택 밀집지역 한가운데 위치한 아파트나 연립주택은 피하는 것이 좋다

건축 심의과정에서 층고 제한으로 조합원의 부담이 늘어날 가능성이 매우 높으며, 특히 향후 일반주거 지역의 세부 지정될 예정인 저층 단독주택 및 연립주택 혼합지역은 재건축이 어렵다는 점에 유의하여야 한다.

(5) 기존 건축물의 용적률이 낮을수록 좋다

일반적으로 볼 때 용적률이 130%를 넘지 않아야 사업성이 있다고 본다.

(6) 대지 면적에 비해 가구 수가 많은 곳은 피하는 것이 좋다

가구 수가 많으면 조합원들에게 돌아가는 개발이익이 떨어진다.

(7) 진입도로가 넓은 곳이 유리하다

충분한 진입도로가 확보되지 않으면 진입도로를 확보하기 위해 진입도로 주변 토지를 추가로 매입하여야 하므로 추가적인 부담이 발생하고 아울러 사업이 지체될 가능성이 있다.

(8) 투자 시점을 냉철히 판단해야 한다

재건축 사업은 사업계획의 구상 → 창립총회 → 안전진단 → 조합설립 → 시공자 선정 → 신탁등기 → 사업승인 → 이주 → 착공 → 동호수 추첨 → 일반분양 → 사용검사 → 조합해산 등 여러 단계를 거쳐서 추진되고 종료되는데, 이 중 어떤 시점에서 투자를 할 것인가가 관건이다. 투자 이익이 가장 극대화되는 시점은 재건축 움직임이 있기 직전이다. 아직 재건축의 움직임은 없으나 주변 여건으로 미루어 보아 조만간 재건축이 가시화될 것이 예상되는 지역을 골라 투자하고 2~3년 느긋하게 기다리면 충분한 승산이 있다. 이러한 장기 투자방식이 마음에 들지 않는 사람에게는 재건축 조합이 결성된 직후가 비교적 안전하면서도 높은 투자수익을 노릴 수 있는 매입 시점이다. 매입 지분에 대한 프리미엄이 가장 높게 형성되는 시점은 사업계획 승인을 전·후한 시점이다. 가장 안전한 시점은 조합 설립 인가 후에도 사업진척이 부진하면 인가가 취소될 수 있음을 감안할 때 이주비 지급되는 시점이 안전하다. 이는 거액의 이주비가 투입되면 대개는 안정적으로 공사가 진행되리라 믿을 수 있기 때문이다.

(9) 도급제인가 지분제인가를 확인해야 한다.

지분제는 일반적인 공사형태인 도급제와 달리 계약 시에 조합원의 지분과 추가부담금

여부 및 금액이 확정되는 계약형태이나, 도급제는 공사진행에 따라 조합원의 부담이 추가될 수 있기 때문에 투자수익 예측이 어렵다. 재건축 아파트에 투자할 때에는 시공사와 공사계약 형태가 지분제인지 도급제인지 여부를 반드시 확인하고 투자수익을 예측한 후에 투자 여부를 결정해야 한다. 이것은 반드시 지분제가 유리하다는 것은 아니다. 즉, 투자수익을 예측하는 바로미터로 반드시 체크해야 함을 의미한다.

(10) 조합설립 인가의 취소가능성과 세입자 문제를 확인해야 한다

설립 인가 후 2년 이내에 사업승인이 없는 경우 조합설립 인가가 취소될 수 있는데 만일 조합설립 인가가 취소된다면 조합의 피해가 클 수 있다. 그러므로 조합설립 인가 후 상당한 기간이 경과하였음에도 사업승인 절차에 착수하지 아니한 재건축 아파트는 투자에 유의하여야 한다. 재개발과는 달리 재건축 사업의 경우에는 세입자에 대한 보상이 없기 때문에 세입자와의 분쟁으로 사업이 지연되는 수가 있는데 세입자 문제는 각 조합원의 책임 하에 해결해야 한다.

(11) 시공사와의 분쟁발생 가능성을 확인해야 한다

지분제로 시공계약이 체결된 재건축 사업의 경우에도 완전한 지분제 계약은 드물며 일부 도급제적 요소가 내포돼 있기 마련이므로 공사진행에 따른 추가부담 문제가 불거져 나올 수 있다. 따라서 시공 회사 측에서 경기변동, 민원발생 등의 사유로 계약변경을 요구하여 공사진행이 불투명한 것인지 여부를 확인하는 자세가 좋다.

(12) 조합원 지분의 경우에는 추가부담금 확정 여부 및 그 금액의 납입시기를 고려해야 한다

입주시기가 많이 남아 있으면 시공사의 신뢰도를 살피고, 입주시점이 가까웠으면 기반시설이 잘 갖추어 있는지를 따져 보는 것이 좋다.

2) 재건축 투자 시 세금 체크

(1) 주택건설촉진법에 따른 재건축 사업으로 인해 기존주택이 철거되고 주택건설 사업

계획의 승인일 이후에 소유토지에 부수된 부동산을 취득할 수 있는 권리를 양도함으로써 발생하는 소득에 대해서는 실지거래가액으로 **양도소득세를 과세**하고, 재건축 조합이 재건축 사업으로 새로운 주택을 신축하는 경우에는 환지 처분으로 보는 것이므로 새로운 주택 및 그 부속 토지의 취득 시기는 **환지 전** 주택 및 그 부속 토지의 취득일이 되는 것이며, 그 취득 가액도 환지 전 주택 및 그 부속 토지의 취득 당시 실거래가액으로 함을 유의해야 한다.

(2) 재건축 조합원이 소유하던 주택을 재건축을 위해 멸실 등기하고 대지만 소유하고 있는 경우에는 재건축이 완료되어 분양 취득하기 전까지는 토지만 소유하고 있는 것으로 본다.

(3) 소유 또는 거주하던 주택이 주택건설촉진법에 의한 재건축으로 인해 주택에는 토지가 감소되고 그 대가로 건설비에 충당하는 경우에는 유상 이전에 해당되어 양도소득세가 과세되는 것이며, 재건축 조합이 환지 처분 계획서를 승인받은 경우에는 환지 처분으로 보아 과세대상에서 제외한다.

[표] *투자수익분석 도표

구분		계산식	계산내역
기존 APT 평형	①		21평형
대지권 지분(평)	②		20평
무상지분율	③		130%
무상으로 받는 평형	④	②×③	26평
구입희망 평형	⑤		32평형
평당 분양가(조합원)	⑥		700만 원
투자자 추가부담금	⑦	(⑤−④)×⑥	4,200만 원
구입비용(구입비+비용)	⑧		7,259만 원
총 투자비용	⑨	⑦+⑧	1억 1,459만 원
인근 신축APT 시세	⑩		2억 5,600만 원
총 투자수익	⑪	⑩+⑨	1억 4,141만 원
수익률	⑫	⑪÷⑩	123%

7. 재개발사업 투자

1) 재개발 시행 절차

(1) 계획단계

재개발 기본계획 수립 → 여건 분석(시장·군수) → 구역 지정 신청(시장·군수·구장) → 도시계획 위원회 심의 → 재개발 구역 지정고시(시·도지사) → 재개발 사업 입안 결정

(2) 시행단계

사업 시행 주체 결정 → 토지 소유자 등 동의 → 재개발 조합 설립 → 사업 시행의 인가 및 고시(시장·군수·구청장) → 임시 수용 시설 등 설치(주택 자금 융자 알선 등) → 손실 보상 → 토지 등의 수용 → 국·공유지 매입 → 지상물 철거 → 공사 착공 → 조합원 분양 신청 접수 → 관리처분 계획 인가 및 고시(시장·군수·구청장) → 일반 분양

(3) 완료단계

공사 완료 → 입주 개시 → 확정 측량 → 분양 처분 및 고시 → 청산금 정산 → 촉탁등기 신청 → 재개발 완료 신고 → 보존 등기 및 소유권이전 등기 → 조합 해산 → 청산 종결 신고

2) 성공 7가지 점검사항

과거 재개발 투자의 최대정점은 신규청약의 어려움 속에서도 청약관련통장이나 채권 입찰 부담 없이 아파트를 분양받을 수 있다는 데 있었다. 그러나 최근에는 지역에 따라서 미분양이 속출하고 있는 상황에서 신중하지 않으면 오히려 일반 아파트에 비해 큰 손해를 볼 우려가 있다. 따라서 재개발사업 성공투자를 위해서는 철저한 사업내용 분석과 함께 매수 및 매도시기를 잘 선택하여야 한다.

(1) 재개발사업 투자에 있어서 가장 신중을 기해야 하는 것은 매입 시점이다

조합원 지분 매입 시점은 관리처분 계획인가 전까지로 제한되어 있다. 관리처분 계획인가는 아파트 당첨과 같은 것이어서 이 시점이 지나면 조합원 자격을 취득할 수 없기 때문이다. 일반적으로 조합원 지분 시세는 구역 지정이 고시된 이후 상승세가 눈에 띄게 나타나는 사업계획 결정고시 단계에 사고, 사업시행 인가 단계에 파는 것이 안정적이다. 아울러 사업단계와 함께 투자시점에 가장 큰 영향을 주는 것으로는 이주비 지급시점을 들 수 있다. 이주비가 지급되는 시점에 구입하면 그만큼 초기 투자비용을 줄일 수 있기 때문이다. 이주비는 대체로 사업시행 인가를 전·후에 지급되는데 지급시기에 앞서 구입하는 것이 좋다. 이주비 지급 후에 지분을 매입하면 최초에 이주비를 받은 조합원이 이주비를 조합에 반납해야 하므로 조합에 따라서는 재지급하지 않는 경우가 있고, 이주비 금액에 따라 거래가격이 달라지는 경우가 생기기 때문이다.

(2) 교통여건이 좋은 구역을 선택해야 높은 시세차익을 기대할 수 있다

나날이 복잡해지는 교통사정은 역세권 등 교통환경이 양호한 지역에 대한 관심을 증폭시키고 이러한 추세는 앞으로도 지속될 것으로 보인다. 이러한 상황에서 역세권 주변 아파트가 다른 지역에 비해 월등하게 시세가 높게 형성되고 있다.

(3) 대단위 아파트를 고르는 것이 유리하다

통상 대단지 구역은 부지면적이 10,000평이 넘고 전체 가구 수가 1,000세대를 넘는 곳을 말한다. 대단지 구역은 단지 자체에 편의시설이 갖춰지고 부대시설도 풍부하게 설치되는 장점이 있고, 또한 단지가 크면서 조합원 수나 세입자 수가 적은 구역은 일반분양이 많기 때문에 조합원에게 돌아가는 이익도 그만큼 크기 때문이다.

(4) 재개발 투자의 성공여부는 재산평가액과 비례율이 좌우한다

재산평가액이 조합원 개인이 소유한 토지 및 건물에 대한 단순한 감정 평가액이라면 비례율은 재개발사업에서 얻어지는 개개인의 최종손익 계산서와 마찬가지 역할을 한다. 재산평가액이란 재개발구역 내 조합원 개인이 지닌 토지 및 건물에 대한 감정평가액을

말한다. 구역마다 다소 차이가 있지만 대개 사업승인 이후 한국감정원과 사설 감정기관에서 감정한 결과를 평균한 수치이다. 이는 조합원이 배정받는 아파트에 입주하기 위한 부담금을 정하는 중요한 잣대이다. 따라서 투자자는 재개발구역 내 기존 도로변 등 위치 좋은 곳을 고르는 것이 유리하다. 비례율이란 "개발이익률"이라 불리는데 일반분양을 통해 조합이 벌어들인 수익을 포함한 총 수익금에서 사업비를 뺀 금액을 구역 내 토지 및 감정 평가액으로 나눈 금액을 말한다. 조합원 개인의 지분에 대한 재산평가액에 비례율을 곱한 금액이 조합원의 최종권리가액이다. 즉, 재산평가액이 1억 원인 지분을 소유한 조합원의 비례율이 130%라면 최종권리가액은 1억 3천만 원이 된다. 따라서 재개발사업을 통해 3천만 원의 부가가치를 얻은 셈이 된다. 비례율은 사업이 거의 완료되는 시점에서 윤곽이 드러나기 때문에 비례율이 높은 지역을 고르기란 그리 간단치 않다. 일반적으로 조합원이 적어 일반분양이 많은 곳, 사업 추진이 빠른 곳, 건축비가 상대적으로 싼 평지, 국공유지보다 사유지 비율이 높은 구역, 사업면적에 비해 조합원 수와 세입자가 적은 구역 등에서 비례율이 높게 나온다.

(5) 감정 평가금액이 높은 곳을 선택해야 한다

감정 평가금액에 의해서 입주평형이 정해지므로 토지와 건물에 대한 감정 평가금액이 높게 나와야 입주평형 배정도 유리하게 받을 수 있다. 재개발구역에서는 같은 평수, 같은 가격으로 지분을 구입했더라도 위치와 주택의 상태에 따라 감정 평가금액이 달라질 수 있다. 따라서 차량진입이 가능하고, 용적률 확보가 쉬운 정방형이나 장방형의 토지, 저지대에 위치한 땅을 고르는 것이 좋다.

(6) 이주비 금액이 높은 구역을 골라야 한다

이주비가 높은 구역의 지분을 사면 초기 투자비용을 줄일 수 있는 장점이 있다. 그러나 무조건 이주비가 많다고 좋은 것은 아니다. 이주비는 사업기간 동안 시공사 재정을 압박하게 되고 이는 다시 조합원 권리가액 산정 시 개발이익률을 낮추게 됨으로써 결국 조합원 부담으로 돌아오기 때문이다. 이주비의 지급방식도 시공사가 제시한 금액을 조합원에게 공평하게 지급하는 조합이 있는가 하면 조합원 소유지분에 따라 차등적으로 지급하는 조합이 있으므로 이 또한 체크해 보아야 한다.

(7) 넓은 필지 소유자가 적은 재개발 구역의 지분을 사는 것이 큰 평형의 아파트를 분양받을 확률이 크다

최대 평형을 분양받을 수 있는 조합원 수는 제한되어 있으며, 평형배정은 종전 자산액의 평가액 순위에 따라 결정되므로 구역 내 넓은 지분 소유자가 많거나 점포 주택 등 감정평가액 예상치가 높은 구역은 입주경쟁률이 치열해 원하는 평형에 입주하기 어려우므로 상대적으로 큰 지분을 매입하는 것이 유리하다.

3) 재개발 투자 세금

(1) 사업시행 인가일과 세금

도시재개발법 제22조 또는 제24조의 규정에 의거 시장·군수·구청장의 재개발사업 시행인가가 되는 경우 이날부터 토지수용법상의 사업인정 고시로 보며, 사업을 위하여 필요한 토지, 건축물 기타의 권리에 대해 분양을 보상조건으로 수용할 수 있으며, 재개발사업 시행자에게 토지 등을 양도하는 경우 그 보유기간이 2년 이상일 때 25%의 세액감면을 받을 수 있다.

(2) 관리 처분일과 세금

도시재개발법 제34조 규정에 의한 시장·군수·구청장의 관리처분계획의 인가일부터는 재개발사업 지구 내 토지 등의 소유자가 동 사업 시행자로부터 받은 아파트 입주권은 부동산을 취득할 수 있는 권리에 해당하는 것이며, 재개발사업 지역 내의 토지 등 소유자가 재개발 조합원 자격으로 당해 부동산을 사업시행자에게 양도하고 그 대가로 동 사업 시행자로부터 관리처분계획에 따라 취득한 토지 또는 건축시설은 토지구획정리사업법의 규정에 의한 환지로 본다. 이때 부동산을 취득할 수 있는 권리의 양도에 따른 양도소득세의 산정방법은 취득 및 양도가액 또는 실거래가액에 의하여 양도소득세를 계산한다.

제3장 | 상가투자 상담

1. 투자목적을 확인하라

　부동산투자에서 주택투자가 일반적이나 주택보급률이 높아지고 서민주거에 대해서는 국가가 복지개념의 주거운용으로 전환되어감에 따라 주택투자에 비해 좀 생소한 상가투자로 많이 시선을 돌리고 있다. 그러나 상가투자는 수익형 부동산에서 가장 뿌리가 깊은 투자대상이다. 왜냐하면 주택에 대한 투자는 투기의 대표적인 부동산으로 간주하여 정부로부터 많은 규제가 가해지거나 완화를 반복하여 일반투자자로서는 매우 조심스럽지만 상가는 비교적 규제가 덜하기 때문이며, 주택은 2~3년 주기로 도배장판을 비롯하여 수리비가 지속적으로 들어가는 대신 상가는 임차인이 자신의 업종에 맞는 시설을 해야 하므로 소유자 입장에서는 수리비가 상대적으로 덜 들어간다. 또 주택은 2~3년 주기로 임대차계약이 갱신되므로 중개수수료를 포함한 계약비용이 소요되는 반면, 상가는 대부분 장기계약을 하고 있고 또 임차인이 중간에 나가게 되면 중개수수료 등을 계약위반에 따른 손해배상액으로 보충되기 때문에 계약비용이 덜 들어간다. 그러나 상가투자는 수익률이 안정되고 따라서 주택에 비하여 고수익인 데 반하여 위험성도 상존한다. 따라서 중개업자는 이 위험을 최소화할 수 있도록 상담 및 컨설팅을 해 주어야 한다.

　먼저 상가의 종류부터 살펴본다. 상가에는 순수상가와 상가와 주택이 복합된 복합상가로 구분된다. 순수상가는 아파트 단지 내 상가, 테마상가 등이 일반적이고 복합상가에는 근린상가와 복합상가 등이 있다. 중개업자가 상가를 상담하거나 컨설팅할 때 반드시 먼저 확인할 사항은 투자자의 투자목적을 확실하게 알아야 한다. 그 이유는 고객의 투자목적에 따라 투자방법이 달라지기 때문이다. 만일 고객이 투자목적을 진지하게 상담하지 않을 경우는 물건을 빼먹기 위해 온 손님이거나 자료를 훔친 뒤 다른 사람에게 자료를 넘기기 위한 사람이므로 중개업자도 적당히 상담해 주는 것이 효율적이다. 일반적으로 진지한 고객은 투자를 통하여 시세차익을 위하거나 임대수익을 위해 투자하는 경우가 일반적이고 최근에는 창업을 투자하는 생계형 투자가 늘고 있다.

2. 상가투자 시 기본적 고려사항

상가투자 시 중개업자가 상가를 분석하는 기본적인 사항은 다음과 같다.

1) 상권을 정확하게 분석하여야 한다

상권을 분석하기 위해서는 상권을 분석하는 시스템을 활용하는 것이 바람직하다. 상권분석을 위해서는 상가의 입지조건을 분석하고, 유동인구의 주 이동통로와 시간대별 유동량, 주 이용고객의 연령층 파악과 이들의 소득수준과 소비량을 파악한다. 다음에는 당해 건물의 업종분포와 입점하고자 하는 업종의 500m 및 1,000m 이내의 분포를 파악한다. 다음에는 대중교통 시설의 이용가능성 및 정류장, 접근도로의 폭과 방향 등을 고려하여야 한다. 그리고 상권이 발전하는 상가인가 아니면 쇠퇴하는 상가인가를 보아야 한다.

2) 수익률을 분석하라

다음에는 상가가격과 임대료를 파악하여 수익률을 분석한다. 그리고 권리금의 유무와 그 정도를 파악한다. 권리금이 없는 상가는 오히려 좋은 상가가 아니다.

3) 기타 권리관계를 파악하라

상가분양 시는 분양조건 및 약속을 서류로 확인하고 문서화하는 것을 잊어서는 아니된다. 그 외에 등기부등본상의 권리와 등기부 외의 권리를 확인하여야 한다.

3. 상가별 투자방법

1) 아파트 단지 내 상가

　아파트 단지 내 상가의 설치목적은 아파트 주민들에 대해 일상생활에 필요한 상품의 구매편의를 돕기 위하여 설치한다. 그래서 아파트 단지 내 상가는 점포가 대부분 단일업종들로 구성되는 것이 바람직하다. 그래서 아파트 단지 내 상가는 점포별로 업종지정을 규약으로 정하고 있는 곳이 많다. 이처럼 아파트 단지 내 상가는 독점적인 상권을 보장받기 때문에 수익성이 안정되고 비교적 높다. 특히 승강기 유무에 관계없이 1층 상가는 공실률이 거의 없다. 1층을 제외한 다른 층은 승강기 유무, 아파트 단지의 세대수, 상가의 도로변 위치냐 단지 안에 위치하느냐에 따라 많은 영향을 받기 때문에 1층 외 다른 층에 투자하는 경우에는 이러한 사항을 잘 살펴야 한다.

　아파트 단지 내 상가의 분양은 아파트 입주 전에 분양하는데 입주는 아파트 입주 6개월 정도부터 시작되는 것이 일반적이다. 분양방법은 분양업체가 분양하는 것이 일반적이고, 공개입찰 방식으로 분양한다. 경쟁률은 상황에 따라 다소 차이가 있으나 단지 내 상가는 비교적 안정적이고 고수익이라는 평에 의하여 경쟁률이 높다. 입찰가격은 대개 평당 1,000만 원에서 5,000만 원 선에서 형성되고 있으며, 고가의 입찰가격으로 인하여 낭패를 보는 경우가 있으므로 여러 방면으로 검토하여 입찰에 응하는 것이 바람직하다. 왜냐하면 분양업체 및 떴따방식 분위기 몰이 부동산중개업자 그리고 투기꾼들의 조장된 분위기에 의거 고가낙찰을 받아 손해를 보는 경우가 많다. 이를 위해 중개업자는 입점할 업종을 선정하여 입점한 업종이 지불할 수 있는 임대료를 잘 분석하여 컨설팅할 수 있는 능력을 구비하여야 한다. 단지 내 상가투자 시 고려할 사항은 다음과 같다

　먼저 단지 내 세대수를 보아야 한다. 단지 내 세대수가 크면 클수록 고객이 많으므로 안전적인 수익을 얻을 수 있다. 따라서 단지 내 세대수가 최소한 500세대 이상인 단지 내 상가를 택하는 것이 양호하다. 다음은 점포의 층수와 위치이다. 단지 내 상가라 하더라도 1층과 2층은 고객의 접근성이 현저하게 차이가 나므로 수익에 차이가 많다. 그리고 같은 층이라 하더라도 도로 쪽에 있는 상가와 아파트 쪽에 있는 상가는 수익에 차이가 크다. 따라서 도로 쪽의 상가가 선호도가 높다.

　다음은 아파트 평형을 살펴보아야 한다. 중대형의 아파트 단지는 단지 내 상가를 많이

이용하지 않는다. 소비규모가 크기 때문에 백화점이나 할인매장을 더 많이 이용한다. 그리고 선물이 많이 들어오므로 단지 내 상가를 이용하는 비율이 낮다. 따라서 전유면적이 85㎡ 이하, 즉 일반적으로 30~34평형 이하의 가구 비율이 높은 곳이 단지 내 상가를 이용하는 비율이 높다.

다음은 도로에 접한 상가인지 아파트 단지 내 깊이 있어 도로에서 떨어져 있는 상가인지를 살펴보아야 한다. 도로에 접한 단지 내 상가는 주변의 발달에 도움을 받을 수 있으나 도로에 떨어져 단지 안에 있는 단지 내 상가는 단지 안의 고객만을 고객으로 함으로 상가의 발전을 기대할 수 없고 상가의 가격은 시간이 지날수록 가격이 떨어진다.

다음은 주변의 발달가능성이다. 신 개발지역의 단지 내 상가가 더 높은 가격에 거래 되는 것은 지역상가 조성의 순위가 거주인원이 먼저 들어오고 다음에 단지 내 상가가 들어서며, 그다음에 주변의 상가가 형성되고 마지막으로 백화점이나 할인매장이 입점하는 순서로 입점하기 때문에 단지 내 상가는 상당한 기간 독점적 상권을 가지므로 수익률이 높다. 그 외에 승강기가 있느냐 없느냐를 살펴보아야 하며, 투자하려는 상가에 어느 업종이 입점하도록 되어 있는지를 살펴보아야 한다. 승강기가 있는 경우 2층 이상 및 지하에도 승강기가 없는 상가보다 접근성이 높아 임대가격이 높다. 그리고 입점하는 점포에 있어 수익률이 가장 높은 것은 슈퍼, 병원, 약국, 호프 및 통닭집, 부동산사무실 등이 임대료가 높다. 특히 단지 내 상가이지만 사거리에 접한 단지 내 상가는 수익률이 안정적이고 접근성이 매우 높으며 추가하여 지하철역 등 대중교통 수단의 역에 접한 상가이면 더욱더 그 가치가 높다.

2) 테마상가

테마상가는 전자상가 등과 같이 전문상가를 말한다. 테마상가는 상가를 건축자재로 벽과 문을 설치하여 분양된 상가가 아니고 바닥에 선을 그어 분양하는 계좌분양방식으로 분양된다. 따라서 테마상가는 분양면적이 비교적 넓지 않다. 그래서 소액투자가 가능한 상가라 일반 서민의 투자가 많이 이루어진다. 즉, 적은 돈을 투자하여 임대수익을 얻기 위하여 투자하는 투자자가 많다. 테마상가의 위치는 대부분 지하철역 주변이나 철도역 주변, 중심 상업지역에 많이 위치하여 입지조건은 매우 양호하다. 그래서 유동인구가 풍부하여 고수익을 얻을 수 있다.

테마상가는 관리업체가 지정되어 있어 주차장 관리, 물류처리 시스템, 냉·난방 및 위

생관리 등이 이루어진다. 그래서 입점업자들이 영업을 영위하는 데 편리하고 유리하다. 그러나 대지권 비율이 매우 낮아 재건축 시 보상이 적을 수 있고, 관리업체가 효율적으로 관리하지 않으면 고액의 관리비를 부담하는 단점이 있다.

테마상가는 상가구성이 전문상가이므로 테마 자체가 발전적인 테마인지 사향성 테마인지를 잘 살펴보아야 한다. 테마상가를 중개업자가 컨설팅할 때는 분양하는 테마상가를 중개할 경우와 기존의 테마상가를 중개할 경우가 있다. 중개업자가 분양 테마상가를 중개할 경우는 앞서의 내용을 고려하는 것 외에 분양의 특성인 분양 분위기에 휩쓸리지 말고 자세하게 살펴 중개하여야 한다.

먼저 역세권에 있는 테마상가의 경우 역세권이라는 용어에 너무 집착하지 말고 실제 그 테마상가가 고객의 유동인구의 흐름지역에 있는 역세권의 상가인지를 잘 살펴보아야 한다. 지하철 및 대중교통 수단의 역 출구의 위치에 따라 유동인구가 다르므로 상가의 임대에 많은 영향을 주어 임대수익에 영향을 받는다. 또 분양업체의 과대광고에 현혹되어서는 아니 된다. 즉, 과도한 임대수익 보장기간이 길다든지, 고수익률을 보장하는 기간이 매우 길다든지 하는 경우, 전매를 말로만 약속하면서 문서로 보장하지 않는 경우, 완성도 되지 않은 건물을 도면만 놓고 계약을 재촉하면서 거래대금을 빨리 입금하도록 하거나 고액의 융자금을 제시하면서 이자율은 매우 낮은 것으로 알선해 줄 수 있는 것처럼 하는 경우 등으로 분양수익만을 노린 분양중개자들의 현혹일 수 있다.

그 외에 시행사나 시공사의 경력과 능력을 확인하는 것도 잊어서는 아니 된다. 즉, 시행사나 시공사의 과거의 시행능력, 재무 건전성, 마케팅 능력 등을 확인하여야 한다. 또 시행사의 토지매입증명서와 건축허가승인서 등을 확인하여야 한다.

다음은 기존 테마상가를 중개할 경우는 임대수익을 위한 투자나 창업을 위한 투자가 모두 적용된다. 따라서 앞서의 분양 테마상가의 고려사항을 모두 고려하면서 기존상가는 이미 상권이 형성되어 있다는 특징이 있으므로 그 점포가 과거 어느 업종의 점포로 이용되었으며, 수익의 정도가 어느 정도였으며, 그 수익이 형성된 원인을 분석하여 투자를 권유하는 것이 바람직하다.

3) 근린상가

근린상가란 주택단지와 인접하여 형성된 상가를 말한다. 근린상가는 주택단지를 배후로 하고 주택단지 입구에 주로 형성되는 상가이므로 비교적 안정적인 상권을 형성해 왔으나 최근 대형 할인매장에 이어 중소형 할인매장으로 인하여 상권이 많이 위축되고 있다. 근린상가는 사무실과 점포가 혼재된 상권이므로 상권만 잘 형성된다면 주민들에게 크게 도움이 되며 발전가능성이 높은 장점이 있다. 따라서 근린상가는 주택규모가 큰 주택이 단지를 이루는 곳이기보다는 주택규모가 작은 주택단지가 발전가능성이 높다. 따라서 중개업자는 근린상가를 중개하거나 컨설팅할 경우 중장기적으로 지속적인 상권이 발전되어 가는 곳을 알선하는 것이 투자자에게 좋은 투자처를 중개하게 된다.

중개업자는 이러한 곳으로 쉽게 접근할 수 있는 곳은 단독주택이나 다세대주택 단지의 입구가 될 만한 곳과 지하철이나 대중교통 수단의 역세권이 형성될 곳으로 본다. 근린상가의 투자권유는 두 가지 측면에서 구분하여 중개하여야 한다. 하나는 신축 근린상가를 신개발지보다는 기존 형성된 지역의 신축 근린상가를 중개하거나 컨설팅하는 것이 바람직하다. 다만 건축주들이 많은 이익을 얻기 위하여 과도한 임대수익으로 수익률을 산출하는 경우가 많고 사기성 분양으로 수익성을 높여 토지가격을 상승시키므로 이 또한 점검해 보아야 한다. 다만, 이는 투자자를 보호하기 위하여 필요한 사항이지 신축 근린상가의 가격을 중개업자가 관여하여서는 아니 된다. 기존 근린상가는 수익성에 의해 중개 성공 여부가 결정되므로 중개업자는 수익률을 증가시킬 수 있는 MD구성 등 컨설팅으로 중개하는 것이 요구된다. 그 외에 근린상가는 장기적인 투자로 수익률이 증가하므로 투자자에게 장기투자가 유리함을 주지시켜야 하고, 주로 임대사업이 이루어지므로 부가가치세 처리하는 요령도 구비하여야 한다. 또 주변의 근린상가 입점상태와 주차시설의 확보상태, 입주업종과 임대료, 유동인구의 형성, 주 소비층의 파악과 이들의 동선 등으로 파악하여야 한다.

4) 복합상가

복합상가는 주상복합아파트나 오피스텔, 상가주택 등에 형성된 상가를 말한다. 복합상가는 주변에 대형 판매시설이나 대형 공업단지가 입점해 있는 곳은 매우 상권 및 수익률이 높다. 따라서 이러한 대행 판매시설이나 대단위 공업단지가 위치한 복합상가의 투자가치는 매우 좋다. 복합상가는 주거시설을 기본적으로 확보한 상가이므로 매우 유리하다. 단, 복합상가는 일반적으로 1층 전면부 상가와 병원 및 약국 등과 같은 의료시설과 금융기관 등의 점포가 가장 활발한 상가이고, 그 외에 호프 및 통닭집, 유명 빵집, 부동산중개사무소, 미장원 등이 그런대로 유지되는 사무실이며 그 외는 자주 전출입이 많은 상가이다. 특히 전면 상가 외에 이면 상가는 공실이 많은 경우가 많다. 또 건축주들의 과도한 분양가로 인하여 임대료가 매우 비싼 것도 공실의 한 이유이다.

중개업자는 복합상가 중개 시 복합상가의 분양은 상가위치의 특성과 점포의 특성을 고려하여 투자자에게 상담하는 것이 중요하며, 기존상가의 경우는 전면 상가 외에 나머지 상가는 사무실로 중개하는 것도 바람직하다.

제4장 | 토지투자 상담

　토지에 투자를 하도록 함에 있어 기본적으로 투자자에게 주의를 환기시켜야 할 요소는 절대로 단기투자를 하면 반드시 후회를 하고 장기투자를 하여야 투자수익이 크게 됨을 강조하여야 한다. 또한 토지투자는 과거에는 단순히 투자를 해 두고 적당히 이익이 남으면 되팔아 수익을 챙기는 시대에서 매도할 때까지 매년 수익을 챙길 수 있도록 토지를 활용하여야 수익이 더 증대함을 강조하여야 한다. 왜냐하면 이는 평소에 투자된 돈에 대한 적당한 수익창출도 되지만 비사업용 토지로 분류되지 않아 중과세를 받지 않으므로 수익이 증대되기 때문이다.

　토지의 투자는 세 종류가 있다. 하나는 농지의 투자가 있고 다음에는 임야에 대한 투자이며, 마지막으로 나대지에 대한 투자이다.

　토지투자에는 투기성 투자와 투자성 투자가 있다. 이 중 기본은 투자성 투자가 바람직하다. 왜냐하면 토지는 재생산이 불가능하므로 최유효이용을 위해서는 꼭 필요한 자에게 최적으로 사용되어야 하기 때문이다. 투기성 토지투자의 기본은 장기투자이고 여웃돈으로 투자하는 것이며 신개발지역이 아니라 예상 신개발지역의 주변지역에 투자하는 것이다. 이와 같은 투기성 토지투자도 투자자의 활동에 따라 투자성 토지투자가 된다. 즉, 비록 지금 당장 이용하지는 아니하나 이를 생산성 있는 토지로 개선하거나 활동을 한다면 이는 투자성 투자로 전환되었다고 볼 수 있다. 토지투자 상담함에 있어 가장 중요한 것은 가격문제가 중요하고 다음으로 토지이용계획으로 특히 건축 가능한 시설의 종류와 매수자가 이용하고자 하는 용도로 전환시켜 주는 것이 가장 중요하다.

　먼저 가격은 우리나라의 토지가격은 경제성을 고려하지 않고 막연한 장래의 자본적 이득에만 기대를 하고 가격이 결정됨으로 가격에 대해 중개업자가 고민할 필요는 없다. 매도인의 요구가격에 매수인의 희망가격과 절충을 잘 해 주는 방법과 타당성을 설득력 있게 하여야 한다. 특히 노무현 정부 이후 토지가격이 전국 균형발전이라는 미명하에 토지가격과 경제성과는 완전히 파괴되어 경제성으로 토지에 투자하려면 과거 지가상승률로 볼 때 5~10년 이상 장기투자를 하여야 투자수익이 발생할 수 있다. 그래서 기획부동산이 더 성황을 이루고 있다.

다음으로 중개업자는 1차적으로 토지이용계획 확인원에 의한 해당 토지의 건축 가능한 시설물의 종류를 정리하여 설명할 수 있도록 준비하고, 그 시설물에 대한 건축 시 행정처리 절차를 해당 토지소재지 지자체에 확인하여 정리해 두어야 한다. 그다음 매수자를 발견하면 매수자의 매수목적을 확인하고 그 목적에 맞도록 토지전환절차를 파악하여 지속적으로 상의 및 협의하여 성사될 수 있도록 한다.

이때 최소한 토지전환에 소요되는 비용에 대해서는 파악이 되어 있어야 매수자와 상담 시 전문인으로 인식시켜 줄 수 있다. 이를 위해 중개업자는 관련지자체의 담당자 및 부서장과 긴밀한 관계를 유지하는 노력을 하여야 한다.

그 외의 토지투자 상담에 참고할 각 토지별 착안사항은 다음과 같다. 토지투자를 상담하는 경우 그에 따른 보수는 개별 필지만을 중개한 경우는 중개수수료를 받고 처리하지만 여러 필지나 난이도가 있는 토지를 상담할 경우는 컨설팅계약을 체결하고 컨설팅 보고서를 작성해 주고 컨설팅 보수로 처리하여야 한다.

1. 농지투자 상담

토지투자의 대표적인 투자는 농지투자와 임야에 투자하는 것이다. 이 중 임야투자보다는 농지투자를 더 선호한다. 농지투자를 토지투자 중 임야투자보다 더 선호하는 이유는 몇 가지 이유에서이다.

농지투자는 임야투자와 같이 단위가격이 낮아 투자가 용이하다. 그런데 임야투자보다 장점은 첫째, 면적이 적은 토지를 구하기 용이하기 때문에 임야보다 소액으로도 투자가 가능하며, 둘째, 답에서 전으로 용도전환이 임야보다 용이함과 같이 다양한 용도로 사용하기 용이하고, 셋째, 우리 국민의 정서는 임야보다는 농지를 더 선호하기 때문에 환금성이 임야보다 높으며, 넷째, 농지는 생산성이 임야보다 높으며, 다섯째 농지는 감면제도가 있어서 양도 시 임야보다 수익을 얻을 수 있다.

농지에는 농업진흥지역의 농지와 농업진흥지역 외 농지로 구분된다. 농업진흥지역 농지는 기본적으로 농사 및 임업 또는 어업에 종사하거나 농업 및 임업 또는 어업과 관련된 시설에만 이용된다고 보고 투자하여야 한다. 그래서 농업진흥지역보다 농업진흥지역 외 농지가 투자대상으로 많이 활용된다. 그러나 농업진흥지역에 투자하는 방법이 있다. 먼저 귀농을 하기 위해 투자하는 것이 있고 다른 하나는 주말농장으로 투자할 수 있다. 그 외에는 농지에 투자하는 자가 농지원부를 확보하기 위해 농지에 많이 투자하며 귀농이나 대농사업을 위하여 농지에 투자하기도 한다. 귀농이나 대농사업을 위한 투자의 좋은 예는 특수작물 재배나 기계농사를 위한 투자들이다. 귀농이나 기타 농지투자를 위해 농지를 구입하는 방법으로 토지거래 허가구역인 경우 농지거래가 많은 제한을 받는다. 그래서 농지를 계약 후에 농지소재지 부락에 거주 가능한 빈 주택이나 주민의 주택에 임대차 계약을 체결하고 6개월 이상 전 세대원의 주민등록을 이전한 뒤 해당 농지는 잔금을 지불하고 근저당을 매매가격과 동일한 가격으로 설정하였다가 6개월이 경과하면 소유권을 이전받는 방법을 활용하기도 한다.

또 농지에 투자하는 가장 좋은 방법은 경매나 공매를 활용하기도 한다. 농지투자를 위해 경매나 공매를 이용할 때 반드시 확인할 사항은 대상농지 위에 설치된 지상물의 상태를 반드시 확인하여야 한다. 대부분의 농지 위에는 지상물이 없는 경우가 많으나 간혹 나무가 식재되어 있는 경우 또는 비닐하우스가 설치된 경우 등이 있고 농업용수를 위해 지하수 펌프가 설치된 경우가 있다. 나무가 설치된 경우는 나무가 경매나 공매 대상에 포함되지 않는 경우가 있다. 이때 소유자가 식재한 나무는 부동산 인도명령을 하여 나무를 옮기도록 할 수는 있으나 기간이 요구된다. 그러나 임대차 계약을 한 경우는 임대차 기간 중에는 이전시킬 수 없으므로 많은 애로가 발생할 수 있다. 따라서 이러한 경우는 낙찰가를 최대한 낮추어 낙찰을 받고 임차인과 협의하여 나무를 매입하는 방법 등을 이용하기도 한다.

비닐하우스가 설치된 경우도 나무가 식재되어 있는 경우와 같은 요령으로 처리하고 있으나 이때 반드시 조심할 사항은 비닐하우스 바닥에 콘크리트 타설이 되어 있느냐 안 되어 있느냐에 따라 큰 차이가 있다. 만일 바닥에 콘크리트 타설이 되어 있으면 소유자의 소유물인 경우 경매에 포함되어 있지 않으면 법정지상권이 성립될 수 있으므로 각별히 조심하여야 한다. 또 임대차가 되어 있는 경우 비닐하우스 바닥에 콘크리트 타설이 되어 있으면 시설 이전 시 유익비가 지불될 수 있음도 주의해야 한다.

그 외에 일부 중개업자들은 해당 농지소재지 읍·면·동 사무소 담당직원을 설득하여 농지원부를 만들어 주는 방법을 사용하기도 한다. 농업진흥지역 외 농지는 농업진흥지역 농지보다는 부동산중개에 큰 영향은 없으나 이 경우에도 농업경영 계획서를 작성하여 해당 농지소재지 읍·면사무소 및 동 주민센터로부터 농지취득 자격증명을 받게 되므로 최소한 첫해는 농업경영 계획서대로 농사를 경작하여야 한다. 만일 이를 이행하지 않으면 이에 다른 행정처벌이 가해진다.

농업진흥지역 외 농지에 투자하는 것은 농업진흥지역에 비해 보다 용이하다. 농업진흥지역 외 농지는 농림지역도 있으나 주로 관리지역으로 많이 분류되어 있어 구입 후 비교적 건축이 용이하다. 그래서 농업진흥지역의 농지에 비하여 값이 비싸다. 농지를 취득하는 데 납부하는 세금에는 취득세를 납부하여야 한다. 농업진흥지역 외 농지는 정부에서도 농업정책에 크게 위반되지 않는 범위 내에서 다양한 농촌진흥정책을 펴고 있어 다양한 용도로 전용이 가능하다. 대표적인 것이 전원주택지 조성을 비롯하여 펜션건축, 농가주택 건축, 근린생활 시설설치, 농어업용 공장 및 창고, 병원시설 등 다양하다. 특히 한계농지에 대해서는 도시의 자본을 농촌으로 유입하기 위하여 그 용도전환이 매우 용이하다. 이처럼 농지를 농사짓지 않고 다른 용도로 전환하려면 먼저 대지로 전환하여야 하므로 농지전용 절차를 거쳐야 한다. 이때 농지전용 허가절차는 다음과 같다.

첫째, 농지를 구입과 동시에 하거나 농지구입 후 농지전용를 하고자 하는 자는 해당지역 읍·면사무소에 농지전용허가(신고)신청서를 작성하여 제출하여야 한다. 만일 농지구입과 동시에 하고자 하는 경우는 구입계약 전에 해당 읍·면사무소의 담당자를 만나 사전 심의를 받아 두는 것도 한 방법이다. 이때 농지전용 허가를 받기 위해 해당 읍·면사무소에 제출하여야 할 서류는 다음과 같다.

- 농지 전용허가 신청서
- 전용목적, 사업시행자, 시행기간, 시설배치도, 소요자금 조달방법, 기타 등이 포함된 사업계획서
- 일부지역에서는 토지대장만을 요구하기도 하지만, 지적도 및 토지대장, 지형도 등의 행정기관에서 발급받은 서류
- 당해 토지에 대한 소유권이나 사용권리를 확인할 수 서류를 제출하는 데 등기부등본이나 토지사용승인서 등을 제출

-만일 폐기물이나 공기오염 등을 시키는 시설을 설치하는 경우에는 이를 방지하기 위한 서류와 토지채취 및 성토 등의 농지개량 시설과 도로설치 및 폐지 또는 변경 그리고 토사유출 방지하는 시설설치 서류 등 인근 농지 및 환경에 피해를 줄 것이 예상되는 경우에는 피해방지계획서 등을 제출

둘째, 시행자로부터 농지전용 허가신청서를 접수한 자치단체는 농지위원회를 소집하여 농지전용 허가신청서를 심의하도록 한다. 이때 심의기준은 다음과 같다. 따라서 신청자는 이를 기준으로 심의기준에 충족하도록 서류를 제출하여야 한다.

-우선 전용하고자 하는 농지가 전용이 가능한 용도지역 및 지목의 농지인지를 검토한다.
-다음에는 가능한 농지인 경우 신청서의 목적사업이 당해 농지의 용도 및 지목에 적합한가를 검토한다. 이때 주로 검토하는 사항은 시설의 적합성과 시설의 규모와 용도가 사업에 적합한가, 그리고 건축할 때 도로사용과 상하수도 이용 및 설치관계를 검토한다.
-그리고 전용하여 설치하고자 하는 면적의 적합성을 검토한다. 즉, 건폐율은 당해 용도에 적합한가, 건축되는 건축물의 기능과 용도 그리고 그 배치계획이 적합한가 등을 검토한다.
-다음에는 농지전용 신청 농지의 농지로 보전하여야 할 가치 여부를 검토한다. 즉, 당해 농지가 농업기반 정비사업을 한 토지인지 여부와 농지집단화에 위배되는지 여부, 그리고 장차 이 전용농지로 인하여 주변의 농지가 점차적으로 잠식될 가능성은 없는지 여부를 확인한다.
-그리고 주변 농지에 피해를 주지 않는지 여부를 검토한다. 즉, 이 전용농지로 인하여 농지개량시설의 피해 여부와 농로 및 도로의 폐쇄 여부 또는 변경으로 발생하는 농업기반시설에 미치는 영향 그리고 토자유출, 폐수배출, 악취나 소음의 발생 여부를 검토하고 주변 농지에 일조나 통풍 및 배수 그리고 주변 농지 경작자의 경작에 지장을 주는지 여부를 검토한다.
-마지막으로 농지전용 신청한 사업이 실제로 사업계획서대로 실행할 경우 실현가능성이 있는지 등을 검토한다.

셋째, 농지위원회의 확인 및 심의를 받은 농지전용 허가신청서는 당해 토지 소재지의 지자체장에게 송부한다.

넷째, 농지전용 허가신청서를 접수한 지자체장은 이를 검토하고 현장확인을 통하여 확

인한다.

다섯째, 현장확인이 마치면 허가 및 불허가 통지를 12일 내 시행자(신청자)에게 통보한다.

여섯째, 농지전용 허가를 받은 신청자는 착공 전에 농지보전부담금(통상 농지전용부담금이라고도 함)을 납부하고, 또 면허세와 국민채권을 매입하며 그 영수증을 허가기관에 제출한다.

이때 원상복구 예치금도 납부하여야 하는데 이는 시행자가 제대로 전용을 하지 않았을 경우 농지로 원상복구해야 할 비용을 신청자가 원상복구하지 않을 경우 행정기관이 하기 위해 행정기관에 예치하는 금액으로 통상 보증보험증서로 대치하고 있다.

일곱째, 각종 제세공과금의 납부영수증을 접수한 행정기관은 농지전용허가증을 교부해 준다.

여덟째, 농지전용 허가증을 받은 신청자는 1년 이내 착공하여야 하며 준공허가를 받으면 토지는 대지로 전환된다.

이렇게 농지전용을 하기 위해서는 이에 소요되는 비용을 준비하여야 하는데 그 비용은 취득 시 취득세 외에 건축행위 시 설계비 및 건축비용, 그리고 완공 시 취·등록세, 당해 지역개발공채, 면허세, 원상복구 예치금, 농지보전부담금 등을 준비하여야 한다.

이때 건축비는 건축재료를 무엇을 사용하여 건축하느냐에 다양한 영향을 그 건축비도 다양하다. 그러나 일반적으로는 2011년도 기준 주택을 건축할 경우 평당 300만 원을 적용하고 있다. 만일 건축을 하지 않을 경우 통상 컨테이너나 간이조립식 임시가건물을 설치하고 있다. 이때 임시가건물은 1년 단위로 연장신청을 하여야 하는데 실제는 장기간 설치·운영하고 있다. 이때 임시가건물 설치비는 평당 150만 원이 소요되고 있다.

2. 임야투자 상담

임야의 투자는 농지의 투자보다 더 장기투자에 활용한다. 임야투자는 대부분 농지에 비하여 저렴한 가격에 큰 면적의 토지를 구입할 수 있으며, 인근 시·군·구 지역에 거주하면 비사업용 토지로 분류되지 않아 양도소득세 중과세 대상이 되지 않고 일반과세를 적용받기 때문에 임야에 투자를 한다. 그리고 임야는 농지에 비하여 거액의 투자금액이 필요하므로 일반 투자자는 접근이 매우 어렵고 또 단위당 투자금액이 낮은 대신 그 수익률이 높아 임야투자를 잘 아는 또는 경험 있는 사람이나 큰돈을 보유하고 있는 투자자들이 많이 투자가 이루어진다.

일반 투자자들이 임야에 투자하는 경우는 묘지용 임야, 전원주택지용 임야, 종중용 임야 등에 많이 한다. 그 외에 조경사업을 하거나 하고자 하는 사람, 개인 수목원이나 가축사육장 및 장뇌삼 등과 같이 특수약초 재배를 하고자 하는 사람들이다. 그 외에 골프장 및 연수원 건축, 눈썰매장 등 스키장, 콘도 등 휴양시설 등 비교적 큰 면적의 개발은 기업이 투자하고 있다. 특히 우리나라 사업가들은 대부분 자신이 하고 있는 사업을 통하여 재산을 증식하기보다는 부동산투기를 통하여 재산을 증식한 구습이 있어 기업가들 중에 큰 자금이 생기면 임야에 투자하고자 하는 자가 많다.

특히 정치인이나 고급공무원 또는 그의 부인들 중에서도 농지 또는 임야에 투자를 해 두는 경향이 많다. 따라서 정치인이나 고급공무원들 그리고 정부 건설계획에 대해 설계 또는 컨설팅을 의뢰받은 설계사무소 직원들이 구입하고자 하는 지역을 파악하여 고객에게 투자하도록 하는 것도 좋은 토지투자 상담을 하는 방법이다.

최근에는 기획부동산에 의해 임야를 구입한 후 이를 660㎡(약 200평) 내외의 넓이로 분할하여 전원주택지로 개발하여 소액투자자들을 유인하고 있다. 이와 같은 임야투자는 다른 투자와 동일하게 단순투자용으로 구입하거나 개발하고자 투자하는 실수요자의 투자로 구분된다.

단순투자용으로 투자하는 경우는 국가의 산업기반시설 공사로 인한 보상을 목적으로 투자를 많이 하고 있고, 일부는 담보물로 활용하기 위하여 투자하기도 한다. 임야를 부동산중개업자가 상담하기 위해서는 다른 종류의 부동산 절차와 동일하게 상담하는데 다음의 몇 가지는 임야에서 특히 착안하여야 한다.

첫째, 임야는 경계가 명확하지 않으므로 가급적 겨울에 현장을 확인하고 조사하는 것이 바람직하다. 특히 국토해양부의 부동산정보를 통하여 항공사진으로 된 지적도면을 인쇄 받아 이를 이용하는 것이 유용하다.

둘째, 임야의 가격은 이용률에 의해 결정된다. 즉, 임야의 임야대장상 면적이 1만㎡인데 1억에 거래되려 한다면 이용률이 20%일 경우 2,000㎡에 1억 원이므로 이 임야는 ㎡당 5만 원으로 판단한다. 만일 개발할 경우는 경사도 30도 이상의 경사지 개발 외 지역으로 판단하고 공원이나 체육시설로 활용하도록 개발 콘셉트를 잡고 있다.

셋째, 토질이 중요하다. 임야는 묘지로 이용하고자 하거나 농지 및 대지로 개발하고자 하는 경우가 대부분이라 토질은 매우 중요한 것이다. 또 바위가 많은 산은 염소 사육장으로 개발하기도 하고 도로 및 댐 공사 등의 자갈재료로 사용하기 위하여 구입하기도 한다.

넷째, 임목도가 중요하다. 특히 한국 송이 많은 곳은 임야전용이 어렵다. 임목도로 인하여 거래 허가가 나지 않는 경우가 많이 있다. 특히 한국 소나무는 절대적으로 영향을 미친다. 따라서 임야 주인에게 매년 간벌을 하도록 하여 임목도를 낮추는 것이 거래에 용이하다.

다섯째, 임야투자 시 가장 부동산중개업자가 어려운 문제는 묘지문제의 처리이다. 통상 매도인이 묘지처리를 하여야 한다. 그래서 부동산중개업자는 물건 접수 시 이 문제를 매도인에게 주지시켜 장묘회사에서 정확한 협의를 하여야 한다. 임야도 형질변경(산지전용)이 요구될 시 그 형질변경 절차는 농지와 동일한 방법으로 전용하면 된다. 단 임야의 전용 시는 농지전용의 경우 농지보전부담금을 납부하는 것처럼 임야인 경우에는 대체조림비(산지전용 제한지역: 3.3㎡당 12,469원, 보전산지: 3.3㎡당 2,451원, 준보전산지: 3.3㎡당 6,234원)를 납부한다.

여섯째, 임야는 맹지라도 임도에 접하는 경우가 있으나 이로 안하여 착각을 많이 함으로 유의하여야 한다. 임야는 대부분 임도가 있어 임야도만 가지고 판단해서는 아니 되며 반드시 현지를 확인하여 임도가 어떤 형태로 설치되었는지 확인하여야 한다. 임도에 콘크리트 포장까지 되어 있다면 맹지가 아닌 것으로 판단한다. 그러나 도로에서 임도다 단일 소유자 토지로 설치된 경우는 맹지로 될 수 있으므로 유념하여야 한다.

3. 나대지투자 상담

나대지는 토지 중 대지에 해당하는 토지를 말하며, 대부분 용도지역이 지정되어 있다. 나대지에서 중개업자가 착안하여야 할 사항은 나대지에 접한 도로의 너비, 접한 도로가 해당 나대지에 접한 방향, 나대지의 모양 및 형질, 용적률 및 건폐율, 건축 가능한 시설물의 종류 등에 대해서 잘 파악하여야 한다.

나대지를 찾는 투자자는 대부분 단독주택, 다가구주택, 다세대주택, 아파트 및 공장을 건축하고자 하는 사람들이며, 매우 드물게 할인매장 및 호텔, 회사 사옥, 요양병원 및 종합병원 등을 건축하고자 하는 사람들이다. 나대지투자 상담은 나대지를 구입해 줌으로써 끝나는 것이 아니라 건축된 건물에 대한 임대와 매매까지 연결되는 경향이 많음으로 상담할 때 이를 충분히 고려하여 상담하여야 한다.

나대지를 싸게 구입하는 방법은 택지개발에서 택지 미분양으로 분양가를 인하하여 비공개 매매를 하는 것을 노려볼 만하고, 경매 및 공매를 통하여 저렴하게 구입하는 방법 등이 있다. 또 나대지의 수익을 증대하는 방안은 나대지의 적절한 가공을 하거나 건축을 하는 방법 등이 있다.

제5장
경매 및 공매

1. 경매

1) 경매의 종류

(1) 강제 경매

강제 경매는 법원이 채권자의 청구에 의하여 채무자 소유의 부동산을 압류하여 채무자의 의사와는 관계없이 강제로 매각한 다음 그 매각 대금으로 채권자의 채권을 만족시키는 강제 집행방법의 하나이며 채무자의 일반재산에 의한 일반책임, 즉 인적 책임의 실현을 구하는 것이다.

(2) 임의 경매

임의 경매는 담보권 실행을 위한 경매로 강제 경매에 대비하는 것으로 행해지는 것과 민·상법 등의 규정에 의하여 재산의 보관 또는 정리, 가격 보존 등의 목적으로 그 목적을 환가하는 것으로 통상 근저당권자가 법원에 경매를 신청하여 이루어지는 강제 집행방법으로 특정재산에 의한 물적 책임의 실현을 구하는 것이다.

2) 경매의 함정

(1) 유치권은 등기부등본상에 나타나지 않는 물권이므로 현지조사 시 관심을 가지고 조사하여야 한다. 많은 경우 경락인이 부담하여 낭패를 보는 일이 많다.

(2) 선순위 저당권의 대위변제로 임차권이 말소되지 않고 대항력을 갖추게 되는 경우가 발생가능성이 있는지 점검해야 한다.

(3) 최저 경매가격보다는 최근 낙찰가 동향을 파악하는 것이 더 중요하다.

(4) 공동주택의 경우 토지에 별도등기가 있으면 권리취득이 어려울 수 있다.

(5) 위장 임차인 여부를 확인할 줄 알아야 한다.

(6) 가등기, 가처분, 법정 지상권 여지가 있는 물건은 철저한 권리분석이 필요하다. 가끔은 허위인 것이 있다. 금융기관 등에 확인하는 것도 한 방법이다.

(7) 항고, 재항고, 가능성 여부를 판단해야 한다.

3) 경매절차

(1) 경매절차 진행도

절차	내용		
집행법원 서면심리	→	경매신청각하 재판	- 재판결과에 대해 불복 시 즉시 항고(이해관계인)
↓			
경매개시 결정 즉시압류/기입등기촉탁	→	이해관계인 이의신청 시 재판 (법원)	- 재판결과에 대하여 불복 시 즉시 항고
↓			
경매신청	- 채권자가 경매 신청서 작성, - 「민법」 제602조에서 규정한 서류를 첨부하여 제출 - 부동산 등기부 등본, 집행력 있는 정본 및 채무 명의 송달 증명서, 부동산목록 4통, 등록세 영수증 확인서 및 통지서 - 경매 신청인은 경매절차를 진행시키는 데 필요한 비용을 예납 (등록세, 송달료, 신문 광고료, 현황 조사료, 감정료, 경매 수수료)		
↓			
경매준비(법원)	- 공과금 주관기관에 조세 등 기타 채권 계산서 제출 최고(법원) - 물건현황조사(집행관) 명령(법원) - 감정평가(감정평가사) 참작 최저 경매가 결정(법원) - 물건명세서 작성(법원)		
↓			

경락기일 지정 공고 (법원)	− 경매기일 14일 전 신문에 경매 및 경락기일 지정 공고 − 경매기일 1주일 전부터 물건자료 열람 제공 − 매수자들은 이를 기초로 실체와 권리를 분석하여 입찰가를 판단해야 함.
↓	
경매실시	− 입찰개시 선언(집행관) − 입찰표에 소정의 사항을 기재하여 보증금과 함께 입찰봉투에 넣어 봉인한 다음 입찰함에 투함. 　(매수자: 도장, 주민등록증, 볼펜, 매수 신청 보증금: 최저 매각가의 1/10 준비) − 입찰마감 선언→최고가입찰자의 성명과 가격 호칭하고 경매종결 고지(집행관)
↓	
소유권이전 등기 촉탁	− 대금납부와 동시에 소유권은 매수자에게 귀속됨. − 매수자가 소정의 등록세, 교육세를 납부한 후 소유권이전등기 촉탁서를 제출하면 법원이 등기소에 이전등기를 촉탁하여 줌.
↓	
배당실시	− 매수자 경락대금 납부 후 법원은 배당기일을 정하여 이해관계인과 배당을 요구한 채권자 소환 − 배당표는 배당기일 3일 전에 법원에 비치 − 법원은 출석한 이해관계인과 배당요구 채권자를 심문, 배당표를 확정 − 배당기일에 이의신청이 없는 때는 배당표에 의거 배당 실시 − 불출석한 채권자는 배당표의 실시에 동의한 것으로 봄. − 채권자는 채권증서 및 원리금 계산서를 제출해야 함.
↓	
인도 청구 명령	− 매수자는 대금납부 후 6월 내 법원에 채무자, 소유자 및 불법점유자에 대하여 부동산 인도명령을 신청(약 2주 소요) − 6월 이후부터는 인도명령 신청은 할 수 없으며, 명도 소송으로만 가능(약 3~6개월 소요) − 점유자가 경락인에게 대항할 수 있는 권원을 가진 경우에 인수(예: 지상권자, 전세권자, 임차권자 등) − 대항력 없는 임차인 등에 대하여는 인도소송만 가능
↓	
종료	− 채권자의 권리 실현을 위한 경매신청을 시작으로 하여 매수자가 경락을 받고 대금을 납부하면 소유권은 매수자에게 귀속되지만, 명도책임은 매수자에게 있는 것이므로, 이상의 모든 절차를 거친 때에 비로소 경매절차가 종료되었다고 할 것임.

(2) 경매신청

① 경매신청은 채권자가 부동산 소재지 관할 법원에 「민법」 제602조에서 규정한 부동산 등기부 등본, 집행력 있는 정본 및 채무 명의 송달 증명서, 부동산 목록 4통, 등록세 영수필 확인서 및 통지서, 경매 신청서를 작성하여 제출한다.

② 신청서에는 채권자의 인적사항, 채무자의 인적사항, 법원의 표시, 부동산의 표시, 원인 채권과 채무 명의, 그리고 필요시 대리인을 표시한다.

③ 이때 경매신청자는 경매절차를 진행하는 데 소요되는 등록세, 송달료, 신문 광고료,

현황 조사료, 감정료, 경매 수수료 등을 예납하여야 한다. 이 비용은 통상 배당 시 경매비용으로 맨 먼저 배당을 받게 된다.

(3) 집행법원 서면심리

① 집행법원은 경매신청서를 접수하면 이에 대한 서면 심리하여 부적합 경우는 각하하고, 타당한 경우에는 경매개시 결정을 한다.

② 경매 각하하는 경우는 강제 경매신청 요건의 흠결, 경매개시 요건의 흠결 등 개시 결정에 관한 절차상의 하자를 이유로 하는 경우에만 할 수 있으며, 실체상의 이유를 각하할 수 없다. 단, 이해관계인은 서면이나 구술로 개시 결정에 대하여 이의를 신청할 수 있다.

③ 이때 이해관계인은 집행법원의 재판결과에 대하여 불복할 사유가 있을 때 즉시 항고할 수 있다.

(4) 경매 개시 결정

① 집행법원은 경매 개시 결정을 하게 되면 동시에 그 부동산의 압류 및 경매 기입 등기를 등기소에 촉탁한다.

② 그러나 부동산에 대한 압류 효과는 채무자에게 경매 개시 결정이 송달되었을 때부터 효력이 있다.

③ 채권자에게는 송달 외에 적당한 방법으로 고지하여도 관계없다.

(5) 경매 준비

집행법원은 경매 개시 결정을 한 뒤 이어서 환가 준비 절차를 밟게 된다. 그 환가 절차는 다음과 같다.

① 공과최고: 국세청 및 시·군·구청의 공과 주관 공무소에 해당 부동산에 관한 채권의 유무를 통지할 것을 최고한다.

② 물건 현황조사: 해당 법원의 소속집행관에게 부동산의 현황 및 점유관계, 임대차 관계를 조사 보고하도록 명한다.

③ 감정 평가: 국가공인 감정평가인에게 목적부동산에 대한 감정평가를 의뢰하고 그

평가액을 최저 경매가격(법사가)으로 정한다.

④ 입찰물건 명세서: 해당 사건에 대한 사건 번호, 입찰물건의 물건번호, 소재지, 용도, 면적, 최저 입찰가격과 기타사항 등을 기록한 명세서를 작성하고, 이를 경매 기일 1주일 전부터 불특정다수인을 상대로 공개 열람하며 이를 위해 법원에 비치하여 제공한다.

(6) 경매기일 · 경락기일 지정공고

집행법원은 경매 기일 14일 전에 경매할 부동산을 신문에 공고하여 일반인들이 알 수 있도록 한다. 이때 공고내용은 다음과 같다.

① 공고 방식: 아파트, 연립(다세대, 빌라), 근생 시설(상가, 사무실, 오피스텔), 대지(임야, 농지)의 5가지 용도로 구분하여 사건 번호순으로 공고한다.

② 공고 내용: 물건의 표시와 입찰조건, 입찰기일 및 낙찰기일, 입찰장소, 방법, 낙찰 허가 및 대금 납부방법 등을 명기한다.

4) 경매 참가 전 조사분석

다음은 법원에서 경매 실시를 하게 되는데 이때 경매 참가자격으로는 소유자와 채무자는 경매에 참가할 수 없고, 그 외의 부적격자를 제외하고 누구나 참가할 수 있다. 경매에 참가하고자 하는 자는 경매에 응찰하기 전에 먼저 필요한 조사를 하여야 한다. 이때 경매 참가자가 조사해야 할 사항은 다음과 같다. 즉, 그 물건에 대해 현재 점유관계와 해당 부동산 자체의 상태, 그리고 그 부동산에 걸려 있는 권리관계를 분석하여야 한다.

(1) 점유관계

먼저 점유관계는 현재 대상 부동산에 실제 입주하여 점유하고 있는 자의 법적 권리 근원문제를 검토해 보아야 한다. 통상 경매 부동산에 점유하고 있는 자를 보면 인도 명령 대상인 자와 명도 소송의 대상인 자로 구분되며, 이를 구분하는 데는 경락인이 부담해야 하는 시일과 금전이 얼마나 되느냐 하는 문제이기 때문이다.

① 인도 대상 명령인 부동산

인도 대상 점유자는 매수자에게 경락 후 부담 없이 부동산을 이전해 주어야 하는 대상으로 그 대상은 다음과 같다.

- 경매부동산 점유하고 있는 채무자
- 경매부동산을 점유하고 있는 소유자
- 경매기입등기 이후 점유 개시한 자

이 인도 명령 대상인 자는 경락 후 매수자에게 대상 부동산을 인계하여야 하나 통상 "자신들은 망해서 쫓겨난다"는 인정상 호소를 내세워 1개월 정도 이사기간을 요구하는 경우가 많고, 이사비용을 요구하는 경우도 있다. 이때 매수자는 인도명령을 법원에 요구할 수 있으나 인도명령 대상자들이 당해 부동산을 훼손하는 등 복잡해지거나 알 수 없는 손해를 방지하기 위하여 인도명령 대상자들에게 협상을 하는 데 통상 인도명령 요구 시 소요되는 비용을 고려하여 이사비용을 지불하고 있다. 만일 인도명령 대상자들이 무리한 이사비용을 요구하는 경우에는 매수자는 불가분 법원에 인도명령을 의뢰할 수밖에 없다. 이때 매수자가 인도명령을 법원에 요구하려면 잔금지불일로부터 6개월 이내에 하여야 한다.

② 명도 소송 대상인 부동산

인도 대상 부동산을 제외한 나머지 점유자(통상 임차인)는 명도 소송 대상인 부동산이다. 명도 대상 점유자는 배당 시 배당을 받았느냐에 따라 다르다. 즉, 명도 대상자의 존재 여부에 따라 매수인이 부담해야 하는 금액은 크게 달라진다. 따라서 입락 참가자는 점유자인 임차인의 배당가능성 여부와 배당받는 금액이 매우 중요하므로 이를 조사하지 않으면 아니 된다. 그 조사 대상은 다음과 같다.

- 보증금 전액을 배당받은 임차인
- 보증금 중 일부만 배당받은 임차인
- 보증금을 한 푼도 배당받지 못한 임차인

즉, 보증금을 전액 배당받는 임차인은 매수인이 당해 부동산에 대한 점유를 이전받는데 전혀 문제가 없다. 그러나 보증금을 일부만 받았다든지, 또는 전혀 받지 못하는 임차인은 매수인의 명도 요구에 순순히 응하지 않게 된다. 그래서 매수인은 이들과 별도로 타협하여 이사비용을 포함하여 추가비용을 미리 판단하여 입찰에 응해야 한다. 이때 추가 소요되는 추가비용이나 명도 소송하는 데 소요되는 소송비용, 그리고 소송이 완료 시까지

장시간이 걸리므로 비용과 시간적인 면을 낭비하게 된다.

③ 주택 소액 임차인 기준

선순위 물권 등기시기	최우선 변제 금액			비고
	서울/ 수도권	광역시	기타지역	
81. 3. 5. 이전	없음.	없음.	없음.	대항력 없음.
81. 3. 5.~83. 12. 31.	없음.	없음.	없음.	동법 제정
84. 1. 1.~87. 11. 30.	300만 원	300만 원	200만 원	
87. 12. 1.~90. 2. 18.	500만 원	500만 원	300만 원	
90. 2. 19.~95. 10. 18.	보증금 2,000만 원 이하 700만 원	보증금 2,000만 원 이하 700만 원	보증금 1,500만 원 이하 500만 원	확정일자 부여 시 후순위 채권자보다 우선변제권 신설
95. 10. 19.~01. 9. 15.	보증금 3,000만 원 이하 1,200만 원	보증금 3,000만 원 이하 1,200만 원	보증금 2,000만 원 이하 800만 원	
01. 9. 15.~08. 8. 20.	보증금 4,000만 원 이하 1,600만 원	보증금 3,500만 원 이하 1,400만 원	보증금 3,000만 원 이하 1,200만 원	수도권: 서울/ 인천시일부/ 의정부시/구리시/ 남양주시 일부/하남시/고양시/수원시/성남시/안양시/부천시/광명시/과천시/의왕시/군포시/시흥시 일부
08. 8. 21.~10. 7. 25.	보증금 6,000만 원 이하 2,000만 원	보증금 5,000만 원 이하 1,700만 원	보증금 4,000만 원 이하 1,400만 원	
10. 7. 26.~현재	서울	수도권 과밀억제권	광역시	기타지역
	보증금 7,500만 원 이하 2,500만 원	보증금 6,500만 원 이하 2,200만 원	보증금 5,500만 원 이하 1,900만 원	보증금 4,000만 원 이하 1,400만 원

최우선 변제의 범위: 각 임차인의 보증금의 합산액이 주택가액(대지포함)의 1/2 범위 내에서 최우선 변제권이 있음.
대항력: 주택인도와 주민등록 전입신고가 된 상태의 권리

④ 상가 소액임차인 기준

선순위 물권 등기시기		최우선 변제금액			
		수도권	과밀 억제권	광역시	그 밖
2002. 11. 1. 이전		없음.	없음.	없음.	없음.
2002. 11. 1.~2008. 8. 20.	적용대상	2억 4,000만 원	1억 9,000만 원	1억 5,000만 원	1억 4,000만 원
	최우선 변제범위	보증금 4,500만 원 이하 1,350만 원	보증금 3,900만 원 이하 1,170만 원	보증금 3,000만 원 이하 900만원	보증금 2,500만 원 이하 750만원
2008. 8. 21.~2010. 7. 25.	적용대상	2억 6,000만 원	2억 1,000만 원	1억 6,000만 원	1억 5,000만 원
	최우선변 제범위	보증금 4,500만 원 이하 1,350만 원	보증금 3,900만 원 이하 1,170만 원	보증금 3,000만 원 이하 900만 원	보증금 2,500만 원 이하 750만 원
2010. 7. 26.~현재	적용대상	3억 원	2억 5,000만 원	1억 8,000만 원	1억 5,000만 원
	최우선변 제범위	보증금 5,000만 원 이하 1,350만 원	보증금 4,500만 원 이하 1,170만 원	보증금 3,000만 원 이하 900만 원	보증금 2,500만 원 이하 750만 원

(2) 경매부동산 자체

① 대상부동산 자체가 과도히 노후화되어 경락되어도 부동산 자체를 경락자 목적대로 사용하는 데 투자되는 비용이 손해라면 경락에 참여해서는 안 된다.

② 신축건물이 아닌 종전건물에 설정된 저당권에 의한 낙찰일 경우는 경락되어도 소유권 취득 못 한다.

③ 종물 및 부합물이 아닌 건물을 토지 또는 건물의 종물 및 부합물로 보고 경락된 경우에도 소유권을 취득 못 한다.

(3) 권리 분석

① 권리 분석표

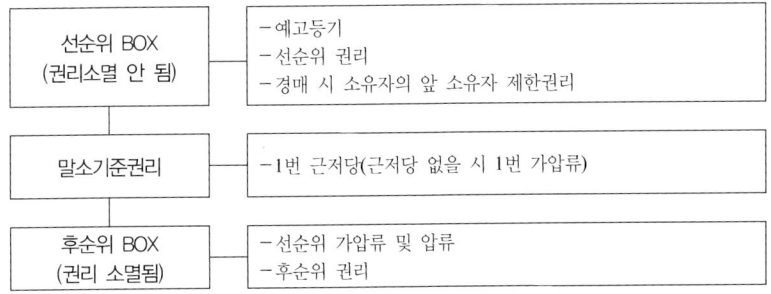

```
┌──────────────┐      ┌──────────────────────────────┐
│  선순위 BOX   │ ──── │ - 예고등기                    │
│ (권리소멸 안 됨)│      │ - 선순위 권리                  │
└──────────────┘      │ - 경매 시 소유자의 앞 소유자 제한권리 │
                      └──────────────────────────────┘

┌──────────────┐      ┌──────────────────────────────┐
│  말소기준권리   │ ──── │ - 1번 근저당(근저당 없을 시 1번 가압류) │
└──────────────┘      └──────────────────────────────┘

┌──────────────┐      ┌──────────────────────────────┐
│  후순위 BOX   │ ──── │ - 선순위 가압류 및 압류         │
│ (권리 소멸됨)  │      │ - 후순위 권리                  │
└──────────────┘      └──────────────────────────────┘
```

```
* 권리의 종류
   - 임차권(3대 대항요건 갖춘)
   - 전세권
   - 처분 금지 가처분권
   - 유치권(관리비, 유익비, 필요비)
   - 가등기(소유권이전 청구권 보전)
   - 환매 등기(특약)
   - 용익 물권(지상권, 지역권)
   - 예고 등기

* 말소기준권리(소유자에 대한 권리로 결정)
   - 최우선 근저당
   - 최선순위 전세권

* 전세권이 말소기준권가 될 수 있는 자격
   - 건물 전체에 대한 전세권일 것
   - 전세권자가 경매신청을 했거나 또는 배당신청을 했을 경우
   - 임차권 및 임차권 등기명령
   - 담보가등기
   - 경매개시 결정권리
```

② 임차인 최우선 변제와 인도·명도 대상표

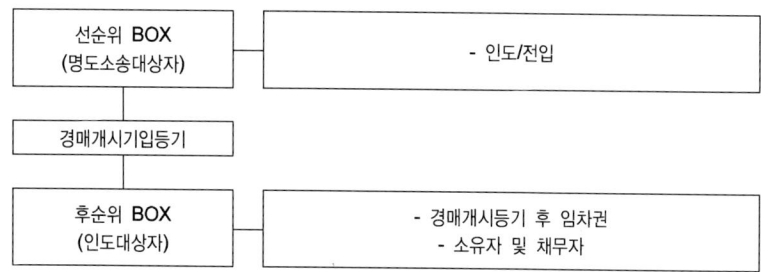

　　* 선순위이고 전입신고가 된 임차권은 배당신청이나 경매신청을 안 했을 경우에
　　　는 말소되지 않는 인수권리임.

③ 등기부상 알 수 있는 소멸되지 않는 권리(인수권리)의 종류
　－전 소유자에 대한 가압류 등기
　　* 예외: 이 가압류보다 선순위 담보권 등기가 있으면 소멸됨.
　－선순위 가처분 등기
　　* 예외: 이 가처분 등기보다 선순위 담보권 등기가 있으면 소멸됨.
　　* 예외의 예외: 토지소유자가 그 지상건물 소유자에게 토지 및 건물 인도 청구권
　　　을 보전하기 위하여 건물에 대한 처분 금지 가처분을 한 경우에는 이 처분 금지
　　　가처분 등기가 건물에 관한 강제 집행신청 기입 등기 또는 담보권 설정 등기 이
　　　후에 등기되어도 경락으로 소멸되지 않음.
　－선순위 매매 예약 등기
　－소멸되지 않는 전세권
　　* 선순위 전세권
　　* 경매신청 기입 등기 현재 존속 기간이 6개월 이상인 전세권(민사집행법에는 누락)
　　* 배당을 요구할 시는 소멸됨.
　－선순위 지상권(당사자 계약 외에 상속, 판결, 경매, 공용 징수, 취득 시효에 의한 것
　　도 해당됨)
　－토지저당권이 건물의 경락인에게 인수 되는 경우(집합건물의 대지권 등기 이전에
　　설정된 토지의 저당권)
　－선순위 환매 특약 등기

- 소유권 말소 예고 등기
- 보증금이 전액 변제되지 않은 임차권 등기(명령)
- 법정 지상권
- 환지 예정지의 지정 부동산은 자세히 조사 필요(손해 발생 가능성 있음)
- 건물의 공용부분에 체납된 3년 이내 관리비(체납 전기료는 제외)

5) 응찰(입찰 실시)

매수자가 응찰하는 요령은 부동산 등에 대한 입찰실시에 관한 처리 지침(대법원예규)에 의거 다음과 같은 절차로 진행한다.

(1) 입찰 준비

매수자는 경매법정에서 제공하는 입찰표와 입찰봉투를 준비한다. 경매법정에서는 입찰표의 견본 및 주의사항을 게시하고 입찰물건 목록과 입찰물건 명세서를 비치한다. 개인의 자격으로 응찰하기 위하여 입찰에 참가할 때는 주민등록증과 도장 및 최저가격의 10%에 해당하는 보증금을 준비하면 되고, 법인의 자격으로 응찰할 때는 법인 등기부등본, 법인 인감증명서, 법인 도장 및 입찰 보증금 그리고 대표자 신분증을 준비하여야 하며, 만일 대리인으로 참가하는 경우는 위임장과 인감증명서 및 수임인의 신분증과 도장을 준비하여야 한다.

(2) 입찰 실시 및 진행과정

① 통상은 경락일 오전 10시 또는 10시 30분(특별한 경우에는 짝수 사건번호는 10~11시에, 홀수 사건번호는 오후 2시)에 법원 사무관 등이 정한 입찰 사항과 방법 및 주의사항을 고지하는 등 개정선언과 더불어 약 30분간에 걸쳐 입찰 요령과 주의사항에 대해 설명을 하고, 이어서 1시간 동안 해당 사건의 부동산을 열람할 수 있도록 한다. 그러면 응찰자는 입찰표에 입찰가를 기재하고 최저가의 10%에 해당하는 보증금과 함께 입찰봉투에 넣어 봉인한 뒤 입찰함에 11시 30분까지 투함한다.

② 11시 30분 집행관이 입찰봉투 투함이 있은 후, 입찰 마감을 선언한다.

③ 11시 30분~12시 집행관은 입찰함을 개함하고, 개찰 및 최고가 입찰자 결정하여, 주 집행관에게 이관하면 주집행관은 이를 확인한 뒤 최고가 입찰자 성명과 가격을 호칭하고 공유지분과 건설임대주택의 경우 우선매수 신청 여부를 문의 후 있으면 최고가 매수자는 차순위 매수자로 위치가 바뀌었음을 선언하고, 없으면 최고가 매수자로 선언한다. 또한 일반 입찰 물건은 차순위 입찰자를 호명한 뒤 경매종결을 선고한다. 이때 최고가 매수자 는 보증금 입금확인서를 받고 매수자 결정기한을 알려 준다.

(3) 입찰 종료 후 처리

① 최고가와 차순위 입찰자 외에는 보증금을 현장에서 즉시 반환해 준다.
② 집행관은 종결 즉시 집행법원 세입·세출 현금출납 공무원에게 보증금을 납부하고, 입찰기록을 정리하여 집행법원에 송부한다.

(4) 낙찰 허가 및 대금 납부

① 낙찰 허가 여부 선고: 경매담당관이 지정된 경락기일에 입찰 법정에서 최고가 입찰 자에 대한 경락 허가 여부를 선고한다. 허·부 결정은 법정에서 선고만 할 뿐 낙찰자, 채 권자, 채무자, 기타 이해관계인 누구에게도 통지하지 않으므로 결과를 알고 싶은 경우에 는 입찰 법정에 출석하거나 법원 게시판 공고에서 확인하여야 한다.
② 경락일로부터 통상 7일간의 이해관계인의 이의 신청기간을 부여하고 7일이 지나면 낙찰인에게 매각 허가결정 정본이 전달되고 이로부터 또 7일 정도 지나면 대금지급 기한 통지서를 경락인에게 통지된다.
③ 경락일로부터 7일 이내에 이의(항고)를 신청하는 모든 항고인은 경락대금의 1/10에 해당하는 보증금을 공탁하여야 하고, 이 중 채무자와 소유자의 항고는 기각 시 보증금이 몰수되며, 그 외의 항고인은 항고일로부터 항고 기각결정이 확정된 날까지 연 2할 5푼의 이자를 제하고 보증금을 반환받게 된다.

6) 대금 납부

(1) 대금 납부

경락인은 법원이 정한 대금지급 기한통지서대로 납부기일의 정해진 시간 이내에 언제든지 대금을 납부해야 한다. 이때 통상 낙찰인은 은행으로부터 융자를 받아 잔금을 납부하기도 한다.

(2) 소유권이전

① 대금 납부와 동시에 입찰 부동산의 소유권은 낙찰자에게 이전되며, 각종 저당권, 가압류 등은 그 순서에 관계없이 원칙적으로 모두 효력이 소멸된다. 소유권이전 등기를 위해서는 등록세 및 교육세 납부 영수필 확인서 및 통지서, 국민채권 매입필증, 기타 소정의 등기 신청에 필요한 서류 등을 첨부하여 법원에 소유권이전 등기 및 말소 등기 촉탁신청서를 제출하면 법원이 등기소에 위 등기를 촉탁한다.

② 소유권이전 등기의 촉탁 절차: 경락대금이 완납되면 법원은 경락 허가결정의 등본을 첨부하여 다음 각 호의 등기를 촉탁하여야 한다.

    ㉠ 경락인의 소유권이전

    ㉡ 경락인이 인수하지 아니한 부동산 위의 등기의 말소

    ㉢ 경매 신청 등기의 말소

      * 위 등기에 필요한 비용은 경락인이 부담한다.

③ 등기 촉탁서 기재요령

    ㉠ 과세 표준: 경락 대금을 기재

    ㉡ 등록세: 소유권이전 등기 − 경락 대금의 3%와 등록세의 20% 교육세, 말소 등기 건당 등록세 3,000원과 교육세 600원씩 기재

    ㉢ 세액 합계: 등기 촉탁서에는 소유권이전 등기와 말소 등기별로 납입할 등록세와 교육세의 합산액을 기재한다.

    ㉣ 첨부 서류: 경락 허가결정 정본·배당 조서 등본, 등기 권리자 및 등기 의무자의 주소를 증명하는 서면, 국민주택 채권매입 필증, 토지대장, 건축물관리대장, 토지 및 건축물등기부등본, 공시지가 확인원, 토지이용계획 확인서, 등록세 영

수필 확인서 및 통지서

    ⓜ 비용: 소유권이전 등기와 부담 기입 등기 및 경매신청 기입 등기 말소의 촉탁
에 필요한 비용은 경락인 부담으로 한다. 이때 소요되는 비용은 수입증지 첨
부로 소유권이전 등기는 **8,000원**, 말소 등기는 건당 **2,000원**씩 소요된다.

    ⓗ 비용 납부 방법: 경락인은 강제 경매의 경우에는 배당 실시 후에, 임의 경매의
경우에는 대금납부와 동시에 위 비용을 법원에 납부해야 한다.

    ⓢ 추가 납부할 비용: 등기 촉탁서 송부 비용, 등기 공무원이 등기필증을 법원에
송부하는 비용, 법원이 등기필증을 경락인에게 송부하는 비용 등이다. 만일 경
락인이 위 비용을 납부하지 않으면 법원은 등기 촉탁을 하지 않으며, 상당기
간 경과 후에는 그대로 기록보존 조치를 취한다.

7) 배당

(1) 배당 요구 권자

① 민법·상법 기타 법률에 의하여 우선 변제 청구권이 있는 채권자

② 집행력 있는 정본을 가진 채권자

③ 경매 신청 등기 후에 가압류를 한 채권자

    ㉠ 배당 요구는 그 원인을 명시하고 법원에 신고한다.

    ㉡ 배당 요구의 원인이라 함은 채무자에 대한 청구채권의 종류·변제기 등 그 구
체적 내용으로 발생원인, 배당 요구액수 등을 명시해야 한다.

④ 신청방식은 법에 정한 바가 없으므로 구술이나 서면으로 할 수 있고 다만, 구술로
하는 경우는 조서를 작성해야 한다.

(2) 집행력 있는 정본에 의한 배당 요구 시에는 그 정본을 첨부하여 제출하면 된다.

(3) 가압류 권자가 배당 요구 시는 가압류 결정 정본과 등기부등본을 첨부 제출한다.

(4) 주택 임차인의 경우에는 주민등록등본과 임대차 계약서를 첨부하여 제출한다.

(5) 임금 채권자가 채불 임금의 배당 요구 시에는 소명 자료로 근로감독 관청의 확인서, 회사

경리장부, 관할 세무서의 근로소득세 원천징수 증명서 등을 첨부하여 제출한다.

(6) 법원은 배당 요구 신청이 있는 때에는 이해관계인에게 그 사유를 통지해야 하므로 배당 요구 신청 시에는 이해관계인의 수에 해당하는 배당 요구서 부본도 함께 제출해야 한다.

(7) 위 통지는 법원 주사 등의 명의로 통지서를 작성·송달하며, 여기에는 배당 요구 신청서 부본을 첨부한다.

(8) 배당 요구 시기 및 종기

① 배당 요구 시기: 특별한 규정은 없으며, 경매 개시 결정으로 그 부동산에 압류 효과가 발생한 것으로 본다.

② 배당 요구 종기: 집행 법원의 첫 매각 기일 이전까지 배당 요구를 하여야 한다.

　　㉠ 각 채권자는 경락 기일까지 그 채권의 원금, 이자, 비용 기타 부대 채권의 계산서를 제출해야 한다. 집행 법원이 경락 기일에 각 채권자의 채권액을 계산해야만 과잉 경매 여부를 결정할 수 있고, 배당표 작성에 정확을 기할 필요가 있으므로 채권계산서의 제출을 의무화하고 있다.

　　㉡ 실무상으로는 배당기일 소환장에 채권계산서를 제출하도록 부기하고 있으나, 이는 경매기일까지 제출한 채권계산서 이후의 채권변동을 확인하기 위한 것이므로 그 성질이 다르다.

　　㉢ 채권계산서에 기재할 사항은 채권의 원금, 이자, 비용, 기타 부대 채권이다. 그리고 채권계산서에 기재할 금액은 채권계산서 제출 당시의 액수를 기재한다.

　　　•원금: 계산서 제출 당시의 원금
　　　•집행 비용: 경매신청 시 신청비용.
　　　•절차 비용: 배당 요구 신청을 위한 비용 등을 말한다.

　　㉣ 부대채권: 지연손해배상 채권, 소송비용 등

(9) 배당받을 채권자

① **매각대금으로부터 배당받을 채권자**

　　㉠ 경매 신청 채권자

ⓛ 배당 요구 채권자

ⓒ 이중 압류 채권자

ⓔ 압류의 효력 발생 전에 등기한 가압류 채권자

ⓜ 경락으로 인하여 소멸되는 저당권자 및 전세권자 압류의 효력 발생 전에 등기한 자

ⓗ 교부청구·압류·참가 압류를 한 국세, 지방세 등 공과금 채권자

② **배당 절차**

ⓐ 배당기일

- 경락인이 경락 대금을 완납하면 법원은 배당기일을 정하고, 이해관계인과 배당을 요구한 채권자를 소환해야 한다.

- 소환은 기일 소환장을 송달하는 방법으로 행하며, 송달은 민사집행법 총칙의 송달에 관한 규정에 의한다.

ⓛ 배당할 금액: 매각 대금에 산입될 금액

- 매각 대금(경락 대금)

- 과실·이자: 경락 허가결정 선고일로부터 대금지급까지의 이자

- 재경매 취소 시의 전 경락인 부담 이자: 재경매 명령 후 전 경락인이 경락 대금과 지연 이자 및 절차비용을 지급하여 재경매 취소된 경우의 이자는 배당 재산에 산입된다.

ⓒ 전 경락인의 보증금: 재경매 시 전 경락인의 매수 보증금

ⓔ 채무자 또는 소유자의 항고 보증금: 항고 기각 시 반환받지 못한 공탁금

③ **집행 비용: 집행 채권보다 우선 변제를 받을 집행 채권은 원칙적으로 경매 채권자가 지출한 비용이다.**

④ **배당받을 채권금액**

ⓐ 배당에 참가한 모든 채권자의 채권액

ⓛ 근저당의 경우 채권 최고액을 초과하는 금액은 배당금액에서 제외됨

⑤ **배당 우선순위**

ⓐ 1순위: 경매 집행비용

ⓛ 2순위: 소액 임차보증금, 최종 3개월분 임금

ⓒ 3순위: 당해 부동산에 부과된 조세 및 가산금(상속세, 증여세, 재평가세 등)

* 지방세는 당해 최우선 원칙 폐지

　㉣ 4순위: 국세의 법정 기일 또는 지방세의 과세 기준일, 납세의무 성립일 전에 설정 등기된 저당권에 의하여 담보되는 채권

　　* 저당권, 확정일자 임차권, 가등기는 3순위에 따른다.

　㉤ 5순위: 임금, 기타 근로관계로 인한 채권

　㉥ 6순위: 조세, 지방세 등 지방자치 단체의 징수금

　㉦ 7순위: 공과금(산재 보험료, 의료 보험료 등)

　㉧ 8순위: 일반채권

　　* 일반 채권은 동순위로 평균 분할

---

* 임차인의 배당
  - 확정일자 임차인
  - 토지와 건물을 합한 낙찰금액에서 순위에 의해 배당
  - 전세권자 임차인
• 주거용 건물의 경우: 토지와 건물을 합한 낙찰금액에서 확정일자 순위에 의해 배당
• 일반 건물의 경우: 건물의 낙찰금액에서 순위에 의해 배당

---

⑥ 배당 실시

　㉠ 배당기일에 이의 신청이 없으면 배당표로 배당 실시

　㉡ 정지 조건이 있는 채권의 배당액은 공탁

　㉢ 가압류의 경우 미확정 채권과 기타 이의 있는 채권도 공탁

⑦ 배당금의 지급은 배당 기일에 출석하여 배당을 받을 수 있고, 예금계좌를 신고하여 예금계좌로 받을 수 있다. 그러나 이때 점유자의 경우에는 경락인에게 명도확인서를 제출하여 경락인이 이를 법원에 제출해야 배당금을 받을 수 있다.

⑧ 매당 순위나 허위 배당자의 발견 등으로 배당금에 대한 배당에 이의가 있는 이해관계인은 배당기일에 출석하여 이의를 신청할 수 있고, 필요시는 서면으로 이의를 신청할 수 있다.

8) 부동산 인도와 소송

(1) 인도 명령

경락인은 경매 부동산을 채무자, 소유자, 경매개시 결정 등기 후에 점유한 자가 비워주지 않을 때 법원에 대금 납부일부터 6월 내에 인도 명령을 신청하고, 인도 명령이 내려지면 집행관에게 명령서를 제출하여 강제 인도 집행을 의뢰한다.

(2) 명도 소송

위 이외의 임차인 등에 대하여는 명도 소송을 통하여 승소한 후 강제 인도 집행을 신청, 명도 소송의 경우 점유이전 금지 가처분을 먼저 실행하여 당사자를 한정시킬 필요가 있다.

2. 공매

1) 공매의 종류

(1) 세목상 관계기관에 의한 공매 방법(사매매): 「국세징수법」에 의하여 실행(국세청 및 자산관리 공사 실시)

(2) 자산관리 공사에 의뢰 강제 환가하는 방법(공매매): 법원 경매와 유사

「국세징수법」에 의하여 압류한 동산, 유가증권, 부동산, 무채 재산권 등을 채납자로부터 대위하여 받은 물건을 대통령령이 정하는 방법에 의하여 공매에 붙여 환가 처리하여 체납 처분하고 남음이 있을 때는 부동산 소유자에게 되돌려 주는 방법으로 국세청장이 직접 공매하기에 적당하지 않을 때에는 대통령령이 정한 바에 의하여 지방 국세청장의 승인을 얻어 「한국산업은행법」 제53조의3 규정에 의하여 설립된 한국자산관리공사로 하여금 공매를 실행하게 하는 방법이다.

법원 경매와 매우 흡사하나 철저한 공매 절차에 의한 공매와 수의 계약의 형태를 취하고 있다.

(3) 공매와 법원 경매의 차이점

① 최저 공매가격의 결정
② 명도 책임
③ 유찰 및 최저 공매가격의 체감 제도(1할씩 체감)
④ 수의 계약 가능 여부
⑤ 잔금 지불방법(지정일 이전 납부 가능)
⑥ 소유권이전 시기
⑦ 부동산의 담보 책임
⑧ 매수자의 명의변경 가능 여부

2) 공매 방법

(1) 공매 절차에 의한 방법

체납 압류 부동산을 공매 절차에 의하여 공매하여 낙찰 가격이 1,000만 원 미만일 때는 매각 결정일로부터 7일 내에 일시불로 납부해야 하고, 1,000만 원 이상일 때는 매각 결정일로부터 30일 내에 잔대금을 일시불로 납부해야 한다(잔대금은 낙찰금의 90%).

이때 잔대금을 일시불로 납부하지 않을 때에는 지연 손해금의 가산금 없이 10일간의 대금납부 유예기간을 주고(국징법 제76조, 동 시행령 제76조), 그래도 대금을 납부되지 못할 때에는 매각 결정이 취소되며 보증금은 국고에 귀속되는 것이 법원의 경매 경우와 다르다.

용익물권(전 세입자, 임차인 등) 매수자가 책임지는 것이 대부분이나 자산관리공사 물건의 공매 시에는 이러한 제한사항이나 불합리한 점 등의 하자를 상담 시에 주의 깊게 듣고 가능하면 부담이 적은 쪽을 선택하는 것이 유리하다.

주택의 경우 「임대차보호법」상의 권리관계를 주도면밀하게 따져 보고 경락자가 인수해야 할 권리가 있는지 확실하게 판단하고, 인수하고도 충분한 부동산 가치가 있는가를 따져 보아야 한다.

(2) 수의 계약에 의한 것

　금융기관의 유입물건(예: 금융 기관이 너무 지나치게 환수 채권 이하로 진행되고 있는 경매물건이 유찰되어 채권회수가 불가능하다든지, 또는 지나치게 법사가 이하로 유찰될 경우 은행이 경락하여 사들인 물건 등)이나, 비업무용 부동산의 물권을 한국자산관리공사에 의뢰한 물건으로 대부분 1차적으로 청소(소제 주의)가 되었다든지 명도 소송이 진행 중인 물건이 대부분이나, 그래도 반드시 물건의 소재지에 가서 확인을 하고 수의 계약을 체결함이 바람직하다. 수의 계약은 청소 주의에 의하여 계약자가 따로 권리분석을 할 필요는 없으니 금융기관의 수익료 등이 포함되어 있는 가격이라는 점을 충분히 감안하여 계약을 체결할 것이며, 분납으로 인한 이자율 등도 충분히 고려해야 한다.

제6장 | 부동산세금 절세방법

1. 개요

일반적으로 세법이 복잡하고 종류가 많아 어렵기 때문에 세금에 대해 겁내거나 아니면 무관심한 경우가 많다. 그러면서도 세금이 나오면 "어떻게 하면 적게 내는 방법이 있을까, 아니면 안 내는 방법은 없을까" 하고 세금 내는 것에 대하여 망설여 본다. 그러나 세금은 우리가 위정자에게 우리의 안전과 복지를 위하여 나라 경영을 맡긴 이상 반드시 납부하여야 할 사항이다. 그런데도 이처럼 세금에 대한 거부감이 있는 것은 여러 가지 이유가 있겠으나 가장 보편적인 생각이 "자신이 낸 세금을 국가경영, 즉 국민을 위해 사용하는 것이 아니라 세금 가까이 있는 실력 있는 자들이 도둑질해 가는 것을 자주 접하고, 또 그렇게 되지 않겠느냐" 하는 생각을 하며 "그렇다면 합법적으로 안 내거나, 아니면 아예 납부하지 않는 방법은 없을까"를 생각하게 되는 것 같다.

그러나 법이란 만인을 위하여 만들어졌으며, 만인을 위해 서로 지켜야 하므로 세금을 정상적으로 납부하여야 한다. 다만 안 내도 되는 세금을 납부할 필요는 없으므로 과도하게 납부되는 일은 없어야 하며, 법이 정한 대로만 납부하는 절세방법은 잘 알아야 한다.

이에 여기에서는 부동산과 관련하여 부동산 세법 중 잘 몰라서 과도하게 납부해서는 안 되는 절세할 수 있는 요소를 정리하여 부동산중개업자들이 고객에게 상담해 줄 수 있는 사항을 정리해 보기로 한다.

2. 취득세 절감방법

1) 전유면적 40㎡ 이하 주택 감면

전유면적 40㎡ 이하인 소형주택의 취득은 취득세가 50% 감면된다. 단, 소형주택 구입 전 무주택자여야 한다. 이는 2011년도 취득세 개편 전에는 등록세만 부담하고 취득세는 100% 면제되었으나 2011년도 지방세 개편에 의거 부동산의 경우 등록세가 취득세로 합쳐져 취득세의 50%가 되었다.

2) 부동산거래 활성화 정책에 의한 취득세 감면

정부가 정책적으로 부동산경기가 침체할 때 부동산경기 활성화를 위해, 즉 부동산거래를 활성화하기 위해 거래세인 취득세를 감면하는 경우가 있다. 그래서 세법의 변경을 부단하게 파악하여 해당되는 시기에 이용하는 것도 세테크를 잘하는 방법이다.

예를 들면 2011년 3월 22일 정부 부동산거래 활성화정책의 일환으로 무주택자가 9억 원 이하의 1주택을 구입하는 경우 4%의 취득세를 2%로 감면해 주던 것을 다시 50% 감면하여 1%를 납부하도록 하고 9억 원 이상 주택과 2채 이상의 다주택자의 주택 구입 시에도 4%를 2%로 취득세를 감면한 적이 있다.

조건			세율 (부가세 포함)	신고 및 납부
매매	9억 원 이하 1주택 일시적 2주택	전유면적 85㎡ 이하	4.6%→1.1%	취득한 날로부터 60일 이내
		전유면적 85㎡ 초과	4.6%→1.75%	
	9억 원 초과 다주택자	전유면적 85㎡ 이하	4.6%→2.2%	
		전유면적 85㎡ 초과	4.6%→2.7%	
	주택 외		4.6%→4.6%	
신축			3.16%	
증여			4.0%	
상속			3.16%	상속개시일로부터 6개월 이내

3) 가산세를 받지 말라

취득세는 가산세가 2종류가 있다. 이 중 흔히 납부일자를 초과함으로 가산세를 받는 경우가 있다.

(1) 신고불성실 가산세

신고불성실 가산세는 신고 의무를 이행하지 아니하였거나 신고한 세액이 산출세액보다 적을 때에는 산출세액 또는 부족세액의 100분의 20에 해당하는 금액을 가산세로 납부하여야 한다.

(2) 납부불성실 가산세

취득세를 납부하지 아니하였거나 산출세액보다 적게 납부하였을 때에는 그 납부하지 아니하였거나 부족한 세액에 금융회사의 연체이자율을 고려하여 대통령령으로 정하는 비율(1일 3/10,000)과 납부지연일자를 곱하여 산출한 가산세

3. 재산세 및 종합부동산세 절세방법

1) 취득시기를 조절하라

재산세 및 종합소득세는 당해 연도 6월 1일 소유자에게 부과되는 세금이므로 6월 1일 소유로 결정되는 자가 납부하여야 한다. 따라서 매도인인 경우는 6월 1일 이전에 소유권을 넘기는 것이 세금을 절세하는 방안이고, 매수자인 경우는 6월 1일 이후에 취득하는 것이 세금을 절세하는 방안이다.

2) 매년 공시지가 및 과세표준 조사 시 이의 제기로 과표를 낮추어라

재산세 및 종합부동산세는 기준시가 그리고 공시지가 및 과세표준에 기준하여 과세표

준을 정하므로 과세표준이 낮으면 세금이 절약된다. 특히 재산세 및 종합부동산세는 누진 세제이므로 차이가 많이 날 수 있다. 과세표준이 낮다고 거래가격이 낮아지는 것은 아니 나 보상 시에는 과세표준을 기준하므로 올리는 것이 유리하다.

3) 재산을 분산하라

부동산이 한 사람에게 집중되어 있는 경우 종합부동산세 대상이 될 수 있다. 그러나 인 별로 산정함으로 배우자나 자녀에게 증여하는 것도 절세의 한 방법이다. 즉, 증여세는 한 번만 내지만 종합부동산세는 매년 납부하므로 이를 장기적으로 계산하여 증여하는 것이 유리할 경우는 증여로 절세하는 방법이 있다. 이때 증여가액 공제는 다음과 같다.

수증자	공제한도
배우자	3억 원
자녀(성년)	3천만 원
자녀(미성년자)	1,500만 원

우리나라 세금 중 대부분은 세대 종합하여 과세하나 재산세 및 종합부동산세, 종합소득 세, 국민연금 및 건강보험 등 누진세제도를 적용하는 세금의 종류는 개인단위로 과세함으 로 세대를 분리하거나 공유로 하면 과세표준이 반으로 낮게 책정되어 세금을 줄일 수 있다.

[표] 종합부동산세 과세기준

과세대상	과세기준 금액
주택(부속토지 포함)	주택공시가격 6억 원 (1세대 1주택인 경우 9억 원)
종합합산 토지(나대지, 잡종지 등)	토지공시가격 5억 원
별도합산 토지(상가 사무실, 부속토지 등)	토지공시가격 80억 원

또 종합부동산세 대상이 되는 부동산을 구입하는 경우 부부 공동명의로 취득하는 것도 종합부동산세를 절세하는 한 방법이다.

4) 나대지로 두지 마라

종합부동산세 대상 토지가 나대지인 경우는 나대지로 두는 것보다는 건물을 건축하는 것이 종합부동산세를 절세하는 방법이 있다. 즉, 개인의 종합부동산세 과세대상은 나대지인 경우 5억 원 이상이지만 상가 및 사무실 건물은 별도합산과세 대상이 되어 80억 원 이상이 과세대상이 된다.

5) 건물이 여러 채인 경우는 임대사업을 등록하라

종합부동산세의 절세방안은 다주택으로 과세대상인자는 임대사업을 등록하고 중·소형주택으로 전환하는 방법이 있고, 주택을 매매하고 상가건물로 전환하는 등 부동산 포트폴리오를 재구성하는 것도 절세방법이다.

6) 종합부동산세 과세대상이 아닌 부동산에 투자하라

종합부동산세를 절세하는 방법은 종합부동산세 과세대상이 아닌 공장용지, 농지, 임야, 목장용지, 과수원 등으로 보유하는 것도 종합부동산세를 절세하는 방법이다.

7) 농가주택 중과세 배제

2004년도부터 일정조건(일정규모 및 일정가격 이하)을 갖춘 농어촌주택을 취득한 경우는 이를 별장으로 분류하지 않고 취득세 및 종합토지세가 중과세 되지 않는다. 일정조건 중 대상은 우선 농가주택이어야 하고, 이농 및 귀농주택을 말한다. 농가주택은 면지역 이하 도시계획구역 밖의 읍지역이어야 하며, 다만 수도권정비계획법에 규정된 수도권은 제외된다. 그리고 이농주택이란 영농 또는 영어에 종사하면서 그 주택에서 5년 이상 거주한 사실이 있어야 하며, 이농주택에 본인은 물론 배우자 및 생계를 같이하는 가족의 전부 또는 일부가 거주하지 않게 된 주택으로 이농인의 소유로 된 주택을 말한다. 또 귀농주택이란 영농이나 영어에 종사하고자 하는 자로서 귀농자와 그 배우자 및 이들 직계존속이 과거에 5년 이상 거주한 사실이 있거나 이들의 본적 또는 원적이어야 하고, 이곳에 300평 이상의 농지를 소유하는 자가 취득한 주택을 말한다. 이때 대지면적은 200평 이하이어야 한다.

4. 양도소득세 절세방법

1) 양도소득세 계산방법을 잘 알면 절세할 수 있다

부동산에서 양도소득세란 토지 또는 건물 및 토지와 건물을 팔면 그 부동산에서 얻은 자본적 이익(양도차익)에 대하여 법이 정한 일정한 세금을 말한다. 양도소득세 계산과정을 살펴보면 아래와 같다.

[표] 양도소득세 계산절차

	양도가액	실거래가액				
(−)	취득가액	실거래가액, 또는 환산취득가액 등				
(−)	필요경비	실제 필요경비 또는 필요경비 계산 공제 3%				
(=)	양도차익	자산종류별로 계산				
(−)	장기보유특별공제	토지 건물	3년 10%	4년 12%	5년 15%	…… 10년~ 30%
		1세대 1주택	3년 24%	4년 32%	5년 40%	10년 80% / 20년~ 80%
(=)	양도소득금액	양도차익×장기보유특별공제율				
(−)	기본공제	1년에 250만 원				
(=)	과세표준					
(×)	세율	일반과세: 6~35% / 중과세율: 40~70%				
(=)	산출세액					
(−)	세액공제, 세액감면					
(=)	납부세액					

위 계산 항목에서 양도소득세를 줄일 수 있는 요소는 다음과 같다. 이 양도소득세는 판은 사람이 소득을 얻었기 때문에 그 소득을 얻은 금에 대한 세금이므로 일종의 "거래세"라고 할 수도 있고 "소득세"라고도 할 수 있으나 우리나라에서는 소득세로 분류하고 있다. 양도소득세는 부동산을 판 사람이 신고하고 납부하는 세금이므로 신고할 때 양도소득세에 대한 계산과정을 정확히 알고 감면 및 절세할 수 사항을 알아야 부당한 세금을 납부하지 않게 된다.

(1) 양도가액

양도가액은 실거래가액을 그대로 적용하는 것이 원칙이다. 그래서 매도 시 실제 거래된 매도가액을 그대로 적용한다. 그러나 일부 부도덕한 매도인이나 중개업자들이 매수인에게 취득세를 적게 내는 방법으로 양도가액을 줄이는 허위계약서를 매수자에게 강요하고 있다. 이에 대해 잘 모르는 매수인 중 일부는 단순히 취득세를 적게 내는 현실에만 현혹되어 허위계약서를 작성해 주고 있는데 이는 2011. 7. 1.부터 발효되는 세재개편안에 의해 추후 매수인에게 다음과 같은 피해가 올 수 있다.

> * 매수인에게 오는 피해
> 1. 허위계약서가 노출되면 매도 시 비과세조건을 갖추어도 비과세 혜택을 받지 못한다.
> 2. 취득세 허위 납부로 추가 취득세 추징 및 불성실 가산세 추징
> 3. 취득세액의 3배 이하의 과태료 부과

(2) 취득가액

취득가액은 양도차익이 있는 경우 높아져야 양도차익이 줄어들 수 있다. 그런데 취득가액은 대상 부동산을 구입할 때 가액이므로 양도 시에 그 액을 증가시킬 수가 없다. 다만, 취득 시 매도인이 양도소득세를 줄이기 위하여 다운계약서를 요구하여 작성한 경우가 많이 있다. 그래서 이러한 경우는 취득가액을 실제가액으로 할 수 있는데 이를 증명하는 방법은 다음과 같다.

첫째, 실제거래계약서가 있으면 이를 사용하여 취득가액으로 하는 방법이다.

둘째, 실제거래가격을 지불하면서 그에 해당하는 영수증이 있으면 그 영수증으로 실제

가액을 인정받을 수 있다.

셋째, 은행에서 송금하거나 인출한 근거로 증명하는 방법이 있다.

마지막으로 취득한 지 5년 이내이면 부동산중개업소에서 거래한 경우에는 중개업소에서는 계약서를 5년간 보관하도록 되어 있으므로 이를 사본 받을 수 있고 중개수수료를 실거래가격을 기준하여 지불한 경우 중개수수료 영수증으로 증명하는 방법이 있다.

이때 매도인이 피해를 입을 것을 우려하는 경우가 있는데 매도인이 반드시 피해를 보지는 않는다. 왜냐하면 2006년도, 즉 실거래가격을 신고하기 전의 양도소득세의 신고가격은 기준시가로 신고하는 것이 원칙이므로 기준시가로 신고한 매도인은 피해를 입지 않으며 그 당시에는 대부분 기준시가로 신고했다. 만일 기준시가로 신고하지 않은 매도인은 과소 신고한 양도소득세와 이에 해당하는 최소 40%의 가산세를 당할 수 있다. 또 과거 일부 매수자는 부동산은 공시지가가 조금씩 상승하는 것이 일반적이므로 취득할 때 매도인이 비과세 및 감면 대상일 경우 취득가액을 높여 작성해 줄 것을 요구하기도 했다. 아직도 일부에서는 등기권리증을 상실하거나 또는 너무 오래되어 취득가액 자체가 아주 낮은 경우 등기권리증을 없애 버리고 환산취득가액을 산출하여 적용하고 있다. 취득환산가액이란 취득 시 공시지가가 있고, 양도 시 공시지가가 있어서 양도 시 실거래가액만 있으면 취득 시 공시지가 비례에 해당하는 실거래가를 산출할 수 있으므로 이렇게 산출된 실거래취득 가액을 환산취득가액이라 한다.

(3) 필요경비

필요경비란 당해 부동산에 대해 취득 및 양도 시에 취득 및 보유 그리고 양도를 위해 투입된 비용을 말한다. 따라서 필요경비가 많이 투입되었으면 상대적으로 양도차익이 줄어들기 때문에 이를 높이는 것이 절세를 하는 방안이다. 그래서 필요경비를 높이기 위해 최근에는 양도 및 취득 시의 중개수수료, 법무사 수수료, 각종 수리비용, 제세금에 대한 영수증을 많이 챙기고 있다. 그러면 필요경비로 인정되는 사항을 구체적으로 알아본다.

① 취득세(2011년 이전에는 취득세와 등록세) 및 부가세 영수증

② 취득 및 양도 시 부동산중개수수료

③ 발코니 설치비용

④ 방 확장공사 비용

⑤ 보일러 교체비용 등

⑥ 법무사 및 세무서 신고비용

⑦ 기타 컨설팅 비용

그러나 수리비용이라도 공제받지 못하는 비용은 벽제 및 장판 교체비용, 싱크대 교체비용, 외벽 도색비용, 문이나 조명 교체비용, 보일러 수리비용, 옥상 방수공사비용, 하수도관 교체비용, 타일 공사비용 등은 노후로 교체가 불가피하거나 수리함으로써 수명을 연장할 수 있는 비용이지만 현재까지는 필요경비로 공제받지 못한다. 또 양도금액을 기준시가로 하는 경우나 매매사례가액으로 한 경우, 감정가격으로 한 경우, 환산가격으로 산정한 경우는 위의 필요경비를 일체 인정하지 않고 필요경비 공제율(기준시가의 3%)을 적용하여 필요경비 계산 공제한다.

(4) 장기 보유하라

부동산은 양도소득세 중과세 대상이 아니면 최소 2년 이상 보유하는 것이 유리하며 3년 이상 보유하면 앞서 양도소득세 계산절차에서 본 바와 같이 장기보유특별공제를 받을 수 있다.

(5) 매도시기를 분산하라

기본공제는 1년에 여러 개의 부동산을 팔아도 250만 원만 공제한다. 그러므로 1년에 하나만 파는 것이 기본공제를 제일 많이 받는 방법이다. 반대로 양도차익이 손해나는 부동산이 있는 경우에는 양도차익이 많이 나는 부동산을 같이 파는 것이 절세방법이다. 즉, 양도소득세는 매년 5월 당해 연도 거래한 부동산을 종합하여 과세를 결정하므로 양도소득이 손해인 부동산으로 양도차익이 많이 난 부동산의 과표를 낮출 수 있다. 이런 때는 두 채를 같은 연도에 매매하는 것이 유리하다.

(6) 공동명의로 하여 과표를 낮추어라

양도소득세도 누진세율 제도이므로 공동명의로 하면 총과표를 공동명의자 수로 나눔으로서 개인별 과표가 줄어 낮을 세율을 적용받게 된다.

2) 비과세가 최선책이다

(1) 1가구 1주택 비과세

양도소득세에 있어서 절세하는 방안은 비과세나 감면 규정을 잘 알고 당해 주택이 이에 해당하는지를 세밀히 확인하는 것이 절세의 지름길이다. 특히 주택에 대한 비과세 및 감면 규정이 많이 있다. 이를 정리하면 다음과 같다.

[비과세 조건]

① 국내에 1주택을 소유한 1세대일 것
② 3년 이상 보유할 것
③ 9억 원 초과 및 고가주택이나 미등기주택이 아닐 것

즉, 9억 원 이하의 주택으로 1세대가 1주택만 보유하여야 하고, 그 1주택을 3년 이상 보유한 주택이라야만 양도소득세 비과세 혜택을 받을 수 있다. 특히 주택의 경우는 2011년 6월 3일부터 종전에 서울과 5개 신도시(분당, 평촌, 산본, 중동, 일산)의 경우는 3년 보유 2년 거주의 규정을 적용하던 것을 2년 거주 조건을 폐지하여 전국적으로 주택은 3년 이상만 보유를 하면 비과세가 된다. 여기서 1세대가 매우 중요하다. 1세대는 배우자와 생계를 같이하는 가족을 말하는데 부모봉양 및 형제자매 양육을 위해 같이 동거하는 경우도 1세대로 보므로 실질적으로 주민등록상의 한 가족을 전부 1세대로 본다. 따라서 주민등록상 세대원 중 누구도 세대주 외에는 주택을 소유하고 있지 않아야 한다. 그런데 부모가 다른 곳에 주택을 가지고 있는 경우나, 또는 자식의 결혼 후 분가를 위해 자식명의로 주택을 구입하려는 경우에 많은 상담을 해 오고 있다.

양도소득세는 매도할 경우 발생하는 세금이므로 양도일 현재 1세대 1주택이면 1세대 1주택 자가 된다. 그래서 세대원 중 주택이 있는 경우 그 주택보유자를 양도 전 6개월 이

상 1년 정도 세대분리하면 된다. 이때 유의하여야 할 것은 세대분리가 가능한지를 점검해야 하는데, 이때 독립세대로 인정하는 경우란 분리하고자 하는 자가 만 30세 이상이거나, 배우자가 이혼 또는 사망으로 배우자가 없는 자, 그리고 최저생계비(국민기초생활보장법상 월소득이 2011년도 기준 53만 2,583원) 이상인 자는 독립세대로 인정한다.

(2) 일시적 2주택 비과세

① 봉양을 위한 2주택

부모님을 모시기 위하여 부모님과 봉양하는 자녀가 각각 1주택을 가지고 있다가 자식이 부모님을 모시기 위하여 합가를 함으로써 2주택이 된 경우 비과세 혜택을 받으려면 다음의 조건을 갖추면 된다.

　　㉠ 매도하는 주택을 3년 이상 보유할 것

　　㉡ 합가한 날로부터 5년 이내 매도할 것(5년 넘으면 비과세 혜택이 없음)

　　㉢ 부모님이 60세 이상일 것

② 결혼으로 2주택

신랑과 신부가 결혼 전에 각각 1채씩 주택을 가지고 있다가 결혼을 함으로써 2주택이 된 경우 비과세를 받으려면 다음 조건이 갖추어져야 한다.

　　㉠ 매도하는 주택은 3년 이상 보유할 것

　　㉡ 결혼일로부터 5년 이내 매도할 것

또 2012년도부터는 1주택을 소유한 자가 배우자 될 사람은 무주택자이나 60세 이상의 주택을 보유하고 있는 직계존속을 봉양하는 배우자와 결혼하여 1가구 2주택이 된 경우에도 5년 이내 먼저 양도하는 주택을 비과세할 예정이다.

③ 이사로 새로운 주택을 구입하여 2주택

1주택을 보유하고 있는 세대가 주택을 이전하기 위하여 이전 지역에 1주택을 구입하여 2주택이 된 경우 비과세를 받으려면 다음 조건을 갖추어야 한다.

　　㉠ 매도할 종전 주택을 3년 이상 보유할 것

　　㉡ 매도할 종전주택을 2년 이내 매도할 것

　　㉢ 세대원 전원이 1주택일 것

④ 전근 등 부득이한 경우 비과세

전근 발령 등 근무형편상 그리고 취학 및 질병 치료 등 부득이한 사유로 주택을 팔은 경우에 비과세를 받을 수 있다. 이때 팔은 주택은 최소 1년 이상은 보유하였어야 한다. 그리고 세대원 전원이 이사를 하여야 한다. 주의할 점은 근무형편상 이사를 하는 경우 회사의 발령명령서가 있어야 하고, 자영업자의 경우는 이사를 갈 수밖에 없음을 인정받아야 한다. 따라서 동일 시·군·구 내의 이동은 인정되지 않으며, 타 시·군·구 지역이라 하더라도 통근이 가능하면 인정되지 않는다.

⑤ 상속으로 2주택이 된 경우

상속으로 2주택이 된 경우 어느 주택을 먼저 매도하느냐에 따라 비과세가 될 수 있고 과세대상이 될 수 있다. 비과세를 받기 위해서는 다음 조건을 구비하여야 한다.

㉠ 상속개시일로부터 5년 이내 기존주택 매도

㉡ 양도주택 3년 이상 보유

양도순서에 따른 과세적용 관계는 아래 표와 같다.

양도 순서	과세 적용	비고
기존주택 매도 후 상속주택	기존주택: 비과세 상속주택: 비과세	
상속주택 매도 후 기존주택	상속주택: 과세 기존주택: 비과세	5년 이내 상속주택 매도

주택을 상속받은 경우 상속주택에서 조심할 점이 있다. 즉, 주택 한 채를 여러 사람이 상속은 받은 경우 상속주택은 주 상속인이 상속받은 것으로 본다. 따라서 소수 지분자는 주택 수에 포함되지 않으므로 소수 지분을 받은 자는 자신의 명의로 된 상속 외의 주택을 양도하는 경우 1세대 1주택에 해당하는 경우 비과세를 받을 수 있다. 또한 상속받은 주택을 먼저 양도하는 경우도 중과세 대상이 아니라 일반과세를 적용받는다. 그러나 주 상속인은 상속주택을 5년 이내 양도하여야 일반과세를 적용받을 수 있다.

⑥ 해외로 이민 가능 경우 비과세

현행 세법에서는 해외로 이주하는 경우에는 양도소득세를 비과세해 주고 있다. 다만 다음의 조건을 충족하여야 한다.

㉠ 세대원 전원이 출국할 것

㉡ 해외이주 확인서를 제출할 것(출국 전에는 세대원 전원 출국 확인서)

㉢ 출국일로부터 2년 이내에 매도할 것

㉣ 대리인이 판매할 경우는 위임장과 인감증명서 첨부

단, 해외이주 전 보유 중인 분양권이나 입주권의 양도는 비과세 적용 안 된다.

3) 고가주택은 장기 보유한다

9억 원 이상의 고가주택은 비과세되지 않는다. 그러나 고가주택이라도 1주택만 보유하고 있는 경우 3년 이상 보유하면 9억 원까지는 비과세이고 9억 원을 초과하는 부분에 대해 양도소득세를 납부하게 되면 또 양도소득에 대해 장기보유 특별공제를 매년 4%씩 계산하여 공제받을 수 있으므로 실제 양도소득세가 많지 않을 수 있다.

4) 예정신고하여 가산세를 받지 말자

양도차익이 없어 양도소득세를 납부하지 않거나 비과세인 경우는 해당 없지만 양도차익이 있어 양도소득세를 납부해야 하는 경우에는 양도일이 속한 달의 말일로부터 2개월 이내에 양도소득세 예정신고를 하여야 가산세를 당하지 않는다. 2010년도 양도소득세법을 개정하면서 양도소득세 예정신고에 대한 혜택이 없어지고 대신 예정신고를 의무화하여 만일 예정신고를 하지 않으면 다음 해 5월 확정신고 시 산출세액의 20%를 가산세로 같이 부과한다. 만일 확정세금을 통지받았는데도 납부기일까지 세금을 납부하지 않으면 연체기간 동안 연 10.95%의 납부불성실 가산세를 부과받는다.

5) 어떠한 경우에도 다운계약서는 쓰지 말자

통상 매도인이 단기판매하거나 다주택자로 양도차익이 많이 나는 경우, 그리고 주택 외의 부동산으로 양도차익이 많이 나는 경우 다운계약서가 작성된다. 2006년도 부동산실거래가 신고 이전에는 기준시가로 양도소득세를 신고했음으로 다운계약서를 작성하여도 크게 문제되지 않았다. 그러나 2007년도부터 양도소득세 신고가액이 실거래가격으로 신고하도록 되었고, 2011년도 7월 1일부터 다운계약서를 작성하는 경우 이를 협조해 준 매수자까지도 불이익을 주도록 되어 있다. 즉, 취득 시 다운계약서에 협조한 매수자가 당해 부동산을 매도하는 경우 비과세 대상일지라도 비과세 혜택을 부여하지 않으며, 과소 신고한 취득세를 원인으로 취득세액의 3배 이하의 과태료까지 부과당할 수 있다. 혹자는 이를 역이용하여 매수자가 다운계약서를 제시하지 못할 것으로 판단할 수 있으나 불가불 단기 판매로 양도소득세에 해당하거나 비과세 대상이 아닌 부동산의 매도로 양도차익이 심하면 과태료와 비교하여 이익인 쪽으로 갈 수도 있음을 매도인도 인지하여 매도인 및 매수인은 어떠한 경우라도 다운계약서를 작성하지 않는 것이 바람직하다.

6) 상가주택은 주택비율을 51% 이상 되게 개조 또는 증축하라

상가주택의 경우는 당해 상가주택이 상가와 주택 비율로 보아 주택비율이 51% 이상으로 상가비율보다 높으면 건물 전체를 주택으로 보므로 1가구 1주택인 경우 비과세 요건이 갖추어졌으면 비과세되고, 상가비율이 51% 이상으로 상가비율이 높으면 주택 부분만 주택으로 인정하여 양도소득세가 과세 또는 비과세되고, 상가는 상가에 해당하는 양도소득세가 부과된다. 이때 주택부분의 비율 산정은 공부를 기준하므로 공부상으로 확인되어야 한다. 만일 주택비율이 낮으면 주택비율이 51% 이상이 되도록 용도변경을 하거나, 개축을 하거나 증축을 하여 주택비율이 51% 이상이 되도록 개조한다. 또한 주택 수에도 계산되므로 주택 수에 대한 절세방안을 적용한다.

7) 다주택자 절세 방안(1가구 2주택 이상 보유자)

(1) 중과세 완화기간에 매도한다

양도소득세 중과세의 경우는 1가구 2주택 및 1가구 3주택의 경우와 비업무용 토지로 양도하는 경우이며, 보유시기에 따라 중과세되는 경우가 있으므로 이에 대해서도 잘 살펴야 한다. 1가구 2주택은 50%, 1가구 3주택 이상은 60%, 보유시기 1년 미만은 50%, 2년 미만은 40%, 비사업용 토지는 60%를 중과세 한다. 1가구 2주택과 1가구 3주택은 2012. 12. 31.까지 양도하는 주택에 대하여 중과세하지 않고 일반과세를 적용함으로 이를 최대한 이용하는 것이 효율적인 절세방법이다.

구분		2012년 12월 31일까지	2012년 1월 1일 이후
기존주택	2주택	기본세율 (3억 원 이상 장기보유특별공제 미적용)	40% (장기보유특별공제)
	3주택	기본세율 (장기보유특별공제 미적용)	50% (장기보유특별공제)
	3주택 (투기지역)	기본세율+10p (장기보유특별공제 미적용)	60% (장기보유특별공제)
2009. 3. 16. 이후 주택	2주택	1년 이내 매도 시 50% 2년 이내 매도 시 40%	기본세율 (장기보유특별공제)
	3주택		기본세율 (장기보유특별공제)
	3주택 (투기지역)		기본세율+10p (장기보유특별공제)

최근 정부에서는 2012년도 1월 1일부터 다주택 보유자에 대한 중과세율과 장기보유특별공제 배제제도를 폐지할 예정이다. 그리고 최소한 보유기간은 2년 이상 보유하는 것이 중과세를 면할 수 있으므로 양도소득세를 절세할 수 있다.

(2) 매도 순서를 잘 정한다

그리고 1가구 2주택인 경우는 ① 양도세가 적은 것부터 매각하는 방법이 있고, ② 만일 두 주택이 양도소득세 대상이거나 양도차익이 비슷한 경우는 보유기간이 짧은 것을 먼저 매각하는 방법이 있다. 즉, 장기보유특별공제를 받을 수 있는 것을 나중에 매각하여 양도소득세를 절세하는 방법이다. ③ 그리고 농가주택과 같이 노후화되어 낡은 주택을 허물고 건축물관리대장까지 말소한 후 나머지 주택을 양도하고, 허물은 주택의 토지에 매도 후 재건축하는 방안도 있다. ④ 또 가급적이면 1년에 1채씩 매각하여 기본공제를 다 받을 수 있도록 한다.

(3) 다주택에 미적용 주택을 먼저 매도한다

다주택 수로 보는 것과 다주택 자 중과세 대상으로 보는 주택은 그 개념이 다르다. 전국 어디에 있던 주택은 주택 수에는 포함된다. 다만 이중 다주택 보유자에 대한 중과세 대상에 주택으로 하는 것과 중과세 대상에 해당하지 않는 주택으로 구분된다. 예를 들면,

2009년도 2월 12일 이후에 취득한 미분양 주택은 다주택자라도 중과세를 적용하지 않으며 장기보유특별공제도 받을 수 있다. 이때 입주권도 주택 수에 포함됨을 착안하여야 한다. 다주택자이면서 다주택으로 보지 않는 주택은 다음과 같다.

① 1세대 2주택 중과세 대상에 적용되지 않는 주택

> ㉠ 수도권 및 광역시(광역시 중 군 지역, 도·농 복합 시와 읍·면 지역은 제외) 외의 지역에 소재하는 주택으로 당해주택 및 이에 부수되는 토지의 기준시가 합계액이 당해주택 또는 그 밖의 주택의 양도 당시 3억 원을 초과하지 아니하는 주택(1가구 3주택은 제외)
> ㉡ 주택 소유권에 관한 소송이 진행 중이거나 당해 소송결과로 취득한 주택(확정판결일로부터 3년이 경과하지 않은 경우)
> ㉢ 1주택을 소유한 1세대가 그 주택을 양도하기 전에 다른 주택을 취득함으로 일시적으로 2주택을 소유하게 되는 경우의 종전의 주택을 다른 주택을 취득한 날로부터 1년을 경과하지 않은 경우에 한한다.
> ㉣ 수도권·광역시에 소재하는 주택으로 양도 당시 기준시가가 1억 원 이하인 주택. 다만, 「도시 및 주거환경 정비법」에 따른 정비구역으로 지정, 고시된 지역에 소재하는 재개발·재건축 주택을 제외한다.
> ㉤ 종업원에게 무상으로 제공하는 사용자의 주택으로 당해 무상제공 기간이 10년 이상인 주택
> ㉥ 장기임대주택
> ㉦ 세대의 구성원이 「영유아보육법」에 의하여 시장·군수·구청장으로부터 가정 보육시설로 인가받고 관할세무서에 사업자등록을 한 후 5년 이상 가정보육시설로 사용한 주택
> ㉧ 1세대 3주택에 해당하지 아니하는 주택

입주권을 포함하여 2주택인 경우는 다른 주택을 입주권 주택 완공 전에 양도하면 1세대 1주택으로 비과세 혜택을 받을 수 없다. 그러나 분양권은 주택으로 보지 않기 때문에 비과세를 받을 수 있다. 단, 입주권이나 분양권을 다른 주택보다 먼저 양도하는 경우는 중과세는 하지 않으나 일반과세는 적용된다.

② 1세대 3주택 중 중과세 대상에 적용되지 않는 주택

⊙ 수도권·광역시(다음에 해당하는 지역 제외) 외의 지역에 소재하는 주택으로서 당해주택 및 이에 부수되는 토지의 기준시가 합계액이 당해주택 또는 그 밖의 주택의 양도 당시 3억 원을 초과하지 아니하는 주택
  • 광역시에 소속된 군 및 지방자치법의 규정에 의한 읍·면
  • 수도권 중 당해지역의 주택보급률, 주택가격 및 그 동향 등을 감안하여 재정경제부령이 정하는 지역
    − 저당권 실행으로 취득한 주택으로 취득일로부터 3년 미만 주택
    − 채권변제를 대신하여 취득한 주택으로 취득일로부터 3년 미만인 주택(대물변제 주택 등)
    − 문화재주택
⊙ 장기 임대주택으로 5년 이상 임대한 국민주택: 「소득세법」상 사업자등록과 「임대주택법」상 임대사업등록을 한 거주자가 임대주택으로 등록하여 임대하는 국민주택으로 다음에 해당하는 주택으로 다만, 2003년 10월 29일 기준으로 사업자가 현재 「임대주택법」에 의한 임대사업자 등록을 하였으나 「소득세법」상 사업자등록을 하지 아니한 거주자가 2004년 6월 30일까지 사업자등록을 한 때에는 「임대주택법」에 의한 임대사업자 등록일에 「소득세법」상 사업자등록을 한 것으로 본다.
  • 거주자가 10년 이상 임대한 주택으로 주택 및 부수토지의 기준시가의 합계액이 3억 원을 초과하지 아니하는 주택
  • 「임대주택법」에 의한 국민주택규모(대지면적 298㎡ 이하이고, 연면적이 149㎡ 이하)의 건설임대주택을 2호 이상 임대하는 거주자의 5년 이상 임대한 주택
⊙ 조세특례법상 감면대상 신축주택
⊙ 5년이 경과하지 않은 상속주택
⊙ 장기가정보육시설 주택
⊙ 2003년 12월 31일 이전에 취득한 주택으로서 대지면적 120㎡ 이하이고, 주택의 연면적(전용면적)이 60㎡ 이하이며 양도 당시 기준시가 4,000만 원 이하의 주택

1가구 3주택인 경우는 ⓐ 1가구 2주택의 경우와 같으나 ⓑ 먼저 1가구 2주택을 만들기 위하여 1가구 3주택 중과세 미적용 주택을 찾아야 한다. 만일 분양권에 의거 1가구 3주택인 경우는 입주 이전에 분양권을 매각하는 방법이 바람직하다.

(4) 배우자에게 증여하는 것도 양도소득세 절세방안이다

보유한지 오래되어 양도차익이 큰 주택으로 실거래가격이 6억 원 미만이면 배우자에게 증여하는 것이 절세의 방법이다. 왜냐하면 배우자에게는 6억 원까지 증여세가 없으므로 취득세 및 등기비용만 지불하면 되고, 증여 시 증여가액을 주변의 실거래가격으로 취득가

액을 하게 되므로 매도 시 취득가액이 높아져 양도차익이 줄어들게 된다. 다만 증여받은 부동산에 대하여 조심할 점이 있다. 증여받은 부동산을 5년 이내 매도할 경우 양도소득세가 많아질 수 있으므로 5년이 경과된 후에 매도하는 것이 바람직하다.

(5) 자녀에게 미리 증여하는 것도 절세할 수 있다

자녀에게 증여하면 증여세는 납부해야 하지만 증여세의 누진세 과세표준의 폭이 넓으나 양도소득세는 과세표준의 폭이 증여세 과세표준보다 좁아 앞으로 가격이 상승할 지역의 부동산을 사전에 자녀에게 증여한다면 전체적인 세금에 절세가 가능하다.

(6) 토지는 배우자에게, 주택은 자녀에게 분리 증여하면 절세가 가능하다

토지는 양도소득세에서 중과세 대상이 아니며 주택은 비과세 요건을 갖출 경우 주택의 증여는 증여세를 낼 수 있다. 그러나 이를 양도할 경우 자녀의 세대를 분리하여 주택은 비과세를 받고, 주택의 부수토지는 일반과세를 적용받으므로 토지증여 시 실거래가격으로 취득가액을 하면 양도차익이 줄고 장기보유특별공제까지 받아 절세가 가능하다.

(7) 임대주택 양도소득세 절세방안(감면)

양도소득세 절세 방안 중의 하나인 감면제도를 활용하는 방법은 적용대상과 적용연도를 자세히 살펴야 감면을 받을 수 있으므로 이를 착안하여야 한다. 조세특례법에 의한 양도소득세 감면은 임대주택과 미분양주택, 신축주택에 적용된다. 따라서 임대주택, 미분양주택, 신축주택 순으로 양도소득세 감면받는 내용들을 정리하였다.

① 장기임대주택 양도소득세 감면[20]

구분	내용	특례내용
주택규모	국민주택규모 이하	•100% 감면대상: -10년 이상 임대한 일반임대주택 -5년 이상 임대한 건설임대주택 -5년 이상 임대한 매입임대주택 *2010. 1. 1. 이후 양도분 80% •50% 감면대상: -5년 이상 임대한 일반임대주택 * 1세대 1주택 판정 시 주택 수에서 제외 * 감면세액의 20% 농특세 부과
대상주택	•1985. 12. 31. 이전 신축 공동주택 중 미입주 주택 •1986. 1. 1.~2000. 12. 31. 중 신축 주택	
주택 수	5호 이상	
요건	2000. 12. 31. 이전 임대 개시 5년 이상 임대 후 양도	

② 신축 임대주택 양도소득세 감면[21]

구분	내용	특례내용
주택규모	국민주택규모 이하	양도소득세 전액면제 (2010년 이후 80% 감면) * 1세대 1주택 판정 시 주택 수에서 제외 * 감면세액의 20% 농특세 부과
대상주택	•건설임대주택 취득기간: 1999. 8. 20.~2001. 12. 31. 중 신축 또는 이전 신축 미입주 공동주택 •매입임대주택 취득기간: -1999. 8. 20. 이후 신축주택 또는 이전 신축 미입주 공동주택 -1999. 8. 20~2001. 12. 31. 중 매매계약 체결 및 계약금 납부	
주택 수	2호 이상(1호 이상 신축임대주택에 한함)	
요건	「임대주택법」에 의한 임대주택 사업등록 5년 이상 임대 후 양도	

2011년도 변경된 임대사업 요건은 다음과 같다.

구 분	호수	기간	면적	취득가액	지역
서울/경기/인천	3호	5년	149㎡ 이하	6억 원 이하	수도권 내
지방	1호	5년	149㎡ 이하	3억 원 이하	지역제한 없음.

---

20) 「조세특례제한법」 제97조.
21) 「조세특례제한법」 제97조의2.

국민주택규모(149㎡) 이하의 주택을 여러 채 가지고 있거나 임대 사업할 목적으로 임대 사업을 등록하고 5년 이상 주택임대사업을 하면 양도 시 양도소득세 중과세를 적용하지 않고 일반과세를 적용한다. 종합부동산세도 대상에서 제외된다. 또한 임대사업 외의 주택을 매도할 경우에도 임대사업용 주택은 주택 수로 계산하지 않기 때문에 비과세를 받을 수 있다. 임대사업 등록을 하면 임대료에 대한 부가가치세와 소득세를 납부하게 되는데 임대사업용 주택이 1채인 경우는 대부분 비과세이므로 부가가치세와 소득세에 대한 세금이 없다. 또한 주택은 상가와 달라 보증금에 대한 간주임대료가 없다. 다만 1채라도 고가주택(기준시가 9억 원 초과)이면 소득세를 납부하게 된다. 임대 사업용 주택이 2채 이상인 경우는 임대료에 따라 일반과세자나 간이과세자가 될 수 있으므로 부가가치세 및 소득세를 내야 할 경우가 있다.

(8) 미분양주택 양도소득세 감면

① 미분양주택 양도소득세 과세특례[22]

구분	내용	특례내용
주택규모	국민주택규모 이하	•양도소득세로 납부하는 방법: 양도소득세율 20% 적용 •종합소득세로 납부하는 방법 •다른 주택 양도 시 당 주택은 주택 수에서 제외 *미분양 확인 준비서류 −시·군·구청장 발행한 미분양 확인서 사본 −매매계약서 사본
적용지역	서울특별시 외 지역	
대상주택	•1995. 11. 1.~1997. 12. 31. 중 취득 •1998. 3. 1.~1998. 12. 31. 중 취득	
미분양 확인 시점	•1995. 10. 31. 소재지 시·군·구청장이 미분양 확인 •1998. 2. 28. 소재지 시·군·구청장이 미분양 확인	
요건	•최초 분양 또는 매입 한 자 •5년 이상 보유 및 임대 후 양도	

② 지방 미분양주택 양도소득세 과세특례[23]

구분	내용	특례내용
주택규모	주택규모, 주택 수, 주택가액 제한 없음.	•단기 양도에 상관없이 일반세율 적용 •1세대 1주택인 경우 장기보유특별공제 최대 80% 적용 •부동산 매매업자 및 법인도 동일 적용
적용지역	수도권 외 지역	
대상주택	2008. 11. 3.~2010. 12. 31. 중 취득	
적용개시	2009. 1. 1. 이후 양도분부터 적용	

---

22) 「조세특례제한법」 제98조.

요건	•2008. 11. 2. 현재 미분양주택을 2008. 11. 3. 선착순 분양 •2008. 11. 3. 이후 사업계획승인 주택을 사업주체와 최초로 계약체결 거주자에 한함. •5년 이상 보유 및 임대 후 양도	•조특법 제98조의3과 중복 시 선택적 적용 •주택 수 판정 시 제외 •2009. 3. 25. 이후 양도분부터 적용

③ 미분양주택 양도소득세 과세특례[24]

구분	내용	특례내용
주택규모	•수도권 과밀억제권역 －단독주택: 대지면적 660㎡ 이하 －공동주택: 149㎡ 이하 •기타지역: 주택규모, 주택 수, 주택가액 제한 없음.	•5년간 발생한 양도소득 100% 감면(단, 과밀억제권역: 60% 감면) •단기 양도에 관계없이 일반세율 적용 •다주택자에 해당되어도 일반세율 적용 •다주택자라도 장기보유특별공제 적용 •2009. 3. 25. 양도분부터 적용 •다주택 판정 시 주택 수에서 제외
적용지역	서울시 외 지역	
대상주택	2009. 2. 12.~2010. 2. 11. 중 취득	
적용개시	•건설사업자와 계약체결: 계약체결일 기준 •자가 건설: 취득기간 내 착공 후 완공 기준	
적용배제	㉠ 재건축주택, ㉡ 주택 멸실 후 재축 주택, ㉢ 입주사실이 있는 주택, ㉣ 계약해제 후 특수관계자와 재계약분, ㉤ 분양권전매 취득, ㉥ 분양권 양도, ㉦ 임대 후 분양 아파트 등	

(9) 신축주택 양도소득세 과세특례

① 신축주택 취득자 양도소득세 감면[25]

구분	내용	특례내용
대상주택	•일반주택: 1998. 5. 22.~1999. 6. 30. 중 취득 •국민주택: 1998. 5. 22.~1999. 12. 31. 중 취득	•5년 내 양도: 100% 감면 •5년 후 양도: 5년간 발생한 양도소득 금액 공제 *감면세액의 20% 농특세 부과
요건	•미입주 신축주택 취득 후 양도 •분양신축주택: 취득기간 내 최초 매매계약 체결 및 계약금 납부 •자가건설주택: 취득기간 내 사용승인검사	
적용배제	고가주택	

---

23) 「조세특례제한법」 제98조의2.
24) 「조세특례제한법」 제98조의3.
25) 「조세특례제한법」 제99조.

② 신축주택을 취득 위한 주택양도 양도소득세 감면[26]

구분	내용	특례내용
대상주택	2000. 9. 1.~2001. 12. 31. 중 취득	기존 주택 양도 시 양도소득세율 10% 적용
요건	1년 이상 소유 주택 양도 및 신축 주택 취득 －선취득 후 양도도 적용	

③ 신축주택 취득에 대한 양도소득세 과세특례[27]

구분	내용	특례내용
대상주택	2001. 5. 23.~2003. 6. 30. 중 취득 서울, 과천 등 신도시의 경우 2002. 12. 31. 기한	•5년 내 양도: 100% 감면 (2010년 이후 80% 감면) •5년 후 양도: 5년간 발생한 양도소득 금액 공제 *감면세액의 20% 농특세 부과 *2008.1.1. 이후 1세대 1주택 판정 시 주택 수에 포함
요건	•미입주 신축주택 취득 후 양도 •분양신축주택: 취득기간 내 최초 매매계약 체결 및 계약금 납부 •자가건설주택: 취득기간 내 사용승인검사	
적용배제	•고급주택 제외 •고가주택 제외	

(10) 주택이 안 팔리면 교환도 양도소득세를 줄일 수 있다

부모가 한 주택을 보유하고 있다가 새로운 주택을 구입한 경우 종전 주택이 2년 이내 안 팔리게 생긴 경우 아들이 비과세요건을 갖춘 주택이 있는 경우 아버지의 종전 주택이나 아들의 주택이 시가가 9억 원 이하이고 3년 이상 보유한 주택으로 가격차이가 높은 가격의 30% 미만이거나 3억 원 미만인 주택의 경우는 서로 교환하여 양도소득세를 줄일 수 있다. 그리고 차액은 반드시 금전거래를 실질적으로 하여야 증여세 문제가 발생하지 않는다. 아버지의 종전 주택이 5억 원이고, 아들의 주택이 4억 원이라면 아들이 아버지에게 1억 원을 현금으로 지불하고 교환하는 것이다. 그러면 아버지도 비과세이므로 1억을 받았어도 양도소득세가 없고 자식도 비과세이므로 양도소득세가 없다. 또 아버지가 받은 아들의 주택을 아버지가 나중에 매도하는 경우 1세대 2주택에 해당하여 양도소득세를 내게 되나 이미 아들한테 받을 때 4억이라는 높은 취득가액에 의거 양도차익이 줄어들게 되어 양도소득세가 줄어든다. 아들은 다시 비과세 요건을 갖추면 양도소득세가 비과세되어 양

---

26) 「조세특례제한법」 제99조의2.
27) 「조세특례제한법」 제99조의3.

도소득세를 납부하지 않아도 된다. 다만 아버지 주택 5억 원과 아들의 주택 4억 원이 가격차이가 높은 가격 5억 원의 30%인 1억 5,000만 원 차이보다 적으므로 양도소득세가 없으나, 높은 가격의 30% 이상 또는 3억 원 이상의 차이가 있는 경우는 양도소득세가 높은 가격에서는 발생할 수 있으므로 주의를 요한다.

8) 농어촌 및 고향 주택 취득자 비과세[28]

농어촌 주택 및 고향 주택을 취득하고 일정기간(3년 이상)에 보유하거나 보유한 자에 대하여 종전에 보유하고 있던 일반주택 양도할 경우 일반주택에 대해 비과세를 한다. 이때 일반주택이 비과세 받기 위하여 구비해야 하는 요건은 다음과 같다. 그러나 2012년도부터 적용기한을 2014. 12. 31.로 연장할 계획이다.

① 농어촌 주택 취득자 비과세 요건

취득시기	2003. 08. 01.~2011. 12. 31.
적용시기	2003. 08. 01. 이후 양도하는 일반주택부터 적용
지역기준	읍 · 면 지역
제외지역	수도권, 광역시, 도시지역, 토지거래허가지역, 투기지역, 관광단지
주택가액 (기준시가)	•2007. 12. 31. 이전: 취득당시 7천만 원 이하 •2008. 01. 01. 이후: 취득당시 1억 5,000만 원 이하 •2009. 01. 01. 이후: 취득당시 2억 원 이하
보유기간	농어촌 주택 등 3년 이상 보유
양도순서	농어촌 주택 등 취득 전 보유 일반주택 선양도
주택규모	•공동주택: 전용면적 116㎡(35평) 이내 •단독주택: 대지 660㎡(200평) 이내, 건물 150㎡(45평) 이내
특례 내용	•일반주택 양도의 비과세규정 적용 시 농어촌주택은 주택 수에서 제외하고 판정 •농어촌 주택의 3년 이상 보유요건 충족 전에 일반주택 양도해도 특례 적용
감면 배제	일반주택 특례 적용 받은 후 농어촌 주택 등을 3년 이상 보유하지 않게 된 경우
비 고	•단독주택, 아파트, 연립주택 모두 포함 •시행일 이후 신축(기존 취득 토지에 대한 신축 포함)하는 경우 포함 •기존 상기지역 거주자는 시행일 이후 타 지역 농어촌 주택 등을 취득하는 경우 포함

---

28) 「조세특례제한법」 제99조의4.

② 고향주택 취득자 비과세 요건

취득시기	2009. 01. 01.~2011. 12. 31.
적용시기	2009. 01. 01. 이후 양도하는 일반주택부터 적용
지역기준	고향에 소재(10년 이상 거주지)/취득 당시 인구 20만 명 이하의 도시
제외지역	수도권, 투기지역, 관광단지
주택가액 (기준시가)	취득당시 2억 원 이하
보유기간	고향 주택 등 3년 이상 보유
양도순서	고향 주택 등 취득 전 보유 일반주택 선양도
주택규모	•공동주택: 전용면적 116㎡(35평) 이내 •단독주택: 대지 660㎡(200평) 이내, 건물 150㎡(45평)이내
특례내용	•일반주택 양도의 비과세규정 적용 시 고향주택은 주택 수에서 제외하고 판정 •고향주택의 3년 이상 보유요건 충족 전에 일반주택 양도해도 특례 적용
감면배제	일반주택 특례 적용 받은 후 농어촌 주택 등을 3년 이상 보유하지 않게 된 경우
비고	•단독주택, 아파트, 연립주택 모두 포함 •시행일 이후 신축(기존 취득 토지에 대한 신축 포함)하는 경우 포함 •기존 상기지역 거주자는 시행일 이후 타 지역 농어촌 주택 등을 취득하는 경우 포함

9) 비사업용 토지 절세방안

① 무조건 사업용 토지로 보는 경우

구분	사업용 적용 요건
2006. 12. 31. 이전에 상속 받은 농지, 임야 및 목장 농지[29]	2009. 12. 31.까지 양도하는 토지
직계존속으로부터 상속·증여받은 농지, 임야 및 목장용지[30]	양도기한 제한 없음. * 2008. 1. 1.부터 적용 * 직계존속이 8년 이상 자격 등 * 도시지역에 편입된 농지 등은 제외
2006. 12. 31. 이전에 20년 이상을 소유한 농지, 임야 및 목장용지[31]	2009. 12. 31.까지 양도하는 토지
•수용되는 토지로 사업인정고시일이 2006. 12. 31. 이전의 토지 •또는 취득일이 사업인종고시일로부터 5년 이전인 토지[32]	•양도기한 제한 없음. •지목에 관계없음.
종중 소유의 도시지역 안의 농지[33]	2005. 12. 31. 이전 취득한 종중 농지
상속에 의하여 취득한 농지·임야·목장용지	상속개시일로부터 5년 이내 양도 토지
공장 가동에 따른 소음·분진·악취 등으로 취득한 부속토지의 인접 토지[34]	•양도기한에 제한 없음. •지목에 관계없음.
2006. 12. 31 이전에 이농한 자가 이농 당시 소유하고 있는 토지[35]	2009. 12. 31.까지 양도하는 토지
•부실징후 기업[36] •관리대상기업[37] •산업용지를 소유한 입주업체의 산업용지[38] •어민의 피해보상대책으로 조성된 농지[39]	•양도기한 제한 없음. •2009. 4. 14. 이후 적용

② 사업용 토지 사용하는 기간

    ⊙ 양도일 직전 3년 중 2년 이상을 직접 사업용으로 사용

    ⓛ 양도일 직전 5년 중 3년 이상을 직접 사업용으로 사용

    ⓒ 보유기간 중 80% 이상을 직접 사업용으로 사용

③ 지목별 사업용 적용 면적 및 가액 기준

구 분	사업용 토지	비사업용 토지
농지[40]	•재촌 및 자격 농지 •도시지역 내 녹지지역·개발제한구역 소재 •재촌 및 자경 간주 농지 •주말농지, 상속농지, 한국농어촌공사에 8년 임대한 농지	•부재지주 농지 •도시지역 내 주거·상업·공업지역 소재
임야[41]	•재촌 소유 임야 •도시지역 내 보전녹지지역 •공익상 필요한 임야(개발지역 등) •정당한 사유 임야(상속·자연휴양림 등)	•부재지주 임야 •산림경영계획 인가받아 사업 중인 임야 및 특수산림사업지구 내 임야 •도시지역 내 보전녹지지역을 제외한 도시지역 내 임야
목장용지[42]	•축산업 영위한 토지 •기준 면적 이내의 토지 •도시지역 내 녹지지역·개발제한구역 소재 •상당한 이유가 있는 목장용지(상속·비영리사업자 등)	•축산업 영위에 사용하지 아니한 토지 •기준 면적 초과 토지 •도시지역 주거·상업·공업지역 소재

기타 토지[43]	•재산세 비과세·면세 토지
	•재산세 별도합산·분리과세 대상 토지
	•무주택자의 660㎡ 이내의 토지-건축 가능지역
	•상당한 이유 있는 토지(체육시설용, 주차장용 등)
		•재산세 종합합산 토지
		* 일반건축물의 기준 면적 초과분 토지
		  – 전용주거지역: 5배
		  – 일반주거·공업지역: 4배(미계획지역 포함)
		  – 준주거·상업지역: 3배
		  – 녹지지역: 7배(도시지역 외의 용도지역 포함)
		•무주택자의 660㎡ 이내의 토지 - 건축 가능지역
		•개발제한구역, 건축 불가능한 지역

주택의 부수토지[44]	주택 정착면적의 5배(도시지역 외 지역은 10배) 이내 토지	•주택 정착면적의 5배 이내 토지(도시지역 밖 지역은 10배) •별장 및 그 부속토지 전부
별장과	•읍·면에 소재하는 다음 요건 모두 갖춘	경계가 불분명한 경우 바닥면적의 10배

---

29) 「소득세법 시행령」 제168조의14 제3항 제1호.
30) 「소득세법 시행령」 제168조의14 제3항 제1호의2.
31) 「소득세법 시행령」 제168조의14 제3항 제2호.
32) 「소득세법 시행령」 제168조의14 제3항 제3호.
33) 「소득세법 시행령」 제168조의14 제3항 제4호.
34) 「소득세법 시행규칙」 제83조의5 제3항 제1호.
35) 「소득세법 시행규칙」 제83조의5 제3항 제2호.
36) 「소득세법 시행규칙」 제83조의5 제4항 제3호.
37) 「소득세법 시행규칙」 제83조의5 제4항 제4호.
38) 「소득세법 시행규칙」 제83조의5 제4항 제5호.
39) 「소득세법 시행규칙」 제83조의5 제4항 제6호.

	농어촌 주택	
부속토지[45]	− 대지 면적이 660㎡(200평) 이내이고 − 건물연면적이 150㎡(45평) − 기준시가가 1억 원 이하 •제외지역: 수도권, 광역시, 도시지역, 토 지거래 허가지역, 투기지역, 관광단지 * 광역시 중 옹진군, 연천군 제외	

④ 토지는 최소한 양도하기 직전 2년은 사업용으로 써라

땅에 투자하고 그 땅의 용도대로 사용하지 않으면 비사업용 토지로 분류되어 양도소득세가 중과세(60%)된다. 따라서 투자한 땅이 사업용으로 되는 경우는 일반과세를 적용받고 또 감면도 받을 수 있게 된다. 그래서 투자한 땅은 반드시 사업용으로 사용하는 것이 절세할 수 있는 첫걸음이므로 사업용으로 사용하는 것이 바람직하다. 먼저 사업용으로 보는 것은 어떤 것인가?

나대지의 경우는 건축을 하거나 주차장 등으로 사용하는 등 생산활동에 사용해야 사업용 토지로 인정한다. 농지는 농지소재지나 농지소재지 인접 시·군·구에 거주하면서 직접 농사를 지어야 한다. 임야는 임야소재지로부터 20km 이내 지역에 거주하여야 사업용으로 인정한다. 또 일정기간 이상을 사업용으로 사용하여야 사업용으로 인정하는데 그 기간은 다음과 같다.

양도일을 기준하여 양도일 직전 3년 중 2년은 사업용으로 사용하여야 하고, 또는 5년 중 3년을 사업용으로 사용하거나 보유기간 중 80% 기간을 사업용으로 사용하였으면 사업용으로 인정을 한다. 그래서 최소 2년 이상은 사업용으로 사용하여야 중과세되지 않고 일반과세를 적용받을 수 있다. 만일 최소 2년의 기간이 2012년 12월 31일을 초과한다면 중과세 적용 완화기간인 2012년 12월 31일 이내에 파는 것이 절세하는 것이다. 또 다음과 같은 부득이한 사유가 있는 경우는 사업용으로 본다.

−직계존속이 8년 이상 재촌·자경한 농지, 임야, 목장용지를 상속 또는 증여받은 경우
−공익사업을 위해 수용되는 토지로 2006년 12월 31일 이전에 사업인정고시가 됐거나 사업인정고시일로부터 5년 이전에 취득한 경우

---

40) 「소득세법」 제104조의3 제1항 제1호.
41) 「소득세법」 제104조의3 제1항 제2호.
42) 「소득세법」 제104조의3 제1항 제3호.
43) 「소득세법」 제104조의3 제1항 제4호.
44) 「소득세법」 제104조의3 제1항 제5호.
45) 「소득세법」 제104조의3 제1항 제6호.

－상속받은 농지를 상속개실일로부터 5년 내에 처분하는 농지

－종중이 2005년 12월 31일 이전에 취득한 농지

⑤ 농지 절세방안

㉠ 8년 재촌·자경 요건을 갖춘다.

8년 이상 자경 농지의 감면에 대해 조세특례제한법상 내용을 살펴보면 다음과 같다.[46]

구분	내용
자경농지의 감면 요건[47]	•양도일 현재 농지일 것 •8년 이상 보유 및 재촌·자경할 것 •주거지역 등 편입 전: 100% 감면 •주거지역 등 편입 후: 과세
거주 및 경작의 범위[48]	•동일한 시·군·구 거주 •인접한 시·군·구 거주/직선거리 20km 이내 * 상시 종사하거나 농작업의 1/2 이상 자기노동력 투입
감면 제외 농지[49]	•주거·상업·공업지역 안 편입된 날로부터 3년 경과 농지 •환지예정지 지정: 지정일로부터 3년 경과 •피상속인이 8년 자경요건을 갖춘 상속받은 농지를 경작하지 않은 경우 상속받은 후 3년이 경과한 농지
양도일 현재의 농지 판정 기준[50]	•원칙: 양도일 기준 •예외: 매매계약 조건에 따라 매수자가 용도 변경 시에는 양도 계약일
감면 한도[51]	대토 감면과 합산하여 1년간 2억 원(5년간 3억 원 한도)
농지의 범위[52]	전·답으로서 지목에 관계없이 실제로 경작한 농지
확인서류[53]	•주민등록초본 •등기부등본 및 토지대장 •농지원부 및 시·군·읍·면장이 교부하는 자격증명서 •기타 자경 확인 서류 　－농산물 판매 영수증, 묘종 또는 묘목 구입영수증 　－비료 및 농자재 구입영수증 　－농기계구입비 및 농약 구입 영수증 　－농협 조합원 증명원 　－농지위원장이 확인한 자경농지 사실확인서, 인후보증서

농지의 감면에 있어 가장 중요한 것은 8년 보유와 재경 및 자경에 관한 요건 구비가

---

46) 「조세특례제한법」 제69조.
47) 「조세특례제한법」 제69조 제1항.
48) 「조세특례제한법 시행령」 제66조 제1항.
49) 「조세특례제한법 시행령」 제66조 제4항.
50) 「조세특례제한법 시행령」 제66조 제5항.
51) 「조세특례제한법」 제69조.
52) 「조세특례제한법 시행규칙」 제27조 제1항.
53) 「조세특례제한법 시행규칙」 제27조 제2항.

가장 중요하다. 8년 이상 자경하고 재촌하면 양도소득세의 1년간 2억 원, 5년간 3억 원까지 양도소득세를 감면받는다. 이때 재촌·자경은 매도인 본인이 직접 농사를 지은 경우가 원칙이며, 만일 상속받았거나 증여받은 경우는 피상속이나 증여인의 재촌·자경기간도 합산된다. 감면 대상자는 예정신고를 하지 않을 경우 감면규정은 적용되지만 무신고가산세는 부과되므로 반드시 예정신고는 하여야 한다. 이 외에 8년 재촌·자경을 충족하지 못하는 경우는 수용으로 인한 경우 대토요건을 갖추어 대토를 하는 경우에도 양도소득세를 감면받을 수 있다. 대토에 대한 것은 공익사업을 위한 수용 시 양도소득세 절세방안에서 구체적으로 살펴보도록 한다.

ⓛ 자경할 수 없으면 농지은행에 임대한다

직접 농사짓기가 어려우면 농지 소재지를 관할하는 농지은행(한국농촌공사)에 임대 위탁하여 8년 이상 임대 위탁한 농지는 그 기간 동안 사업용으로 사용한 것으로 인정 하여 중과세하지 않고 일반과세를 적용한다. 농지은행에 위탁 임대를 하는 경우 농 지은행에서 임차인을 선정하지 않고 임대인이 임차인을 선정하여 위탁해야 하므로 임차인을 반드시 선정하고 농지은행에 동행하여 위탁하여야 한다. 농지은행에 위탁 하면 매년 일정 임대료 수익을 얻을 수 있고, 사업용으로 인정받는 유리한 점이 있다.

ⓒ 주말농장도 일반과세를 받는다

농지 근처에 살지 않아도 주말농장을 운영하면 양도소득세 중과세를 받지 않을 수 있다. 주말 농장을 양도소득세 중과세를 받지 않으려면 다음의 조건을 갖추어야 한다.

－주말 농장이어야 함으로 1000㎡ 미만이어야 한다.

－취득일은 2003년도 1월 1일 이후여야 한다.

－농지소재지 읍·면·동에서 주말농장용 농지자격취득증명을 받아야 한다.

－적어도 2년 이상은 보유하여야 한다.

－만일 농지가 도시지역으로 편입된다면 편입일로부터 2년 내에 양도한다.

ⓡ 상속받은 농지는 5년 이내 양도한다

2007년 1월 1일 이후에 상속받은 농지는 5년 이내 양도하면 무조건 사업용지로 인정하여 일반과세를 적용한다. 만일 피상속인이 8년 자경·재촌 요건을 갖추었다면 5년 제한도 풀려 사업용 토지로 인정받게 되며, 만일 상속개시일로부터 3년 이내 양도하면 양도소득세 100%를 감면받는데 1년간 2억 원, 5년간 3억 원 한도 내에서 감면이 가능하다. 이때 자경을 증명할 수 있는 서류는 다음과 같다.

- 농지원부
- 농협조합원 증명원
- 농약 및 비료 구입 영수증 또는 농약 등 판매확인서
- 농지위원장이 확인한 자경농지 사실확인서
- 인우보증서, 농업일지

⑥ 나대지 양도소득세 절세방안

㉠ 용도지역에 맞는 건축을 하면 사업용 토지가 된다

나대지는 주택 및 상가, 창고, 공장 등 해당지역의 용도지역에 적합한 건물을 건축하여 사용하거나 임대를 하면 사업용 토지가 되어 일반과세 적용을 받을 수 있다. 다만 주택을 건축하는 경우는 주택 수에 의한 중과세 대상이 될 수 있으므로 주택매매업이나 주택 건축업을 등록하고 건축한 뒤 매매하면 기간에 제한 없이 일반과세를 적용받는다.

㉡ 창고를 건축하여 2년 이상 임대한다

나대지에 건물을 건축하면 건축물의 바닥면적의 3~7배까지 건축물의 부속토지는 사업용 토지가 된다. 따라서 창고를 몇 평 건축할 것인가는 이를 참작하여 건축하면 전체 나대지가 사업용 토지가 되어 양도소득세 중과세를 면할 수 있다. 이때 건축비용은 토지 전체가격의 3% 이상이 되어야 건축물이 있는 것으로 보므로 그 이상의 건축하는 것이 바람직하다. 그리고 건축물은 신고 건축물이면 아니 되고 허가 건축물이어야 한다. 따라서 설계사무소에 정식 의뢰하여 건축하는 것이 바람직하다. 또한 건축 준공 후 2년은 지나야 하므로 창고를 짓고 2년간 임대사업을 하면 건축비를 건질 수 있다. 이때 사업용 토지로 인정해 주는 용도별 건축물의 부속토지 범위는 다음과 같다.

용도지역		건축물의 부속토지 범위
도시지역	주거전용지역	건축물 바닥면적의 5배
	상업지역/준주거지역	건축물 바닥면적의 3배
	일반주거지역/공업지역	건축물 바닥면적의 4배
	녹지지역	건축물 바닥면적의 7배
	미계획지역	건축물 바닥면적의 4배
도시지역 외 지역		건축물 바닥면적의 7배

ⓒ 건축비가 부담되면 주차장 사업을 한다

나대지 상태로 사업을 하여 사업용 토지가 될 수 있는 경우는 노외주차장, 체육시설용, 휴양시설용 등 여러 가지가 있다. 그중 노외주차장으로 사업하는 것이 가장 무난하다. 노외주차장 사업은 인·허가 없이 관할 시장·군수·구청장에게 신고만 하고 사업이 가능하고 건물은 컨테이너나 소형으로 건축해도 가능하다. 노외주차장은 주차장 바닥에 「주차장법」에 의한 주차구획선을 설치하여야 한다. 이때 주의해야 할 사항은 토지 소유자가 직접 자기 토지에 주차장 사업을 하여야 하고, 연간 매출액이 토지가격의 3% 이상의 수입을 획득해야 인정이 된다는 점을 착안하여야 한다. 그리고 양도일 직전 최소 2년 이상을 주차장사업을 하여야 사업용으로 인정됨도 잊어서는 아니 된다.

10) 보상금에 대한 양도소득세 절세방안

보상금이란 국가가 공익사업을 위하여 수용하는 경우 수용된 부동산(토지 및 건물) 및 그 권리(과수, 농작물, 광업권, 어업권)에 대하여 국가가 지급하는 가액을 말한다.

(1) 토지보상금에 대한 양도소득세 감면율

보상금 수령방법		감면율	감면금액한도
현금		20%	1년간 1억 원 5년간 2억 원
채권	기본	25%	
	3년 이상 만기보유 특약	40%	1년간 2억 원 5년간 3억 원
	5년 이상 만기보유 특약	40%	

감면받은 세액의 20%에 해당하는 농어촌특별세가 부과된다. 수용 시 양도소득세 감면은 다음의 요건을 구비하면 비거주자 및 법인도 감면혜택을 받을 수 있다.
 －공익사업 시행자 및 정비구역안의 사업시행자에게 양도하거나 수용될 것
 －취득일이 사업인정고시일로부터 소급하여 2년 전 이상일 것
 －2012년 12월 31일 이전에 양도할 것
 －세액감면 신청을 할 것

토지보상과 세금관계를 참고로 소개한다.

- 수용에 의한 보상금을 받는 경우 양도소득세를 내야 한다.
- 보상금 받은 보유 토지는 가액이 시가화되어 상속세가 늘어날 수 있다.
- 상속개시 1년 이내 2억 원 이상, 2년 이내 5억 원 이상은 사용처를 상속인이 입증해야 한다.
- 보상받은 후 상속이 이루어지면 보상금이 클 경우 상속세 조사대상이 될 수 있다.

참고로 토지보상에 내용에 대해 소개한다.[54]

국가에 땅이 수용되는 것을 토지보상이라고 한다. 토지보상관련 세금에서는 "사업 인정 고시일"이 언제인지가 중요하다. "사업 인정 고시"란 국토해양부장관이 도로 또는 택지조성 등의 공익사업 시행 여부를 심사한 후 사업시행 인정 고시가 있어야 사업 시행자는 토지 보상계획에 따라 토지소유자와 협의를 거쳐 보상금을 지급할 수 있다. 보상조건은 현지인일 경우와 부재지주일 경우 통상 다르게 주어진다. 현지인 경우 전액을 현금으로 또는 현금과 채권으로 병행하여 보상받을 수 있으나, 부재지주는 1억 원은 현금으로, 그리고 나머지는 채권으로 보상을 받는다. 이때 보상금을 전액 현금으로 받지 못하고 일부는 채권으로 받게 되면 감면 세액이 달라진다. 현금 대신 지급하는 보상채권은 금리가 3년 만기 정기예금 금리수준이지만, 채권의 만기는 3년 또는 5년 이내로 발행하고 있다. 통상은 3년 만기채권이 많다. 토지보상에 대한 채권은 지금 당장 현금이 필요한 경우 금융기관에서 현금화할 수 있다. 이때 채권 할인율은 금융기관마다 상이하므로 발품을 팔아야 한다. 만일 금리상승이 예상된다면 채권을 할인하여 파는 것이 유리하다. 왜냐하면 채권의 금리는 3년 만기 정기예금 금리를 적용해 주는 대신 기회비용이 더 높은 다른 투자 대상으로 받을 수 있는 이익이 더 크기 때문이다.

(2) 3년 이상 경작농지 수용 시 2년 이내 농지 재취득하여 절세

3년 이상 농사를 짓던 농지를 국가로부터 수용당하는 경우 수용농지 대신 새로운 농지를 취득하는 경우 양도소득세를 감면해 준다. 이때 새로 취득하는 농지의 조건은 다음과 같다.

- 수용당한 농지를 3년 이상 경작했을 것
- 새로운 농지를 보상금 지급일로부터 2년 이내에 취득할 것
- 새로운 농지 면적이 수용농지 면적의 1/2 이상인 농지일 것
- 새로운 농지의 가액이 수용 농지가액의 1/3 이상인 농지일 것

---

54) 미래에셋 절세가이드, 미래에셋 세무컨설팅 지음, 미래에셋 자산운용, 2011.8.20, p.122.

- 새로운 농지는 취득한 날로부터 3년 이상 경작할 것

- 새로운 농지소재지에 거주할 것

- 감면율은 보상금 지급일로부터 2년 이내에 취득하는 경우 5년간 1억 원 한도 내에서 100% 감면을 받을 수 있다.

3년 이상 경작한 농지를 수용당하고 새로운 농지를 구입하는 것을 '대토'라고 하는데 이처럼 대토를 하면 아래의 요건을 구비하였을 경우 취득세를 비과세 받는다. 「조세특례제한법」에 정한 대토의 요건을 살펴보면 다음과 같다.[55]

구분	내용
대토 농지의 감면 요건[56]	•양도일 현재 농지일 것 •기존 농지는 3년 이상 보유 및 재촌 자경일 것 •새로 취득한 농지는 3년 이상 보유 및 재촌 자경일 것
대체취득 농지의 면적 또는 가액[57]	•기존 농지 면적의 1/2 이상의 면적이거나 종전 농지 가액의 1/3 이상의 가액일 것
대체취득 기간[58]	•종전 농지 양도일로부터 1년 이내 대체농지를 취득하거나 다른 농지를 먼저 취득한 경우에는 취득일로부터 1년 이내 종전 농지를 양도할 것 다만, 수용인 경우에는 2년 이내에 취득할 것
감면 한도[59]	1년간 1억 원(자경 감면과 합산하여 5년간 3억 원 한도)

* 수용 후 대체 취득 시 취득세 비과세 요건

1. 공익 목적으로 수용당한 사람이 "보상계약일" 또는 "사업 인정 고시일" 이후에 취득계약을 체결한 부동산
2. 보상금 잔금을 받은 날로부터 2년(농지 외 부동산은 1년) 이내에 취득
3. 대체 취득할 부동산: 농지 경작을 위해 총 보상금액의 50% 미만으로 취득하는 주택도 포함됨. 다만, 농지가 포함되지 않은 대토는 비과세되지 못한다.

농지 외 부동산	① 수용된 부동산 등이 있는 특별시, 광역시, 도 지역 및 연접한 특별시·광역시·도 내의 지역(투기지역 제외) ② 수용된 부동산이 있는 시·군·구 및 연접한 시·군·구 내의 지역 ③ 연접지역은 투기지역이 아닐 것
농지	투기지역을 제외한 전국의 모든 지역

---

55) 「조세특례제한법」 제70조.
56) 「조세특례제한법 시행령」 제67조 제1항.
57) 「조세특례제한법 시행령」 제67조 제3항 제1호.
58) 「조세특례제한법 시행령」 제67조 제3항 제2호.
59) 「조세특례제한법」 제69조.

```
              - 별장, 골프장, 고급주택, 고급오락장 등은 제외
              - 부재지주 소유자의 부동산은 제외
              - 토지 등 수용확인서 제출
```

(3) 보상금 수령시기를 분산하면 감면액이 더 커질 수 있다

여러 개 필지의 부동산을 보상받게 된 경우는 보상계약 체결을 한 해에 수령하는 방법과 2년 이상 구분하여 보상계약을 체결하면 양도소득세 감면을 받을 수 있다. 그 이유는 양도소득세는 매년 1월 1일부터 12월 31일까지 양도된 양도물건에 대한 세금이므로 1년에 감면받을 수 있는 세금 2억 원을 구분하여 양도 시 매년 따로 받을 수 있기 때문이다. 양도소득세 감면의 예는 다음과 같다.[60]

구 분	한 해에 양도 시 양도세	2년으로 분할하여 양도 시 양도세	
		농지 A	농지 B
산출세액	302,725,000	180,225,000	106,725,000
감면세액	200,000,000	180,225,000	106725000
결정세액	102,725,000	0	0
지반소득세	10,272,500	0	0
납부할 세금	112,997,500	없음.	없음.

5. 가족 간 부동산거래 시 세금

가족 간의 부동산거래에서 문제가 될 수 있는 것을 해결하려면 세무서에서 가족 간의 거래를 어떻게 보고 있는지를 잘 알아야 문제가 발생하지 않게 거래를 완성할 수 있다. 이 점이 곧 부동산중개업자가 가족 간의 거래에 대해 고객에게 상담해 줄 주요 포인트이기도 하다. 가족 간의 거래에는 증여, 매매 및 교환, 상속 등이 있다. 이 3가지 거래방법에 있어 세무서에서 가장 핵심을 두고 검토하는 점을 중점적으로 검토해 본다.

---

60) 미래에셋 세무컨설팅 지음, 미래에셋 절세가이드, 미래에셋자산운용, 2011. 8. 20, p.122.

1) 증여 및 상속

가족 간의 거래에서 무상으로 거래하는 것은 상속과 증여가 있다. 이 중 상속은 죽은 뒤에 자동적으로 소유권이 넘어가는 거래이므로 상속법에 세금을 투명하게 걷어들일 수 있다. 그러나 증여는 증여세를 내지 않기 위하여 이에 따른 행위를 하지 않았나에 중점을 두고 점검한다. 증여세를 적게 내기 위한 행위에는 첫째, 증여가격을 낮추는 방법과, 둘째, 부담부증여를 하는 방법, 셋째, 거래대금에 대한 증여가 있다.

3년 이상 영농(양축, 양어, 영림 포함)에 종사한 자경 농민이 영농자녀에게 농지 등을 증여하는 경우 증여세를 100% 감면한다. 이때 증여세 감면한도는 5년간 1억 원이고 농지, 초지, 5년 이상 조림한 산림지도 포함되며, 그 적용기한 2011. 12. 31. 종료되는 것을 2014. 12. 31.까지 연장할 계획이다.

영농 상속재상 공제한도도 2012년도부터는 현재 2억 원을 5억으로 확대하고 영농상속 재산의 범위를 피상속인의 거주지를 기준하여 영농재산(농지, 초지, 5년 이상 조림한 산림지, 어선, 어업권 등)을 거주지와 동일지역이거나 인접 시·군·구 지역 또는 직성거리 20km 이내 지역의 영농재산으로 합리화할 예정이다.

(1) 증여가격을 낮추는 방법

정산적인 증여를 한 경우 증여세의 과세표준은 기본적으로 실거래가액이다. 그러나 가족 간의 거래이기 때문에 거래대금의 수불관계가 형성되지 않아 실거래가액을 알 수 없으므로 통상 과세표준액으로 하고 있다. 그러나 세무서에서는 증여가격의 적절성을 검토할 때 기준이 시가와 증여세 과세표준으로 신고된 가액이 3억 원 이상 차이가 나거나 시가의 5% 이상 차이가 나면 증여가격을 인정하지 않고 시가로 증여세 과세표준으로 하여 추가 증여세금을 부과한다. 그리고 증여세 과세표준을 시가로 하면 수증자가 매도하고자 할 시 매입가격이 시가로 높이 책정되어 양도소득세가 낮게 된다. 따라서 증여 시 가급적 시가로 증여세를 신고하는 것이 더 유리함을 상담해 주는 것이 바람직하다.

(2) 부담부증여 주의점

부담부증여란 수증자가 채무를 떠안는 조건의 증여를 "부담부증여"라 한다. 부담부증여를 하는 방법은 부모나 대출을 받은 것은 자녀가 안고 증여받는 방법이다. 이때 증여가격에서 대출금액을 제하고 남은 금액이 증여금인데 이 증여금에 기준증여금(부모가 자녀에게 3,000만 원 증여 시 비과세) 미만이면 증여세가 없고 기준증여금을 초과하면 초과된 부분에 대해서는 누진세율을 적용하여 증여세를 납부하여야 한다. 또 대출금액에 대해서는 부모가 자녀에게 팔면서 이득이 있는 것으로 보아 양도소득세를 세무서에서는 부과한다. 이때 양도소득세는 양도차익 중 채무가 부담하는 비율의 세금을 부담하게 된다. 예를들면 1억에 산 부동산을 1억 대출을 받은 상태에서 아들에게 이전하였는데 시가는 1억 3,000만 원이라고 하면 증여금액은 3,000만 원이므로 증여세는 없으나, 양도소득세는 1억 3,000만 원에서 1억 원을 제하면 3,000만 원의 양도차익이 발생한 것으로 본다. 그래서 대출금인 1억 원이 시가인 1억 3,000만 원에 대한 비율, 즉 10/13을 3,000만 원에 해당하는 2,307만 원 금액에 해당하는 양도소득세 238만 원은 납부하여야 한다. 따라서 부담부증여 시는 양도소득세를 적게 낼 수 있도록 하는 것이 세금을 절세하는 방법이다.

(3) 거래대금에 대한 증여

자녀명의로 부동산을 구입하려고 하는 경우 부모가 부동산을 구입하되 명의를 자녀이름으로 구입하게 된다. 이때 자녀가 30세 이하이고 미혼이며 취업을 하지 못한 상태에 있는 경우에 증여세를 없게 하거나 적게 내고자 상담해 오는 경우가 있다. 만일 자녀가 30세 이상이거나 혼인을 했거나 취업을 했다면 이런 문제는 고민되지 않는다. 그러나 자녀의 혼인 등 장래를 위해 구입하는 것이므로 정상적으로 증여세를 내고 구입하는 것이 가장 정상적이다.

그러나 절세를 하고 싶은 심정에서 통상 대출을 자녀명의로 받고 나머지 거래대금을 증여하여 증여세를 줄이는 방법을 이용하고 있으며, 또 하나는 거래대금 중 전세로 임대차를 하고 전세금을 제한 나머지를 증여하여 증여세를 낮추는 방법을 적용하기도 한다.

[표] 부동산 취득 시 자금출처조사 면제기준

구분		취득재산		채무상환	총액한도
		주택	기타재산		
세대주인 경우	30세 이상인 자	2억 원	5,000만 원	5,000만 원	2억 5,000만 원
	40세 이상인 자	4억 원	1억 원		5억 원
세대주가 아닌 경우	30세 이상인 자	1억 원	5,000만 원	5,000만 원	1억 5,000만 원
	40세 이상인 자	2억 원	1억 원		3억 원
30세 미만인 자		5,000만 원	3,000만 원	3,000만 원	8,000만 원

(4) 부모로부터 증여받은 부동산은 5년 이내 팔 경우 조심

부모로부터 증여받은 주택을 3년 이상 보유하였을 경우 양도소득세가 비과세 된다고 생각하여 매매한 경우 양도소득세를 납부하도록 추징을 당할 수 있다. 그 이유는 2009년 1월 1일 이전에 부모로부터 증여받은 부동산에 대해 세무서에서는 "부당행위계산부인"이라는 규정이 적용되기 때문이다. 이는 아들이 납부한 증여세와 아들이 3년 후에 팔았을 때 납부하는 양도소득세를 합한 금액이 부모가 아들에게 증여하지 않고 직접 매매할 경우 발생하는 양도소득세와 비교하여 적게 나오면 부모가 직접 팔았을 경우 납부할 양도소득세로 납부하도록 추가 양도소득세 추징을 통지해 오기 때문이다. 또 2009년 1월 1일 이후에 부모로부터 증여받은 부동산을 자녀가 팔 경우에는 "취득가액이월과세" 규정이 적용된다. 이는 자녀가 5년 이내 팔 경우 증여받을 때 신고한 증여가액을 취득가액으로 보지 아니하고, 부모가 취득할 때 취득가액을 양도소득세의 취득가액으로 양도소득세를 산출하는 것을 말한다. 다만 자녀가 납부한 증여세는 필요경비로 공제해 준다.

"취득가액이월과세" 규정은 "부당행위계산부인" 규정과 달리 부모로부터 증여받은 부동산을 5년 이내에 팔 경우 항상 적용된다는 것을 착안하여야 한다.

[표] 이월과세 및 부당행위 계산

구 분	이월과세	부당행위계산
양도소득세 납부자	수증자	증여자
증여세 납부세액	필요경비 산입	증여세 미부과
양도차익계산	증여자의 당초 취득가액 적용	취득가액 및 필요경비: 증여자 취득 시점 기준
적용대상 자산	토지, 건물, 이용권	양도소득세 과세대상 자산 전체
적용기간	증여 후 5년 이내 양도	증여 후 5년 이내 양도

조세회피목적	조세부담감소와 무관하게 적용	증여자 기준 양도세>수증자(증여세+양도세) 적용
세율적용 및 장기보유특별공제 시 보유기간 계산	당초 증여자의 취득일부터 기간	당초 증여자의 취득일부터 기산
연대납세의무	없음	있음

2) 매매 및 교환

매매 및 교환은 가족 간의 거래에서 매매 또는 교환을 거래방법으로 사용한 경우를 말한다. 가족 간의 부동산 매매 및 교환에 대하여 세무서에서 의혹을 가지고 점검하는 요소는 첫째, 거래금액의 타당성, 둘째, 가족 간에 거래한 대금의 이동관계 추적이다.

(1) 거래대금 착안사항

가족 간의 매매거래 시 거래대금에 대해서는 반드시 수불관계가 형성되어야 하고 그 영수증을 증명할 수 있도록 하여야 한다. 거래대금의 수불관계가 명확하고 그에 대한 영수증이 증명되면 증여로 오해받지 않을 수 있다. 그래서 금융기관을 통하여 수불한 근거를 보관하거나, 현금을 주고받았더라도 그 영수증이 분명하고 그에 따라 금융기관에 입금 및 출금이 된 근거가 있어야 한다.

(2) 거래대금의 이동추적

부담부증여를 포함하여 가족 간의 매매에서 자녀가 금융기관으로부터 융자를 받아 거래대금을 지불한 것을 추후 부모가 이를 상환해 주었는지를 추적하므로 이에 대해 조심하여야 한다. 만일 상환해 준 경우는 증여세가 추징된다.

6. 임대사업 세테크 전략

1) 사업자등록을 해야 세제혜택을 받을 수 있다

임대사업자가 임대사업자 등록을 하려면 먼저 임대사업할 부동산, 즉 주택을 계약하고 임차인과 임대차 계약을 표준계약서 양식을 사용하여 작성한 뒤 임대할 주택 소재지 관할 시·군·구청 주택과에 가서 임대사업신청을 한다. 해당 시·군·구청 주택과에서 신청서 인가가 나면 이 사업자등록증을 가지고 임대인 주민등록등본과 같이 관할세무서에 사업자등록을 한다.

2) 임대사업 절세방안

임대사업과 관련하여 절세를 하려면 임대사업과 관련하여 납부하는 세금에 대하여 잘 알아야 한다. 임대사업과 관련하여 납부하는 세금에는 취득할 때 납부하는 취득세, 임대 기간 중에 납부하는 재산세 및 종합부동산세, 그리고 부가가치세 및 종합소득세가 있고, 재산과 소득에 연관하여 납부하는 국민연금 및 건강보험료 등이 있으며, 양도할 때 납부하는 양도소득세 등이 있다.

(1) 취득세 감면혜택

임대할 주택의 임대사업등록을 한 뒤 잔금을 처리하고 소유권이전을 받을 때는 취득세를 납부하고 이어서 취득세 감면신청을 하면 기지불한 취득세를 환불해 준다. 이때 취득세 면제대상은 구분은 다음과 같다.

전유면적	감면 세율
60㎡ 이하	100%
85㎡ 이하	25%

85㎡ 이하의 임대주택의 경우 취득세 감면을 받으려면 최소 10년 이상「임대주택법」제16조 제1항에 해당하는 경우에만 적용된다. 이를 위해 임대사업 등록을 하면 적용될 수 있다.

임대주택 소재지와 임대인의 주소지가 동일 시·군·구에 위치해야 세금혜택이 크다.

(2) 면적에 따라 재산세 감면혜택이 다르다

재산세는 원칙적으로 중과세 대상인 별장과 골프장 및 고급오락용 토지는 4%이나 그 외에는 0.15~0.5%의 세율을 적용받는다. 그러나 임대사업자의 경우는 다음과 같다.

전용면적	감면 세율
40㎡ 이하	100%
60㎡ 이하	50%
85㎡ 이하	25%
149㎡ 이하(건설임대)	25%

40㎡ 이하 임대주택은 국가 등 공적 재정지원을 받아 건설하는 주택으로 영구임대 주택은 50년 이상, 장기 임대주택은 30년 이상 임대할 경우에 한하여 감면한다.

(3) 임대사업 주택은 종합부동산세에서 배제된다

종합부동산세는 인별로 전국의 주택을 합산하여 과세하는데 일정요건을 갖춘 임대주택, 기숙사, 사원용 주택, 주택건설사업자의 미분양주택, 주택신축용 토지 등은 종합부동산세 합산 과세대상에서 제외된다. 다가구주택도 임대하면서 본인이 당해 주택에 거주하는 경우는 임대주택 사업자등록 대상이 아니지만 종합부동산세 임대주택 보유호수 요건을 충족하고 동일 광역자치구 내에 위치하여야 하며 세무서에 사업자등록을 하면 종합부동산세 비과세 혜택을 받을 수 있다. 종합부동산세 비과세 요건은 다음과 같다.

임대주택 유형		전용면적 (㎡)	주택 수	임대 의무기간	임대주택 공시가격
매입 임대	수도권	149 이하	3호 이상	5년 이상	6억 원 이하
	지방	149 이하	1호 이상	5년 이상	3억 원 이하
기존임대		85 이하 비수도권 읍·면지역은 100 이하	전국 2호 이상	5년 이상	3억 원 이하

건설임대	149	동일시·도내 2호 이상	5년 이상	6억 원 이하
미임대 건설임대	149			6억 원 이하

임대사업자는 과세기준일 이전에 사업자등록을 하고 9월 16일부터 9월 30일까지 합산 배제신청을 관할세무서에 신고하면 된다.

(4) 부가가치세 및 종합소득세 절세방안

부가가치세 및 종합소득세에 대한 절세방안은 265페이지 7항에서와 같다. 따라서 이를 참조하면 절세가 가능하다. 세법개정으로 소형주택에 대한 임대보증금 및 전세금에 대한 임대관련 소득세과세를 한시적으로 배제할 예정이다.

(5) 양도소득세 절세방안

주택임대 사업자가 양도소득세 혜택을 받으려면 세법상 일정요건을 충족해야 세제혜택을 받을 수 있다. 세법상 일정요건은 다음과 같다.

구분			양도소득세 중과세 제외 요건		
			임대호수	임대기간	규모
건설 임대 주택	2005. 5. 31. 이전 사용승인 받은 자		5호 이상	5년 이상	전용면적 85㎡ 이하
	2005. 5. 31 이후 사용승인 받은 자		2호 이상		149㎡ 이하 단독: 대지 298㎡ 이하 양도 시 기준시가 6억 이하
매입 임대 주택	수도권	서울	동일 시·군·구 소재 3호 이상		149㎡ 이하 양도 시 기준시가 6억 이하
		경기도			149㎡ 이하 양도 시 기준시가 6억 이하
	수도권 이외 지역		호 이상		149㎡ 이하 양도 시 기준시가 3억 이하

단, 세법개정 예정으로 임대주택 수는 전국으로 본인이 거주하는 주택 외 1주택으로 통일될 예정이며, 임대주택은 양도 시 주택 수에 포함하지 않고, 임대사업자가 거주하는 주

택도 양도소득세 비과세 요건이 충족하면 비과세할 예정이다. 그리고 오피스텔도 임대주택에 포함하여 임대주택과 동일한 세제혜택을 지원할 예정이다.

(6) 부부공동명의로 하라

임대소득은 종합소득에 해당하므로 이자소득과 배당소득 등과 같이 다른 소득과 합산하여 종합소득세를 납부하여야 한다. 종합소득세도 누진세율 제도를 적용하고 있으므로 공동명의로 하면 개인별과표가 낮아져 낮은 세율을 적용받을 수 있다. 종합소득세 납부신고는 매년 5월 1일부터 5월 31일까지 신고 납부하면 된다.

7. 종합소득세 및 부가가치세 절세전략

1) 영수증을 확보하라

필요경비로 공제받을 수 있는 사항은 세금계산서나 신용카드 영수증 또는 현금영수증 및 간이과세영수증 등 영수증을 받고, 이를 잘 보관하여 예정신고 및 확정신고 시 이를 증빙서류로 첨부할 수 있도록 준비하여야 한다.

2) 신용카드 및 현금영수증 발행할 것

중개수수료에 대해 현금영수증이나 신용카드영수증을 발행해 주면 총 매출액의 1.3% 연간 700만 원 한도의 공제를 받으므로 신용카드나 현금영수증을 발행을 적극 실행한다.

3) 부가가치세를 적극 받을 것

중개수수료에 대하여 일반과세자는 10%, 간이과세자는 3%의 부가가치세를 납부한다. 그러나 부동산중개업자가 중개수수료에 부가가치세를 받는 것은 매우 어렵다. 따라서 먼저 국토해양부의 부가가치세 고지사항을 부동산중개사무소에 공시하여 국민들이 중개수수료 납부 시 부가가치세를 납부해야 함을 인지할 수 있도록 홍보활동을 실시하여야 한다. 또한 중개대상물확인·설명서의 중개수수료 계산 난에 일반과세자는 물론 간이과세자도 기재하여 홍보 및 당위성을 표시하여야 한다. 마지막으로 간이과세자는 부가가치세를 계산하되 부가가치세를 받지 말고, 일반과세자는 반드시 받도록 노력한다.

PART

4

+

부동산 관련 분쟁

제1장 | 부동산분쟁에 대한 이해

1. 해약과 해약금 관계

1) 해약

계약이 체결되고 24시간이 지나지 않으면 해약할 수 있다고 생각하는 사람들이 많은데, 이는 희망사항일 뿐 계약은 양 당사자의 의사가 합치하여 이루어진 것이므로 계약체결 즉시 계약은 유효하다. 또 계약금의 일부만을 지불한 계약(항간에서 통상 "가계약"이라 칭함)에서도 "가계약"이라며 해약하는 경우 계약금의 반환을 요구하는 경우가 있으나 이 또한 정식계약 중의 하나로 일종의 예약계약인 것이다. 따라서 계약을 해제할 수 있는 경우는 3가지가 있다.

첫째, "이러 이러한 경우에 계약을 해제한다"라고 계약서에 해제조건이 있는 경우에 해제가 가능하다. 이를 약정계약이라고 하며 이는 당사자 간에 계약해제에 대한 약정을 한 것이므로 이러한 경우는 당연히 해약이 가능하다. 따라서 이때 계약금의 반환문제는 계약금을 반환하는 특약을 작성하였으면 계약금을 돌려주어야 하고, 특별한 조건이 없거나 계약금을 해약금으로 하기로 했으면 계약금은 반환하지 않을 수도 있다. 만일 계약 시 "24시간 내에 일방이 계약을 해제할 수 있다"라고 계약서에 특약의 단서조항에 기재되어 있다면 이 또한 약정해약이므로 해약이 가능하다.

둘째, 계약금에 의한 해제로 상대방이 계약의 이행에 착수하기 전, 즉 중도금을 지불하기 전까지는 매수인은 계약금을 포기하고, 매도인은 계약금의 배액을 상환함으로써 계약을 해제할 수 있다. 이는 법정해약이라 한다. 이때 계약금은 해약금 및 위약금의 성격을 가지므로 별도로 손해배상금 청구는 할 수 없다.

셋째, 법정해제로 상대방의 채무불이행(이행 지체, 이행 불능, 불완전 이행)에 따른 해제이다. 이 경우 상당기간 최고를 하고 계약을 해제할 수 있다. 이때 계약금은 해약금 및 위약금의 성격을 갖으며 손해배상 청구도 가능하다. 이때, 즉 상대방이 계약의 이행을 착수한 경우의 해약은, 즉 중도금을 지불한 후의 해약은 어느 일방에 의한 일방적인 해약은 불가능하다

2) 해약금

해약금은 실재거래에 있어 계약금, 약정금, 보증금 등 다른 이름으로 지불되어 있더라도 해약 시 이 금액은 해약금으로 간주된다. 단, 해약금에 대해 별도로 정한 금액이 존재한다면 해약금이 따로 구분된다. 또 위약금을 따로 정하지 않은 경우에도 계약금만을 위약금으로 본다.

2. 매도인의 담보책임

1) 매도인 담보책임이란

매도인의 담보책임이란 계약당사자(통상 매도인)가 급부한 목적물에 권리의 하자 또는 물건에 숨겨진 하자가 있을 경우 그에 대해 부담하는 계약해제, 손해배상과 그 책임을 말한다.

2) 적용근거 법률

매도인의 남보책임에 대하여 적용할 근거 법률은「민법」제3편 채권편의 제2장 계약에 있어 제2관 매매의 효력에 해당하는 사항으로 동법 제569조부터 제584조까지 적용한다.

3) 매도인 담보책임의 유형

담보책임의 유형은 크게 권리의 하자와 물건의 하자로 구분할 수 있으며 담보책임을

물을 수 있는 기간(권리행사 기간)은 다음과 같다.

(1) 권리의 하자

매도인의 담보책임 중 권리의 하자는 소유권에 관한 사항과 대상 부동산에 지상권, 지역권, 전세권, 질권, 유치권, 맹지의 부동산으로 지역권이 없는 경우, 대상 부동산에 등기된 임차권이 등기된 경우에는 매수인이 선의인 경우는 하자를 안 날로부터 매수인이 악의인 경우는 계약일로부터 1년 이내에 행사하여야 한다(「민법」 제573조).

(2) 물건의 하자

매도인의 담보책임 중 물건(부동산)의 하자란 대상 부동산의 본래 사용목적대로 사용할 수 없는 흠을 말한다. 물건의 하자에 대한 담보책임 권리를 행사할 수 있는 기간은 매수인이 하자를 안 날로부터 6개월 이내에 행사(「민법」 제582조)를 하여야 한다.

4) 권리의 하자 유형별 처리

(1) 소유권이 타인에게 있는데 매도인이 매도를 한 경우(「민법」 제569조)

이러한 경우에는 두 가지 상황이 있을 수 있다.

① 부모의 재산을 아들이 부모 허락 없이 파는 경우처럼 선의의 경우

이런 경우는 매도인이 소유자의 동의를 받아오면 문제는 간단히 해결되고, 또 하나는 매도인이 당해물건의 소유권을 획득한 후 매매를 하는 것이다. 만일 매도인이 소유자의 동의를 구하지 못할 경우는 매수인이 취할 수 있는 방법은 계약을 해제할 수 있고 손해배상을 청구할 수 있다(「민법」 제570조).

그러나 매수인이 대상 부동산이 매도인의 소유가 아니라는 것을 알면서도 매매계약을 체결한 경우는 계약은 해제할 수 있으나 손해배상 청구는 할 수 없다(「민법」 제570조). 이러한 경우 부동산중개업자는 매도인으로 하여금 최대한 노력하여 소유자의 동의(위임장과 인감증명서)를 얻어 오는 것이고 아니면 매도인이 소유자로부터 등기부상으로 인수받아 매수인에게 인도할 수 있도록 하는 것이 최상책이다. 만일 매도인이 소유자로부터 인수하지 못할 것 같으면 부동산중개업자는 계약을 해제하고 해제계약서와 손해배상에 관한 합의서를 작성하여 교부시키고, 매수인은 해제 이후 매도인이나 중개업자에게 민·형사상 이의를 제기하지 않겠다는 사항을 반드시 포함하여 작성하여야 한다.

② 남의 물건을 자기 것처럼 파는 경우

이런 경우는 통상 사기꾼들한테 많이 당하는 수법인데 이러한 경우는 매도인이 소유자로부터 소유권을 인수받아 매수인에게 넘겨줄 수 있으면 문제는 해결되나 통상의 경우 이러한 기대는 할 수 없고 매도인이 행방불명되는 경우가 많다. 따라서 이러한 경우를 대비하여 계약서 작성 시에 부동산중개업자는 매도인을 잘 알지 못하는 경우 매도인의 주민등록증(운전면허증)을 인수받아 주민등록증 진위 여부를 확인하여야 한다. 주민등록증 진위 여부 확인하는 방법은 전화기로 국번 없이 1382를 누르면 안내멘트가 해당 주민등록번호를 입력하도록 지시한다. 그리고 주민등록증상 발급일자를 8자리로 입력하도록 안내한다. 이때 발급일자 입력은 연도 4자리와 월을 2자리로, 일도 2자리로 입력하여야 한다. 그러면 잠기 기다리라는 안내가 나오고 이어서 주민등록증 당사자 이름이 나오며 발급일자가 일치함을 알려 준다. 이렇게 매도인을 확인하는 방법이 있으며, 이때 또 확인하여야 할 사항은 주민등록증상 사진과 본인이 일치하는지를 꼭 확인하여야 한다. 또한 매수인과 계약하여 계약금을 소유권 이전할 때까지 예치하는 방법을 강구할 수도 있다.

또 한 가지는 매도인이 대상 부동산이 자기 것인지 알지 못하고 매매계약을 체결하였다가 소유권을 인수받을 수 없어 매수인에게 인도하지 못하는 경우이다. 이런 경우는 거의 있을 수 없고 만일 있다면 인접토지와 혼동한 경우인데 이때도 매수인이 선의이면 계약을 해제하고 손해배상을 청구할 수 있고, 매수인이 악의이면 계약만 해제하면 된다.

(2) 권리의 일부가 타인에게 있는 경우(「민법」 제572조)

이러한 경우는 공유물이나 합유물 및 총유물의 경우 발생할 수 있으며, 매도인은 잔여 소유자로부터 위임을 받아 오거나 인수받아 매수인에게 인도하면 해결된다. 그런데 매도인이 잔여 소유자로부터 위임을 받아 오지 못하거나 인수받지 못하여 잔여 부동산을 넘기지 못할 경우는 다음과 같이 처리하면 된다.

- 공유인 경우는 공유지분만 인도하고 감액청구를 하고 이로 인한 손해배상을 요구할

수 있다.

- 합유 및 총유의 경우는 매도인의 비율만큼만 인도하고 감액처리하며, 선의의 매수인은 필요시 손해배상을 요구할 수 있다.

- 매수인이 매도인 부분만으로 매입목적을 달성할 수 없을 경우는 계약을 해제하고, 매수인이 선의인 경우는 손해배상을 청구할 수 있다.

이때 부동산중개업자가 취할 수 있는 조치는 매수인의 요구정도에 따라 활동하면 되고, 선의의 매수인인 경우 손해배상에 대한 대비로 유동성 무효의 특약을 정하는 것이 좋다. 즉, "매도인 소유외의 부분을 매도인이 소유자로부터 동의를 얻어 정상적인 소유권이전이 가능할 때 본 계약을 유효하기로 한다"라고 특약을 정하는 것이 좋다.

(3) 대상 부동산에 지상권, 지역권, 전세권, 질권, 유치권 등이 설정되어 있는 경우와 맹지의 부동산으로 지역권이 없는 경우 및 대상 부동산에 등기된 임차권이 있는 경우[61]

이러한 경우는 부동산 매매에서 많이 볼 수 있는 경우로 정상적인 경우는 매수인이 이 사실을 알고 안고 매수하기 때문에 이러한 경우가 있더라도 거래는 정상적으로 이루어진다. 그러나 이러한 권리를 가진 자들이 권리를 행사하여 매수인이 매수목적을 달성할 수 없을 경우 문제가 발생하게 된다. 이때 매수인은 계약을 해제하고 지불한 금액에 대하여 반환을 청구할 수 있으며 손해배상을 청구할 수 있다. 만일 설정된 권리를 가진 자들이 권리를 행사한다 하더라도 매수인의 매수목적을 달성하지 못할 정도의 경우에는 계약은 해제할 수 없고 손해배상만을 청구할 수 있다. 이때 부동산중개업자가 조치하여야 할 사항은 매도인이 가급적 위의 권리자들을 정리하도록 하는 것이 가장 좋으며, 만일 정리가 되지 못할 경우 매도인은 손해배상을 지불할 수 있도록 합의시키고 전세권, 질권, 유치권, 임차권자 외의 권리를 가진 자들은 지료를 지불하도록 처리하여 원만하게 합의가 이루어지도록 하고, 전세권, 질권, 유치권, 임차권자는 현금으로 지불하여 처리하거나 임차료를 증가하여 매수인에게 손해가 발생하지 않도록 하는 방법도 강구할 수 있다.

---

61) 「민법」 제575조 및 제576조.

(4) 저당권이나 전세권의 행사로 인한 담보책임[62]

대상 부동산을 매매함에 있어 매매 도중 저당권이나 전세권의 실행으로 대상 부동산이 경매나 공매로 매도인이 소유권을 상실하였거나 매수인이 대상 부동산을 취득하지 못하는 경우이다. 이러한 경우 매수인은 위 (3)항에서와 같이 처리할 수 있다. 문제는 공인중개사가 어떻게 처리할 것인가가 문제인데 이러한 상황은 여러 모델별로 처리하는 경우가 발생한다.

① 매매 도중에 경매개시 결정이 등기된 경우

이는 공인중개사가 현장확인을 철저히 하지 않았다는 결과 당연히 공인중개사에게 책임이 발생한다. 따라서 공인중개사는 현장을 확인할 때 대상 부동산의 내부를 보면 직감적으로 감지할 수 있고, 임야나 농지처럼 건축물이 없는 경우는 주변 사람들에게 시세들을 문의하면 당연히 알려 준다. 이때 공인중개사는 경매신청자를 찾아 매수인으로 하여금 요구금액을 매매대금에서 지불하고 경매취하를 하도록 함에 효율적이다. 이때 매도인에게는 이 사실을 알리고 처리함이 순서이다.

② 매매 도중 또는 매매를 완료하였으나 매도인인 저당권이나 전세권의 미 실행으로

경매개시 결정이 난 경우로 이 경우는 아주 드문 경우인데 이러한 경우를 방지하기 위하여 공인중개사는 잔금 지불 시 매도인을 대상으로 설정된 우선변제권을 갖은 권리는 완전히 말소하도록 조치하여야 한다.

5) 물건하자의 경우

물건에 하자가 있는 경우 담보책임을 통상 **하자담보책임**이라 한다. 이 담보책임은 매매 목적물에 알지 못하는 흠이 있는 경우 매도인은 그에 대한 담보책임을 지는 것을 말한다. 물건의 하자에 대한 담보책임은 세 가지로 살펴볼 수 있다.
- 매매 도중 수량이 부족하거나 부동산의 일부가 멸실한 경우
- 매매의 대상 부동산에 하자가 있는 경우

---

62) 「민법」 제576조.

－매매 목적물을 지정하였는데 그 후 목적물에 하자가 생긴 경우

(1) 매매 도중 수량이 부족하거나 부동산 일부가 멸실한 경우

매매 도중 수량이 부족하거나 부동산의 일부가 멸실한 경우의 매매 목적물의 일부가 멸실된 경우란 ① 계약 당시에 매매 목적물이 이미 일부 멸실이 된 경우와 ② 계약 후에 매매 목적물의 일부가 멸실된 경우로 각각 검토하여야 한다. 이 경우에 계약 당시 일부 멸실된 것을 매수인이 알고 있었다면 매수인은 그 상태를 알고 매수목적에 지장이 없거나 수정할 생각으로 계약을 하였으므로 계약을 해제할 수 없고 감액청구도 할 수 없으며, 손해배상 청구도 할 수 없다. 그러나 계약 당시 매수인이 이를 알지 못하였거나 계약 후에 매매 목적물의 일부가 멸실된 경우에는 매수인은 부족한 수량을 보충하거나 멸실된 부분을 완성하도록 청구할 수 있고, 감액청구를 할 수 있으며, 손해배상 청구도 가능하다. 또한 매수목적을 달성할 수 없을 정도로 심각하면 계약해제도 가능하다. 이러한 경우 매수인은 이를 알게 된 날로부터 6개월 이내에 수량이 부족한 경우에는 수량보충을 해야 하고, 일부 멸실된 경우에는 멸실된 부분의 완성이나 손해배상청구 또는 매수목적을 달성할 수 없을 정도로 심각한 경우에는 계약해제를 청구하여야 한다.

(2) 매매의 대상 부동산의 상태에 하자가 있는 경우

매매의 대상 부동산에 하자가 있는 경우에는 매수인이 매수목적을 달성할 수 없는 경우에만 계약을 해제할 수 있고, 손해배상도 청구할 수 있으며 매수인이 하자가 있다는 것을 알고 있었거나 매수인이 하자 있음을 매수인 과실로 알지 못한 경우에는 계약해제도 할 수 없고 손해배상 청구도 할 수 없다.

그러나 부동산을 매매하면서 누수현상이나 관찰로 발견이 가능하지 않은 하자를 매도인이 알려 주지 않았다가 매수인이 추후 이를 알았을 때, 또 계약 당시와 다르게 훼손이나 파손 또는 고장이 발생한 사항 등은 매도인의 담보책임에 해당한다고 볼 수 있을 것이다. 이때 매수인은 하자를 알게 된 날로부터 6개월 이내에 손해배상을 청구할 수 있을 것이다.

(3) 매매 목적물을 지정하였는데 그 후 목적물에 하자가 생긴 경우

매매 목적물을 지정하였는데 그 후 목적물에 하자가 생긴 경우에 매수인은 계약을 해제할 수도 있고, 손해배상 청구도 할 수 있으며 계약해제 및 손해배상을 청구하지 않고 하자 없는 물건을 청구할 수도 있다.

3. 임대차 기간 수리와 수리비 관계

임대차 기간 중의 수리와 수리비 관계는 「민법」 제623조의 임대인의 의무에서 "임대인은 목적물을 임차인에게 인도하고 계약 존속 중 그 사용·수익에 필요한 상태를 유지하게 할 의무를 부담한다"와 「민법」 제634조의 임차인의 통지 의무에서 "임차물의 수리를 요하거나 임차물에 대하여 권리를 주장하는 자가 있을 때에는 임차인은 지체 없이 임대인에게 이를 통지하여야 한다. 그러나 임대인이 이미 이를 안 때에는 그러하지 아니하다", 그리고 대법원 2000. 3. 23. 선고 98두18053 판결, 또 1994. 12. 9. 선고 94다34692, 34708 판결에서 "목적물에 파손 또는 장애가 생긴 경우 그것이 임차인이 별 비용을 들이지 아니하고도 손쉽게 고칠 수 있을 정도의 사소한 것이어서 임차인의 사용·수익을 방해할 정도의 것이 아니라면 임대인은 수선의무를 부담하지 않지만, 그것을 수선하지 아니하면 임차인이 계약에 의하여 정하여진 목적에 따라 사용·수익할 수 없는 상태로 될 정도의 것이라면 임대인이 그 수선의무를 부담한다"라는 규정이 적용되고 있다.

그러나 현실에서는 임대인의 경우 "자신도 투자를 하여 임대사업을 하고 있는데 임대수익을 얻지 못한다면 임대사업을 할 필요가 없지 않느냐" 하는 주장에 기초를 두어 임차인의 고의·실수로 고장 및 훼손된 것은 임차인이 수리하고, 소액의 수리비가 소요되는 수리는 임차인이 수리하는 조건으로 계약을 체결하고 있으며, 만일 이러한 조건이 싫으면 임대차 계약을 체결하지 않겠다는 실정이다. 또 일부 임차인은 임대인이 살 수 있도록 집을 빌려 준 것만 해도 고마운데 살면서 불편한 점은 임차인이 수리하면서 살겠다는 조건을 제시하고 임대차 계약을 체결하고 있는 실정이다. 따라서 현행 임대차는 임차인이 약자라는 처지를 고려하여 임차인 위주의 법규가 제정되어 있는데 임대인도 엄연한 국민이고 자본주의 사회에서 사업을 한다고 본다면 그리고 자원을 절약하고 최유효이용이라는 측면에서도 임차인의 임차목적물에 대한 선량한 관리의무가 부여되는 것이 타당하다고 본다. 이를 현실에서는 임대인이 임차인과 임대차계약을 체결하면서 수선에 관한 범위 또는 의무를 정하여 계약을 체결하고 있으며, 이렇게 체결된 계약은 계약의 우선원칙에 적용되어 양 당사자는 계약내용대로 이행할 의무를 부담한다. 그러나 이 계약조건이 공갈·협박·위협에 의하여 체결되거나 어느 일방에 무리한 계약내용이면 효력이 상실될 수 있으므로 화기애애한 분위기에서 적절한 범주 내로 합의하여 결정함이 바람직하다.

1) 임차인이 목적물에 관하여 비용을 지출한 비용

임차인이 임차목적물에 관하여 효율을 증진하거나 수리를 위하여 투입하는 비용에는 필요비와 유익비가 있다.

(1) 필요비

필요비란 목적물의 보존에 관한 비용을 말한다. 즉, 목적물의 원상을 유지하거나 통상의 용도로 적합한 상태로 보존하기 위해 지출된 비용이다. 임대차에 있어 임대인은 본래 목적물에 대한 수선의 의무가 있다. 따라서 임차인이 필요비(수리비)를 지불했을 경우 임대인에게 청구할 수 있다. 예를 들면, 깨진 유리창을 수리했거나, 새는 지붕을 방수 또는 수리한 비용 등이다. 필요비는 당사자 사이에 특약으로 임차인의 부담으로 할 수 있으며, 임대차 계약 시 "임차인은 임대차 종료 시에 목적부동산을 원상회복한다"라고 약정했을 경우에는 필요비 청구가 불가하고 대신 이 경우 임대인은 임대료에 반영되어야 할 것이다. 임대료에 반영하는 방법은 임대료를 감액하는 방법이 있고, 임대차 기간을 연장해 주면서 임대료를 상승시키지 않는 방법이 있다. 필요비는 임대인에게 목적물을 반환한 날로부터 6개월 이내에 청구하여야 하고 그 기간이 지나면 청구할 수 없다.

(2) 유익비

유익비란 목적물의 객관적 가치를 증가시키는 비용을 말한다. 유익비는 예를 들면 주차장이 부족했던 여관에 임차인이 주차타워를 세움으로 주차난을 해소함은 물론 여관 영업 수익이 증가하여 여관의 가치가 증가하였으므로 이 주차타워를 세우는 데 들은 비용을 유익비라 한다. 이 유익비는 임차인이 지출하여야 하는 비용이 아니므로, 이 유익비로 인한 목적물의 가치가 증가한 경우 임대인은 부당이득을 획득한 셈이 된다. 따라서 임대인은 임대차 종료 시 그 가액의 증가가 현존한 때에 한하여 임차인이 지출한 금액이나 가치의 증가액을 임차인에게 상환하여야 한다. 유익비의 청구기간도 목적물 반환일로부터 6개월 이내에 하여야 하며, 만일 법원이 기한을 허여하면 그 기한이 도래한 날로부터 기산된다.

필요비 및 유익비의 비용 상환 청구권에 대하여는 유치권이 발생하므로 비용 상환이 지체된 경우 임차인이 유치권을 행사하여 부동산 명도를 거부할 수 있다. 비용 상환 청구권에 대한 규정은 강행 규정이 아니므로 당사자 사이의 약정으로 포기할 수 있다. 통상 임대차 계약서에 "필요비 및 유익비 상환 청구권을 포기한다"고 기재하는 경우가 많은데, 본래 임대인에게 수선의무가 있는데도 필요비 상환 청구권까지 포기하게 하는 것은 부당하고 특히 약관인 경우 무효라고 본다.

2) 부속물 매수 청구권

상가에 자금을 투입하는 경우가 많다. 상가 임차인이 임대인의 동의를 얻어 상가에 부속시킨 물건이 있거나, 임대인으로부터 매수한 부속물이 있는 때, 또는 임차인이 유익비 등을 투입한 때에는 임대차 종료 시에 임대인에게 그 부속물의 매수를 청구할 수 있다. 부속물이란 원래 임차인에 소유에 속하고 그 건물의 구성부분을 이루지 않는 독립성을 가진 것이어야 하고, 건물의 사용편익에 제공되어야 하기 때문에 건물의 객관적 이용가치를 증가케 하는 것이어야 한다. 부속물 매수 청구권에 관한 규정은 강행 규정이므로 임차인에게 불리한 조항은 계약서에 넣더라도 무효가 된다. 부속물 매수 청구권을 행사하면 임대인은 시가로 지급할 의무가 있다. 토지의 지상에 건물을 지어 사용할 목적으로 임차한 경우에는 임대차가 종료되었을 때 건물이 남아 있으면 임차인은 그 건물을 매수하라고 청구할 권리가 있다. 그 권리 역시 강행 규정에 해당된다. 나대지에 카센터 등 하겠다고 건물을 임차한 경우 쉽게 철거할 수 있는 가건물이 아닌 이상 임대인은 이를 매수하여야 하고 철거 특약을 하였다 하더라도 효력이 없다. 철거 특약을 하려면 임대료를 시가보다 낮게 책정하여야 하고, 그것이 계약서에 반영되어야 한다. 임대인이 부속물 매수청구권을 막으려면 임대인 명의로 건축하게 하고, 임차인이 건축자금을 부담하도록 한 다음 건물을 무상으로 사용하고 토지 임대료만 받는 방법이 있다.

4. 과도한 임대료 요구 시 대책

「민법」에는 경제적 여건의 변화로 임차료의 증감이 있을 때 건물주가 이를 실행할 수 있다고 되어 있을 뿐 그 증감의 비율이 정하여 있지 않다. 그래서 계약기간이 만료된 경우 임대인이 아무리 많은 보증금과 임대료를 요구할 경우 이에 대항할 방법이 없다.

5. 권리금 관계

1) 권리금이란

권리금이란 동일업종에 대한 상가의 매매나 임대차 경우 발생하는 금액으로 통상 ① 확보한 고정고객과 ② 가게의 지명도(상호의 지명도)에 대한 대가로 여기에는 ③ 인테리어 비용이 포함된다. 가게의 지명도에는 전화번호도 포함되므로 전화번호를 전 임차인이 지참 시는 권리금은 많이 삭감하여 계산된다. 이 권리금은 통상 3가지 종류가 있다. 하나는 "바닥권리금"이고, 또 하나는 "영업권리금"이며, 다른 하나는 "시설권리금"이다.

바닥권리금이란 그 점포나 사무실이 그 위치에 있다는 조건에 대한 권리금으로 엄밀히 이는 임대인 몫의 권리금이다. 그래서 바닥권리금은 임대료에 반영되었으므로 임차인들 간에 권리금으로 주장할 수 없다. 그런데도 이를 주장하는 자들로 인하여 항간에서는 바닥권리금이 통행되고 있다.

영업권리금은 동일업종에 대해서 그 업종이 그곳에 있음으로 고객들에게 인지된 것에 대한 권리금으로 업종·상호·전화번호·매출기록이나 고객의 수 등에 대한 대가의 권리금을 말한다.

시설권리금은 동일업종의 경우 동일시설을 하여야 하므로 기존시설을 활용하는 것이 보다 시간 및 비용 면에서 이득이므로 기존시설을 사는 것과 같다는 의미에서 이를 시설권리금이라 한다.

권리금은 묵시적으로 임대인에게 인정되고 있으나 법적으로 보장받지 못하므로 권리금을 인정받고자 하려면 계약서에 권리금을 기재하거나 "임대인은 권리금을 인정한다"라고 서명동의를 받으면 된다. 그러나 집주인은 통상 권리금을 인정해 주지 않으려 하므로 사실상 보장받기가 어렵다. 만일 임대차 기간 중에 건물주인이 바뀌었을 때는 임차권 등기를 하지 않는 한 새 건물주의 재량권이 우선이다. 즉, 임대료와 보증금을 올려 줄 것을 요구하거나 비워 달라고 요구해도 따를 수밖에 없다. 이때 계약을 포기할 경우 임차인은 새 건물주에게 이사비용과 중개수수료를 요구할 수 있다.

2) 권리금 회수

상가가 수차례에 걸쳐 임차인이 바뀌면서 권리금이 형성되었을 시 건물주는 묵시적인 동의가 있었다고 볼 수 있다. 또 임대인이 보증금과 월세를 받으면서 임차인이 누구든지 상관없다고 여기는 경우도 마찬가지이다. 이러한 상황에 접할 때 임차인은 임대인에게 권리금에 대해 확인을 받아야 한다.

3) 계약 종료 후 권리금의 반환

임대차 기간은 보통 1~2년의 단기간인 경우가 대부분이다. 따라서 임대인이 상가계약을 갱신해 주지 않으면 임차인은 상가를 비워 주어야 한다. 이때 보증금은 반드시 돌려받게 되지만 권리금은 상가사용 이외에 부수적으로 발생하는 특별이익에 대한 대가로 주고받는 것이기 때문에 반환을 청구할 수 없다.

4) 권리금의 적정 정도

앞 "가"항에서와 같이 권리금이란 고정고객의 수와 가게의 지명도에다 시설비용이 포함된 금액이다. 이 중 시설비를 제외한 나머지 사항은 수치로 측정하기가 매우 난해하다.

(1) 미국

미국의 경우를 살펴보면 시설비 외의 권리금을 다음과 같이 산출한다고 한다. 즉, 1년 이상 된 점포에 대한 권리금은 최근 1년간의 총 매출액의 1/10을, 1년 미만의 점포에 대한 권리금은 최근 3개월분의 매출액을 합하여 3으로 나눈 금액을 적절한 권리금으로 산출한다고 한다.

(2) 우리나라

우리나라에서는 일정한 규정은 없으나 중소기업청에서 제공한 자료를 보면 권리금[63] 에는 시설권리금, 영업권리금, 바닥권리금으로 구분하며, 시설권리금은 3년간만 인정하며 매년 30%씩 감가상각하도록 하고 있고, 영업권리금은 1년 총 매출액에서 시용을 제한 순수익을 영업권리금으로 하고 있으며, 바닥권리금은 지역적 특성의 자리 값으로 산출요령은 없으나 건물주가 요구할 경우는 계약서에 명시하고 분양업자나 부동산업자가 요구할 경우에는 지불할 필요가 없다고 하고 있다.

대한공인중개사협회에서 발간한 부동산중개 실무대백과에서는 권리금[64]은 영업을 한 자(통상 임차인)에게 지급하는 것으로 1년간 순수익을 권리금으로 지급하는데 권리금 산정기준을 장사가 잘 되는 곳은 영업권+시설비를 권리금으로 산정하고, 장사가 잘 안 되는 곳은 시설비를 기준하여 상정하도록 하고 있다. 이때 시설비는 내용연수 3년 또는 5년을 기준하여 감각상각을 적용하고 점포의 크기는 10~30평을 권리금으로 이상적으로 언급하고 있다. 권리금을 장사한 자가 부동산중개 의뢰를 하면서 부동산중개업자에게 의뢰하게 되는데 이를 부동산중개업자가 타당한 금액인지 정확하게 확인할 수 있는 방법은 매우 난해하다. 그래서 탐문조사를 통하여 추정하여 그 적절성을 검토하여 권리금 조정을 중개업자가 하는데 이때 업종별 탐문 조사하여 추정하는 요소는 다음과 같다.

- 소매업: 주요 취급상품 매출비용, 주요 판매처 및 매입처의 월별 매상고, 영업시간, 판매 및 매입형태, 점포면적, 종업원의 급여, 주요 경비명세 등
- 음식점: 주요 재료명 및 소요량, 음식물의 판매수량, 음식물의 가격, 점포면적, 영업시간, 월별매상고, 종업원의 급여 및 주요 경비 명세 등
- 제조업: 주요 제품명 및 판매처, 원재료 등의 구입처, 주요 기계장치의 명세, 영업시간, 월별매상고, 종업원에 대한 사항, 주요 경비 명세 등
- 서비스업: 영업내용의 특성, 고객의 상황, 기준요금의 관한 상황, 주요 재료 및 설비 상황, 매장면적, 종업원에 대한 사항, 영업시간, 월별매상고, 주요 경비 명세 등

위와 같은 요령으로 권리금을 분석하는 것은 많은 통계자료가 요구되므로 간편하게 권리금의 적정성을 분석하는 요소로는 가로조건, 통행인구, 배후지, 주변환경 등으로 고려

---

63) 중소기업청 중앙소상공인 지원센터, 소상공인 창업교육 교재(1), 2005년도, pp.337~340.
64) 대한공인중개사협회, 부동산중개 실무 대백과 제3권 제2편, 2003. 11. 10, pp.104~106.

하고 그 외에 다음과 같은 요인을 검토하기도 한다.

　－음식점: 쌀, 밀가루, 육류, 물 등의 사용량

　－세탁소: 세탁기, 건조기 설치 여부, 전기 및 물 사용량

　－당구장 및 전자오락실: 당구대, 오락기 설치 대수

　－봉제공장: 공업용 재봉기의 종류, 수량, 종업원 수, 전기 소비량

　－소규모 공장 및 점포: 매장규모, 종업원 수, 전력 및 용수 사용량

　－모델 및 여관: 침구류 보유수, 세탁물 세탁의뢰수량

제2장 | 부동산분쟁 해결방법

1. 임대차 보증금 돌려받는 방법

1) 임차권 등기명령

　임차인이 임대인의 동의 없이 임대차 기간이 종료된 후에 임차인이 임대차 계약서를 가지고 법원 등기과나 등기소에 가서 단독신청에 의한 임차권을 등기하는 방법이다.

　(1) 시기: 임대차 기간이 만료된 후

　(2) 준비 서류

　① 임차권 등기명령 신청서
　② 임대차 계약서 사본 1부
　③ 임차인 주민등록등본 1통
　④ 건물등기부등본 1통(다가구 주택은 도면 첨부)
　⑤ 등록세 영수증 및 확인서

　(3) 관할 법원: 부동산 소재지 관할법원

　(4) 신청방법: 임차인 단독신청

　(5) 신청비용: 약 14,000원 정도[(송달료 3회분), 수입인지, 등록세 및 교육세, 등기 수수료 등]

* 세부사항은 제14장 제3항을 참조

2) 임차권 등기

임차인이 임대인의 동의를 얻어 이사 및 전입신고 후 등기하는 방법이다.

(1) 시기: 제한 없음

(2) 준비 서류

① 임차권 등기신청서
② 임대차 계약서 1부
③ 임차인 주민등록등본 1통
④ 건물등기부등본 1통(다가구 시는 도면 첨부)
⑤ 등록세 영수증 및 확인서
⑥ 등기 권리증
⑦ 임대인 주민등록등본 1통
⑧ 임대인 인감증명 1통
⑨ 임대인 인감도장

(3) 관할법원: 부동산 소재지 관할법원

(4) 신청방법: 임차인·임대인 공동신청

(5) 신청비용: 약 14,000원 정도(송달료, 수입인지, 등록세 및 교육세)

3) 지급명령 신청

(1) 임대인에게 내용증명 발송

(2) 제2절 분쟁해결방법 제5항 참조

4) 제소 전 화해신청

(1) 임대인에게 내용증명 발송

(2) 제2절 분쟁해결방법 제3항 참조

5) 소액사건 심판 청구

(1) 보증금 2,000만 원 미만의 임대차에 적용

(2) 임대인에게 내용증명 발송

(3) 제2절 분쟁해결방법 제4항 참조

6) 보증금 반환 소송

(1) 계약 만료 1개월 전까지 계약 해지 의사를 사전 통고해야 한다.

(2) 계약 만료일에 주인에게 계약 해지 의사를 통고해야 한다.

(3) 계약 만료일이 지난 후의 경우에는 3개월의 여유를 주고 해지할 수 있다.

(4) 제2절 분쟁해결방법 제3항에서 제6항 중 선택하여 실시한다.

7) 가압류 등기하는 방법

(1) 임대인에게 내용증명 발송

(2) 부동산등기에 가압류등기 조치(제2장 제5절 제5항 참조)

(3) 가압류 후에도 보증금을 반환해 주지 않으면 임차보증금 반환소송의 재판절차를 거쳐 판결 등 집행 권원을 얻은 후 가압류를 본 압류로 전이하여 목적부동산을 경매 신청할 수 있다.

8) 임대인의 임대보증금 보증보험 가입

 2006년도 후반에 거론된 임대보증금 보증보험제도가 대한주택보증보험 회사에서는 공공 임대주택에 대해서만 실시하고, 서울보증보험 회사에서는 개인 임대사업자의 임대보증금 보험제도를 개발하여 2007년 1월 말이나 2월 초에 임차인의 보증금 지원 법률을 실시하고 그에 맞도록 상품을 개발하고 있다.
 임대인의 임대보증금 보증보험 가입제도가 시행되면 임차인은 임대기간이 만료되었는데도 임대인으로부터 임대보증금을 회수하지 못할 경우 임대보증금 보증보험회사에 관련 서류를 준비하여 제출하면 임대보증금을 반환받을 수 있을 것으로 본다.

2. 임대인이 목적 부동산을 인수하는 방법

 임대차 계약을 체결하여 임차인이 입주하였는데 임대차 기간 만료 전 행방불명이 되거나 연락수단이 마비되기도 하며 차임(월세)을 2회 이상 연체할 경우 임대인은 목적 부동산을 명도받기가 어려운 때가 많다. 이때 임대인이 임차인에게 임대해 준 임대부동산을 내주는 방법은 다음과 같다.
 먼저 전제조건은 소송을 하여 명도받아야 하기 때문에 보증금이 월세로 삭감되어 보증금 잔액이 없으면 임대인이 모든 경비를 부담하여야 한다. 따라서 임대보증금을 명도 소송 및 경매 비용만큼 확보한 상태라야 임대인은 자기 비용 없이 목적 부동산을 명도받을 수 있다. 따라서 임대인은 좀 냉정해 보이지만 임차인이 주택의 경우는 2개월 이상, 상가의 경우는 3개월 이상 차임이 연체되면 내용증명을 발송하여 임대인의 법적 대응 조치계획을 알려 주고 이러한 불미스러운 일이 발생하지 않도록 차임을 언제까지 완납토록 완납기간을 정해 주고 이를 이행하지 않을 경우의 임대인 행위를 경고하여야 한다. 목적 부동산을 명도받기 위해서는 다음의 두 단계를 거쳐 명도받게 된다.
 1단계는 목적 부동산에 대한 명도 소송을 하여 판결을 얻은 후 명도 집행에 의하여 목적 부동산을 인수하고 명도 부동산 내의 비품 및 물건은 목적 부동산을 인수 후 일정기간(통상 1개월 정도)이 지난 뒤 집행관에게 경매신청을 요구하여 경매함으로써 완결할 수 있다. 1단계 목적 부동산의 명도 소송은 임대인이 임차인에 대해 연락을 취했으나 연락이 되지 않은 결과를 증명하는 근거와 임대차 계약서를 가지고 명도 소송을 하게 된다. 이때 명도 소송 신청서는 변호사나 법무사 사무실을 방문하여 작성하고 자문을 받으면 된다. 이때 목적 부동산 내부에 있는 비품 및 물건은 집행관이 별도의 장소에 보관하여야 하나 통상 임대인에게 집행관 입회 보관하도록 하여 임대인 책임 하에 보관하게 된다.

　　2단계는 이렇게 보관된 비품 및 물건을 일정기간 보관하였다가 이를 집행관에게 경매 신청을 하면 집행관이 판사의 허가를 얻어 동산 경매절차를 밟아 경매 처리하면 된다.

3. 화해조서 작성

1) 절차(제소 전 화해)

　(1) 계약서 등 화해 소명방법의 자료작성

　(2) 제소 전 화해 신청 작성

```
* 제소 전 화해 신청서에 포함할 사항
    ① 당사자 표시
    ② 신청 취지
    ③ 신청 원인
    ④ 쟁의의 실정
    ⑤ 화해 조항
    ⑥ 첨부 서류
    ⑦ 신청 연월일
    ⑧ 위 신청인(대리인) 성명과 ㉑
    ⑨ 소재지 지방법원명 및 귀중
```

　(3) 법원 민사신청과 또는 접수처에 서류접수(제소 전 화해 담당부서)

　① 준비서류

　　　㉠ 제소 전 화해 신청서 1통 및 피신청인 수에 해당하는 부본

　　　㉡ 해당 부동산 등기부등본(토지/건물), 임시 가건물이 관련되었을 시는 관련도면

및 서류

ⓒ 피신청인 주민등록등본 1통

ⓔ 위임장 1통 및 위임인 인감증명 1통

② **화해 신청비용**

⊙ 송달료 당사자 1인당 4회분, 10,800원(4×2,700원)

ⓛ 인지대

－소송가 1,000만 원 미만일 때: {소송가(예: 보증금)×50÷10,000+10,000원}×1/5

－소송가 1,000만 원 이상~1억 원 미만일 때:

{소송가(예: 보증금)×45÷10,000+5,000원}×1/5

－소송가 1억 원 이상~10억 원 미만일 때:

{소송가(예: 보증금)×40÷10,000+55,000원}×1/5

－소송가 10억 원 이상일 때: {소송가(예: 보증금)×35÷10,000+550,000원}×1/5

(4) 법원에서 양 당사자 소환

(5) 법원에서 화해확인 및 조서작성

(6) 당사자 날인

(7) 제소 전 화해 신청사건 완료

4. 소액사건 재판제도

1) 소액심판 절차 흐름도

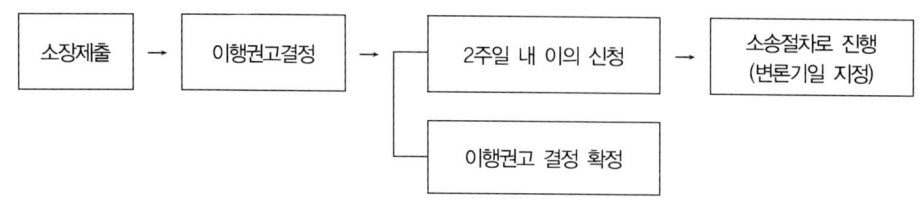

2) 소액사건의 대상

소액사건은 소송물 가액이 2,000만 원 이하의 금전 기타 대체물, 유가증권의 일정한 수량의 지급을 청구하는 사건을 대상으로 한다.

3) 소액사건 심판(재판) 절차의 특징

소액사건의 신속한 처리를 위하여 소장이 접수되면 즉시 변론 기일을 지정하여 원고에게 소환장을 교부하고, 되도록 1회의 변론 기일로 심리를 마치고 즉시 선고할 수 있도록 하고 있다. 그런데 소액사건의 소가 제기된 때에 법원의 소장 부본이나 제소조서 등본을 첨부하여 피고에게 청구 취지대로 이행할 것을 권고할 수 있다. 이에 대하여 피고가 이행 권고 결정을 송달받은 후 14일 이내에 이의신청을 하지 않으면 확정판결과 같은 효력을 부여한다. 원고는 집행문을 부여받지 않고도 이행권고 결정 정본으로 강제 집행할 수 있도록 되었다. 따라서 법원이 이행권고 결정을 하는 경우에는 즉시 변론 기일을 지정하지 않고, 일단 피고에게 이행권고 결정등본을 송달한 후 이의가 있을 경우에만 변론 기일을 즉시 지정하여 재판을 진행하게 된다. 당사자의 배우자, 직계 친족, 형제·자매, 호주는 법원의 허가 없이도 소송 대리인이 될 수 있다. 이 경우 신분관계를 증명할 수 있는 호적 등본 또는 주민등록등본으로 신분관계를 증명하고, 소송위임장으로 수권관계를 증명하여야 한다. 또한 법원은 소장, 준비서면 기타 소송기록에 의하여 청구가 이유 없음이 명백한 때에는 변론 없이도 청구를 기각할 수 있다.

4) 이행권고 결정

이행권고 결정이란 소액사건의 소가 제기된 때에는 법원의 결정으로 소장 부본이나 제소조서 등본을 첨부하여 피고에게 청구 취지대로 이행할 것을 권고하는 결정을 말한다. 즉, 간이한 소액사건에 대하여 직권으로 이행권고 결정을 한 후 이에 대하여 피고가 이의를 제기하지 않으면 곧바로 변론 없이 원고에게 집행 권원을 부여하는 제도이다.

또한 이행권고 결정이 확정된 때에는 원칙적으로 별도의 집행문 부여 없이 이행권고 결정 정본으로 강제 집행할 수 있도록 강제 집행상의 특례를 규정하고 있다. 그러나 다음의 경우에는 이행권고 결정을 할 수 없다.

　① 지급명령 이의 또는 조정 이의 사건

　② 청구 취지나 청구 원인이 불명확할 때

　③ 기타 이행권고를 하기에 적절하지 않은 경우

　한편, 이행권고 결정에는 소장 부본을 첨부하여야 하므로 원고는 소액사건 소장을 제출할 때 원고와 피고의 수에 2를 더한 숫자만큼의 소장 부본을 제출하여야 한다. 이행권고 결정의 원본용, 피고에게 송달하는 등본용, 확정 후 원고에게 송달하는 정본용으로 사용할 소장 부본이 필요하기 때문이다. 참여사무관 등은 이행권고 결정 등본이 피고에게 송달되어 확정되면, 그 정본을 원고에게 송달하게 되고 피고는 이행권고 결정 등본을 송달받은 날부터 2주일 안에 서면으로 이의 신청을 할 수 있다. 이행권고 결정이 확정된 때에는 확정 판결과 같은 효력을 부여받게 된다. 이행권고 결정에 기한 강제 집행은 원칙적으로 집행문을 부여받을 필요 없이 이행권고 결정서 정본에 의하여 하도록 되어 있다. 그러나 조건이 있는 채권인 경우와 승계집행문이 필요한 경우에는 재판장의 명을 받아 집행문을 부여받아야 한다.

5. 지급 명령제도

1) 지급명령 절차 흐름도

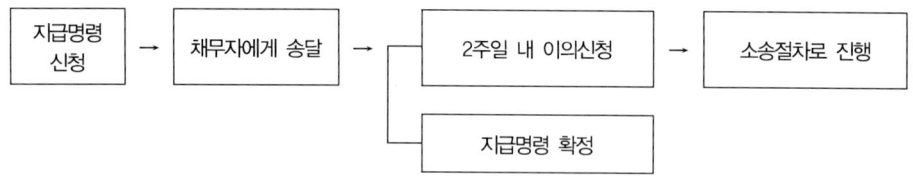

2) 지급명령 절차를 이용할 경우

　지급명령 절차는 채권자가 법정에 나오지 않고서도 신속하고 적은 소송비용으로 민사 분쟁을 해결할 수 있다는 데 그 절차적 장점이 있다. 그러나 상대방이 지급명령에 대하여 이의를 신청하면 결국은 통상의 소송절차로 옮겨지게 된다. 예컨대 돈을 빌린 사람이 빌린 사실을 인정하면서도 여러 가지 핑계를 대면서 차일피일 빌린 돈을 갚지 않으려고 하는 경우에 지급명령 절차를 이용하면 신속하고 경제적인 분쟁해결을 기대할 수 있다. 그러나 상대방이 돈을 빌린 기억이 없다든지 이미 갚았다고 말하고 있어 지급명령 신청을 하더라도 채무자가 이의를 신청하여 소송절차로 이행될 가능성이 높은 경우에는 지급명령 절차를 이용하기보다는 직접 조정신청 또는 소송을 제기하는 편이 더 바람직할 것이다. 지급명령 절차의 대상이 될 수 있는 청구는 일정한 액의 금전, 일정한 양의 대체물(예: 일반미 중등품 가마당 00kg들이 00가마), 또는 일정한 양의 유가증권(예: 2000.0.0. 발행국채 00원 권 000장)의 지급을 목적으로 하는 청구권에만 한정되고 건물 명도, 토지 인도, 소유권이전 등기청구 등에서는 이용할 수 없게 되어 있다. 또 현재 변제기가 도래하여 즉시 그 지급을 청구할 수 있는 것이어야 한다.

3) 지급명령 제도의 장·단점

(1) 장점

① 서류 심리만으로 지급명령을 발령한다.
② 신속하게 분쟁 해결을 할 수 있다.
③ 채권자가 법원에 납부하는 각종 비용이 저렴하다.

(2) 단점

확정 판결·조정보다는 그 효력이 미약하다.

4) 지급명령의 송달 불능과 확정 및 이의신청

지급명령이 발급되면 먼저 채무자에게 지급명령 정본을 송달한다. 그런데 채권자가 지급명령 신청서에 기재한 주소에 채무자가 실제로 거주하지 않는 등의 이유로 지급명령 정본이 송달되지 않는 경우도 있다. 법원에서는 채권자에게 일정한 보정기한 내에 송달 가능한 채무자의 주소를 보정하거나 주소 보정이 어려울 때에는 「민사소송규칙」 제92조의3의 규정에 의한 제소신청을 할 것을 통지한다. 그리고 채권자가 주소 보정을 하면 보정된 주소로 재송달을 한다. 제소 신청을 하면 통상의 소송절차로 이행되어 처음부터 소를 제기한 경우와 같이 재판절차가 진행된다. 그러나 채권자가 만일 위와 같은 조치를 취하지 아니한 채 보정 기한을 지나친 경우에는 지급명령 신청서가 각하된다. 채권자는 이 점을 주의할 필요가 있다.

한편 채무자가 지급명령 정본을 송달받고도 이의신청을 하지 아니한 채 2주일이 경과한 때에는 지급명령이 확정되고 채권자는 채무를 이행하지 않는 채무자 재산에 대하여 확정된 지급명령에 기한 강제 집행을 신청할 수 있으며, 이러한 경우 채무자로서 강제 집행을 정지시키기 위해서는 청구 이의의 소를 제기함과 동시에 강제 집행 정지신청을 제기하는 절차적 부담을 안게 된다. 채무자도 이 점을 주의할 필요가 있다. 따라서 채무자는 지급명령 정본을 송달받으면 신속하게 그 내용을 충분히 검토한 후 불복 여부에 관한 의사를 결정하여야 한다. 불복하려면 2주일이 경과하기 전에 지체 없이 이의신청을 하여야 한다. 채무자의 이의신청은 신청서에 지급명령에 응할 수 없다는 취지만 명백히 하면 충분하고 불복하는 이유를 특별히 기재할 필요가 없다.

5) 지급명령에 대한 이의 신청

채무자는 지급명령 정본을 송달받은 후 2주일이 경과하기 전에는 언제든지 지급명령에 대한 이의신청을 할 수 있다. 채무자가 이의신청을 하면 지급명령은 그 효력을 상실하고 통상의 소송절차로 옮겨진다. 그 이후에는 청구금액에 따라 2,000만 원 이하의 경우에는 소액사건, 1억 원 이하인 경우에는 중액사건, 1억을 초과하는 경우에는 합의사건으로서 소송절차가 진행되어 채무자는 일반 소송절차에서처럼 피고의 지위에서 자신의 주장을 법원에 충분히 진술할 수 있는 기회를 보장받게 된다. 일단 소송절차로 이행된 이상 채무자는 법원이 쌍방 당사자의 주장의 적부 여부를 판단하여 판결을 통한 승패를 결정하기 전까지는 채권자의 강제집행을 걱정할 필요가 없다.

6. 민사조정 절차

1) 민사조정 절차 흐름도

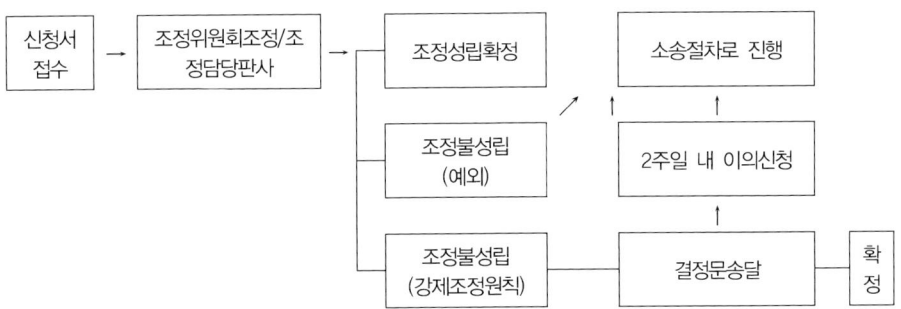

2) 민사조정 절차

민사조정 절차란 조정 담당 판사 또는 법원에 설치된 조정위원회가 분쟁당사자로부터 민사 조정 신청을 받고 양 분쟁당사자를 소환하여 각각의 주장을 듣고 여러 사정을 참작하여 조정안을 제시하면 이 조정안을 서로 양보와 타협을 통하여 합의에 이르게 함으로써 분쟁을 평화적이고, 신속하고 간편하며 쉽게 해결하는 제도이다.

3) 민사조정 절차의 장점

(1) 소송과 같은 엄격한 절차를 거치지 아니하고, 자유로운 분위기에서 자신의 의견을 충분히 말할 수 있다.
(2) 소송에 비하여 신속한 해결이 가능하다. 민사조정을 신청하면 빠른 시일 내에 조정 기일이 정하여지고 대부분 한 번의 출석으로 종료된다.
(3) 비용이 저렴하다. 소송에 비하여 인지대가 1/5 저렴하다.
(4) 당사자 사이의 상호 타협과 양보에 의하여 분쟁을 해결하므로 감정 대립이 남지 않는다.
(5) 진행상의 특징
일반적으로 민사조정 절차는 조정 담당 판사 또는 조정위원회가 딱딱한 법정이 아닌 자유로운 분위기의 조정실에서 당사자의 말을 충분히 듣고 실정에 맞게 분쟁을 해결하고 비공개로 진행되기 때문에 비밀이 철저히 보장된다.

4) 민사조정 신청서 작성

민사조정 신청을 하기 위해서는 먼저 민사조정 신청서를 작성하여야 한다. 조정 신청서는 변호사나 법무사에 의뢰하여 작성할 수 있고, 또는 본인이 스스로 작성할 수 있다. 법원에서는 본인의 조정 신청서 작성을 돕기 위하여 법원에 민사조정 신청서 양식을 비치하고 있다. 그리고 손을 다치는 등으로 스스로 조정 신청서를 작성할 수 없을 때에는 법원 직원에게 구술로 신청할 수도 있다. 신청서 양식은 각급 법원에 비치된 양식을 이용할 수 있으며, 꼭 비치된 양식을 사용하지 않아도 된다. 법원의 용지 규격이 A4지 규격이므로 A4 용지에 작성하여 제출하여도 무방하다. 조정 신청서를 제출하면 얼마 후에 법원으로부터 신청인과 피신청인(상대방)에게 조정 기일이 통지된다. 본인이 출석하는 것이 원칙이며 조정 담당 판사의 허가가 있으면 친족이나 피용인 등을 보조인이나 대리인으로 출석하게 할 수 있다.

7. 불이익처분 시 대응방법

1) 부동산중개업자에게 가할 수 있는 불이익처분

① 행정처분: 업무정지, 등록취소, 자격정지, 자격취소
② 형사고발: 경찰서, 검찰청
③ 행정쟁송: 행정심판, 행정소송

2) 가장 바람직한 방법

(1) 평상시 준법정신 생활화

① 순가중개에 참여금지 및 무등록자와 중개행위 금지

② 과다수수료 청구행위 금지, 경매 등 참여하여 투자수익 강구

③ 사업장에 보관할 서류 준수 및 철저한 정리

  ㉠ 계약서 5년 보관

  ㉡ 중개대상물확인·설명서 3년 보관

  ㉢ 계약서 명부 작성유지

  ㉣ 게시물 게시(자격증, 등록증, 사업자등록증, 실무교육 이수증, 중개수수료 요율표, 손해배상보장가입증서)

(2) 엄정한 중개행위

① 공정하고 공평한 중개행위

② 세밀하고 구체적인 사항까지 계약서에 명시

③ 투기조장행위 참여금지

④ 과장되거나 오만한 감정을 느끼지 않도록 행동조심

3) 행정관청에 고발된 사건 대응 요령

(1) 민원제기에 따라 전화를 받았을 경우

① 전화로 담당자와 충분히 전화하여 민원제기 내용을 정확하게 파악

② 민원제기 내용에 대한 분석과 자료 준비

③ 담당자에게 자료 제출 및 설명과 처리요령 협의

④ 민원제기자와 타협 가능한 사항은 타협 실시

⑤ 담당부서 내에서 처리 완료토록 종결

(2) 행정관서의 처분 사정 통지서 받았을 경우

① 처분 내용에 대한 의견서를 6하 원칙에 의거 작성하고 필요한 근거자료를 첨부하여 담당자에게 제출하고 설명 및 납득을 시킬 것

* 담당자들은 경험이 부족하고 나이가 어려서 쉽게 납득하지 못하고 가급적 민원 제기자 측면에서 처리하려는 경향이 있다.

② 담당자가 이해를 못하면 상급자에게 면담 신청하여 설명 및 납득을 시킬 것

③ 승복할 사항이면 폐업처분 하고 승복할 사항이 아니면 행정심판이나 소송으로 전개할 경우를 위해 자료 및 근거자료 그리고 진행사항 정리하기 시작할 것

(3) 불이익처분의 통지가 왔을 경우

① 승복할 사항이면 피해를 최소화할 수 있도록 담당자를 만나 협의 및 처리

② 승복할 사항이 아니면 행정심판 청구하거나 또는 행정소송 제기

> ***제기요령**
>
> 먼저 처분집행정지 신청을 하고 동시에 행정처분 집행취소 또는 변경 행정심판 청구나 행정소송 제기한다. 특히 지자체 담당자 공무원은 법규에 대해 그 기본이념을 잘 모르므로 종종 제멋대로 결정하여 행정처분하는 경우가 많다. 예로 부동산중개업자가 매수자의 요구로 계약금의 일부를 매도인 통장에 입금해 달라는 요청에 의해 매도인 통장에 입금 후 매수인이 마음이 변해 계약을 취소하면서 중개업자에게 이미 지불한 계약금의 일부를 계약서 작성을 안 했으므로 중개업자에게 변상을 요구하다가 중개업자가 경우가 그렇지 않음을 설득하자 이 매수자가 구청직원에게 고발했다. 이때 구청직원이 이는 중개업자에게 변상하라고 처리하라는 경우가 있다.
>
> 또 부동산실거래가 신고를 공동중개의 경우 한쪽 중개업자는 정상적으로 기한 내 신고를 하고 접수증까지 출력받았는데 다른 쪽 중개업자가 늦게 서명하는 바람에 과태료 처분이 받은 경우 접수증을 제시해도 무조건 중개업자가 과태료를 물어야 한다고 처분하는 경우 등이 있다. 이때는 해당공무원을 상대로 손해배상 청구까지도 가능하다.

4) 경찰 및 검찰에 고발당했을 경우 대응요령

(1) 경찰에 고발당했을 시 대응요령

① 경찰에 고발된 것은 형사사건으로 처리하겠다는 것으로 보고 경찰에서 연락이 오거나 경찰에 고발되었다는 첩보를 입수하면 자진해서 출석하거나 출석요구 시 출석하여 진술서를 작성하고 필요한 관련서류 사본을 제출하며 납득을 시킨다.

② 출석요구 시는 본인의 권익침해를 입증할 수 있는 자료와 내용을 제시하며 주장할 필요가 있다. 특히 고객들은 과거 부동산중개업자들이 비리가 많아 행정관서나 경찰서에 고발하면 자기들에게 중개업자가 무조건 협상해 오는 것으로 잘못 생각하고 있으므로 국민계도 차원에서도 중개업자의 잘못이 없으면 강력히 대처하는 것이 좋다.

③ 경찰에서는 민사사건은 쌍방이 합의하면 종결이 되나 형사사건은 쌍방이 합의를 해도 검찰에 송치함으로 경찰에서 검찰로 조사보고서에 중개업자의 정당함이 반영될 수 있도록 충분한 자료와 근거로 권익침해를 주장할 필요가 있다.

(2) 검찰로 송치되었을 경우 대응요령

① 검찰의 출석요구서가 도착하면 자진하여 출두하고 진술서를 과계자료와 법적 근거, 판례 등을 첨부하여 작성하고 제출하며 검찰조사에 적극적으로 응하고 중개업자의 권익 침해를 당한 것에 대해 설명과 설득을 시킨다.

② 검찰에서는 조사결과에 따라 혐의 없음, 불기소 처분, 기소 이 3가지 중의 하나를 택일하여 처리한다.

③ 혐의 없음이나 불기소 처분을 받으면 사실상 사건이 종결되며, 혐의 없음을 받으면 도리어 명예훼손으로 무고죄 고발도 가능하다.

④ 만일 기소 처분이 내려지면 약식명령으로 벌금이 내려진다. 이때는 정식재판을 7일 이내 청구하고 법원의 판결을 받는 것이 좋다.

5) 법원에 소송 시 대응요령

(1) 행정처분 집행정지 결정신청을 먼저 실시함과 동시에 본안 소송을 제기할 것, 행정처분 집행정지 결정 신청에 소요되는 비용은 송달료와 인지대 등이 소요되나 10~20만 원 선이다.

(2) 무죄가 확실하면 고소 및 맞고소 시 손해배상 청구까지 같이하여 권익을 보호한다.

(3) 유죄가 확실하면 판결 시 선고유예 판결이 나도록 유도할 필요가 있다.

① 선고유예 판결을 받으면 중개업법의 결격사유에 해당되지 않는다.

② 선고유예제도

　㉠ 선고유예 조건(「형법」 제59조 제1항): 1년 이하의 징역이나 금고, 자격정지 및 벌금의 형을 선고할 경우에 제51조의 사항을 참작하여 개준의 정상이 현저한 때에는 그 선고를 유예할 수 있다. 단, 자격정지 이상의 형을 전과가 있는 자에 대해서는 예외로 한다.

제51조(양형의 조건) 형을 정함에 있어서는 다음 사항을 참작하여야 한다.
　1. 범인의 연령, 성행, 지능과 환경
　2. 피해자에 대한 관계
　3. 범행의 동기, 수단과 결과
　4. 범행 후의 정황

　㉡ 선고유예의 효과(「형법」 제60조): 형의 성고유예를 받은 날로부터 2년을 경과한 때에는 면소된 것으로 간주한다.

　㉢ 선고유예의 실효(「형법」 제61조): 형의 선고유예를 받은 자가 유예기간 중 자격정지 이상의 형에 처한 판결이 확정되거나 자격정지 이상의 형에 처한 전과가 발견된 때에는 유예한 형을 선고한다.

부 록

별지 #1

중개업 처벌 일람표

구분	내용	징역	벌금	자격취소	자격정지	등록취소 당연	등록취소 임의	업무정지	과태료	비고
신분	중개업자 사망/중개법인 해산					0				
	미성년자를 소속공인중개사·보조원으로 둔 경우							6월		2월 내 해소 시 제외
	금치산자					0				
	금치산자를 소속공인중개사·보조원으로 둔 경우							6월		"
	한정치산자					0				
	한정치산자를 소속공인중개사·보조원으로 둔 경우							6월		"
	파산선고 받고 복권되지 않은 자					0				
	파산선고 받고 복권되지 않은 자를 소속공인중개사·보조원으로 둔 경우							6월		"
	금고 이상 실형을 받고 그 집행이 종료되지 않은 자					0				
	금고 이상 실형을 받고 그 집행이 종료되지 않은 자를 소속공인중개사·보조원으로 둔 경우							6월		"
	금고 이상 실형을 받고 그 집행이 면제된 날로부터 3년 미경과자					0				
	금고 이상 실형을 받고 그 집행이 면제된 날로부터 3년 미경과자를 소속공인중개사·보조원으로 둔 경우							6월		"
	금고 이상 형의 집행유예를 받고 유예기간 중에 있는 자					0				
	금고 이상 형의 집행유예를 받고 유예기간 중에 있는 자를 소속공인중개사·보조원으로 둔 경우							6월		"
	부정한 방법으로 자격증 취득하여 자격 취소된 날로부터 3년 미경과자를 소속공인중개사·보조원으로 둔 경우							6월		
	타인에게 자기 성명을 사용하게 하여 자격 취소된 날로부터 3년 미경과자를 소속공인중개사·보조원으로 둔 경우							6월		
	타인에게 공인중개사 자격증을 양도 또는 대여하여 자격 취소된 날로부터 3년 미경과자를 소속공인중개사·보조원으로 둔 경우							6월		
	2 이상의 중개사무소에 소속되어 자격정지기간 중에 있는 자를 소속공인중개사·보조원으로 둔 경우							6월		
	인장등록을 하지 않아 자격정지기간 중에 있는 자를 소속공인중개사·보조원으로 둔 경우							6월		
	등록하지 않은 인장을 사용하여 자격정지기간 중에 있는 자를 소속공인중개사·보조원으로 둔 경우							6월		
	중개대상물확인·설명서를 성실·정확하게하지 않아 자격정지기간 중에 있는 자를 소속공인중개사·보조원으로 둔 경우							6월		
	중개대상물확인·설명서의 근거자료를 제공 하지 않아 자격정지기간 중에 있는 자를 소속공인중개사·보조원으로 둔 경우							6월		

중개대상물확인·설명서에서 서명 및 날인을 하지 않아 자격정지기간 중에 있는 자를 소속공인중개사·보조원으로 둔 경우						6월	
거래계약서에 서명 및 날인을 하지 않아 자격정지기간 중에 있는 자를 소속공인중개사·보조원으로 둔 경우						6월	
거래계약서의 거래내용을 거짓으로 기재하여 자격정지기간 중에 있는 자를 소속공인중개사·보조원으로 둔 경우						6월	
2 이상의 거래계약서를 작성하여 자격정지기간 중에 있는 자를 소속공인중개사·보조원으로 둔 경우						6월	
중개대상물을 매매업으로 하여 자격정지기간 중에 있는 자를 소속공인중개사·보조원으로 둔 경우						6월	
무등록중개업자인지 알면서 무등록중개업자에게 중개 의뢰하여 자격정지기간 중에 있는 자를 소속공인중개사·보조원으로 둔 경우						6월	
무등록중개업자에게 자기명의를 사용하게 하여 자격정지기간 중에 있는 자를 소속공인중개사·보조원으로 둔 경우						6월	
과다 중개수수료를 받아 자격정지기간 중에 있는 자를 소속공인중개사·보조원으로 둔 경우						6월	
중개대상물의 중요사항을 거짓언행 등으로 중개의뢰인을 그릇되게 판단하여 자격정지기간 중에 있는 자를 소속공인중개사·보조원으로 둔 경우						6월	
양도·알선이 금지된 부동산의 거래증서를 중개하여 자격정지기간 중에 있는 자를 소속공인중개사·보조원으로 둔 경우						6월	
양도·알선 등이 금지된 부동산의 거래증서를 매매업으로 하여 자격정지기간 중에 있는 자를 소속공인중개사·보조원으로 둔 경우						6월	
중개의뢰인과 직거래하여 자격정지기간 중에 있는 자를 소속공인중개사·보조원으로 둔 경우						6월	
중개의뢰인의 쌍방대리를 하여 자격정지기간 중에 있는 자를 소속공인중개사·보조원으로 둔 경우						6월	
미등기 부동산 전매를 하여 자격정지기간 중에 있는 자를 소속공인중개사·보조원으로 둔 경우						6월	
전매 등 권리변동이 제한된 부동산의 매매를 중개하여 자격정지기간 중에 있는 자를 소속공인중개사·보조원으로 둔 경우						6월	
이중으로 중개사무소를 개설 등록하여 개설등록 취소된 후 3년 이경과자를 소속공인중개사·보조원으로 둔 경우						6월	
타 중개업소의 소속공인중개사나 중개보조원 또는 법인의 사원 및 임원이 되어 등록취소 된 후 3년 미경과자를 소속공인중개사·보조원으로 둔 경우						6월	
타인에게 자기 성명 또는 상호를 사용하여 개설등록이 취소된 후 3년 미경과자를 소속공인중개사·보조원으로 둔 경우						6월	
타인에게 중개사무소 개설등록증을 양도 또는 대여하여 개설등록이 취소된 후 3년 미경과자를 소속공인중개사·보조원으로 둔 경우						6월	
업무 정지기간 중에 중개행위를 하여 개설등록						6월	

이 취소된 후 3년 미경과자를 소속공인중개사 · 보조원으로 둔 경우								
자격 정지된 소속공인중개사를 자격정지기간 중에 중개하도록 하여 개설등록이 취소된 후 3년 미경과자를 소속공인중개사 · 보조원으로 둔 경우					6월			
최근 1년 이내 공부법에 의해 2회 이상 업무정지처분을 받고 다시 업무정지처분에 해당하는 행위를 하여 개설등록이 취소된 후 3년 미경과자를 소속공인중개사 · 보조원으로 둔 경우					6월			
2 이상의 사무소를 두어 개설등록이 취소된 후 3년 미경과자를 소속공인중개사 · 보조원으로 둔 경우					6월			
임시 중개시설물을 설치하여 개설등록이 취소된 후 3년 미경과자를 소속공인중개사 · 보조원으로 둔 경우					6월			
겸업규정을 위합하여 개설등록이 취소된 후 3년 미경과자를 소속공인중개사 · 보조원으로 둔 경우					6월			
계속하여 6월을 초과하는 휴업으로 개설등록이 취소된 후 3년 미경과자를 소속공인중개사 · 보조원으로 둔 경우					6월			
중개대상물 정보를 공개하지 않아 개설등록이 취소된 후 3년 미경과자를 소속공인중개사 · 보조원으로 둔 경우					6월			
중개의뢰인의 비공개 요청을 위반하여 개설등록이 취소된 후 3년 미경과자를 소속공인중개사 · 보조원으로 둔 경우					6월			
거래계약서의 거래내용을 거짓으로 기재하여 개설등록이 취소된 후 3년 미경과자를 소속공인중개사 · 보조원으로 둔 경우					6월			
2 이상의 거래계약서를 작성하여 개설등록이 취소된 후 3년 미경과자를 소속공인중개사 · 보조원으로 둔 경우					6월			
손해배상보장 조치를 이행하지 않고 업무하여 개설등록이 취소된 후 3년 미경과자를 소속공인중개사 · 보조원으로 둔 경우					6월			
중개대상물의 매매를 업으로 하여 개설등록이 취소된 후 3년 미경과자를 소속공인중개사 · 보조원으로 둔 경우					6월			
무등록 중개업자인지 알면서 중개를 의뢰하여 개설등록이 취소된 후 3년 미경과자를 소속공인중개사 · 보조원으로 둔 경우					6월			
무등록 중개업자에게 자기명의를 사용하게 하여 개설등록이 취소된 후 3년 미경과자를 소속공인중개사 · 보조원으로 둔 경우					6월			
초과수수료로 개설등록이 취소된 후 3년 미경과자를 소속공인중개사 · 보조원으로 둔 경우					6월			
중개대상물의 중요사항을 거짓언행 등으로 중개의뢰인을 그릇되게 판단하여 개설등록이 취소된 후 3년 미경과자를 소속공인중개사 · 보조원으로 둔 경우					6월			
양도 · 알선이 금지된 부동산의 거래증서를 중개하여 개설등록이 취소된 후 3년 미경과자를 소속공인중개사 · 보조원으로 둔 경우					6월			
양도 · 알선 등이 금지된 부동산의 거래증서를 매매업으로 하여 개설등록이 취소된 후 3년 미경과자를 소속공인중개사 · 보조원으로 둔 경우					6월			

내용								
중개의뢰인과 직거래하여 개설등록이 취소된 후 3년 미경과자를 소속공인중개사·보조원으로 둔 경우							6월	
중개의뢰인의 쌍방대리를 하여 개설등록이 취소된 후 3년 미경과자를 소속공인중개사·보조원으로 둔 경우							6월	
미등기 부동산 전매를 하여 개설등록이 취소된 후 3년 미경과자를 소속공인중개사·보조원으로 둔 경우							6월	
전매 등 권리변동이 제한된 부동산의 매매를 중개하여 개설등록이 취소된 후 3년 미경과자를 소속공인중개사·보조원으로 둔 경우							6월	
업무정지처분 받고 폐업 신고하여 업무정지기간 미경과자를 소속공인중개사·보조원으로 둔 경우							6월	
최근 1년 내 3회 이상 업무정지 또는 과태료 처분받고 다시 업무정지 또는 과태료 처분받아 개설등록이 취소된 후 3년 미경과자를 소속공인중개사·보조원으로 둔 경우							6월	
법인의 업무정지 받을 당시 사원·임원이 업무정지기간 이미 경과한 자를 소속공인중개사·보조원으로 둔 경우							6월	
공부법을 위반하여 벌금형을 받고 3년 미경과자를 소속공인중개사·보조원으로 둔 경우							6월	
미성년자를 사원·임원·직원으로 있는 법인						0		
금치산자 또는 한정치산자가 사원·임원·직원으로 있는 법인						0		
파산선고 받고 복권되지 않은 자가 사원·임원·직원으로 있는 법인						0		
금고 이상 실형을 받고 그 집행이 종료되지 않은 자가 사원·임원·직원으로 있는 법인						0		
금고 이상 실형을 받고 그 집행이 면제된 날로부터 3년 미경과자가 사원·임원·직원으로 있는 법인						0		
금고 이상 형의 집행유예를 받고 유예기간 중에 있는 자가 사원·임원·직원으로 있는 법인						0		
타 중개사무소에 소속공인중개사·보조원·타 중개법인의 사원·임원인 자						0		
타 중개사무소에 소속공인중개사·보조원·타 중개법인의 사원·임원인 자가 사원·임원·직원으로 있는 법인						0		
최근 1년 내 공부법에 의해 2회 이상 업무정지 처분받고 다시 업무정지 처분행위자						0	6월	
최근 1년 내 공부법에 의해 2회 이상 업무정지 또는 과태료 처분받고 다시 과태료 처분행위자							6월	
최근 1년 내 공부법에 의해 2회 이상 업무정지 처분받고 다시 업무정지 처분 행위 자가 사원·임원·직원으로 있는 법인						0		
최근 1년 내 3회 이상 업무정지 또는 과태료 처분받고 다시 업무정지 또는 과태료 처분받은 자							0	6월
최근 1년 내 3회 이상 업무정지 또는 과태료 처분받고 다시 업무정지 또는 과태료 처분 받은 자가 사원·임원·직원으로 있는 법인						0		
업무정지처분 받고 폐업신고 한 자로 업무정지기간이 미경한 자가 사원·임원·직원으로 있는 법인						0		

구분	내용								
	법인의 업무정지 받을 당시 사원·임원이 업무정지기간 이미 경과한 자가 사원·임원·직원으로 있는 법인					0			
자격증	부정한 방법으로 자격증 취득			0					
	자격증 양도	1년	1천	0					
	자격증 대여(대여자/수여자)	1년	1천	0					
	자격증 양수	1년	1천						
	자격 취소된 후 3년 미경과 자					0			2월 내 해소 시 제외
	자격 취소된 후 3년 미경과 자를 소속공인중개사·보조원으로 둔 경우							6월	
	자격 취소된 후 3년 미경과 자가 사원·임원·직원으로 있는 법인					0			
	자격정지기간 중에 있는 자가 사원·임원·직원으로 있는 법인					0			
	자격정지기간 중에 있는 자를 소속공인중개사·보조원으로 둔 경우							6월	
	자격증미반납/반납불가사유미제출/거짓으로자격증 불반납 사유제출								30만 원
명의 사용	타인에게 자기 명의 사용 중개행위	1년	1천	0					
	무등록업자에게 자기 명의 사용하게 한 경우	1년	1천			6월	0	6월	
	무등록업자에게 자기 명의 사용하게 한 자가 사원·임원·직원으로 있는 법인					0			
	타인에게 자기 명의 및 상호 사용 중개 행위하도록 한 자	1년	1천			0			
	타인에게 자기 명의 및 상호 사용 중개 행위하도록 한 자가 사원·임원·직원으로 있는 법인					0			
	사무소명칭 공인중개사 또는 부동산중개 미사용								50만 원
	옥외 광고물에 성명 미표시/허위표시								50만 원
	중개인 공인중개사 명칭 사용								50만 원
징역형	공부법 위반 징역형 선고 받은 경우			0					
	공부법 위반 징역형 선고 받고 3년 미경과자					0			
벌금형	벌금형 받고 3년 미경과자가 사원·임원·직원으로 있는 법인					0			
소속	2이상의 중개사무소에 소속된 경우	1년	1천			6월			
	자격정지기간 타 중개업소 소속공인중개사 활동			0					
	자격정지기간 타 중개업소 중개보조원 활동			0					
	자격정지기간 타 중개법인 사원 및 임원이 활동			0					
인장	인장등록하지 않은 경우					3월		3월	
	등록하지 않은 인장 사용					3월		3월	
중개 대상물 설명	성실·정확하게 설명하지 않은 경우					3월		3월	
	근거자료 미제시					3월		3월	
	중개대상물확인·설명서 미보존							3월	
	중개대상물확인·설명서 미교부							3월	
	확인·설명서에서 서명 및 날인하지 않은 경우					3월		3월	
	거짓언행 등으로 의뢰인의 판단을 그르치게 한 경우	1년	1천			6월	0	6월	
	거짓언행 등으로 의뢰인의 판단을 그르치게 한 자가 사원·임원·직원으로 있는 법인					0			
거래 계약서	서명·날인하지 않은 경우					3월		3월	

구분	위반행위								
	거래계약서 미작성							3월	
	거래계약서 미교부							3월	
	거래계약서 미보존							3월	
	거래내용을 거짓으로 기재한 경우				6월		0	6월	
	거래내용을 거짓으로 기재한 자가 사원·임원·직원으로 있는 법인					0			
	2중 계약서 작성한 경우				6월		0	6월	
	2중 계약서 작성한 자가 사원·임원·직원으로 있는 법인					0			
중개대상물	매매를 업으로 하는 경우	1년	1천		6월		0	6월	
	매매를 업으로 한 자가 사원·임원·직원으로 있는 법인					0			
	양도·알선이 금지된 부동산에 대해 매매를 업으로 하는 행위				6월		0		
	양도·알선이 금지된 부동산에 대해 매매를 업으로 하는 행위한 자가 사원·임원·직원으로 있는 법인					0			
	중개대상물 정보공개 미실한 자가 사원·임원·직원으로 있는 법인					0			
	의뢰인이 비공개 요청에도 불구하고 공개한 자가 사원·임원·직원으로 있는 법인					0			
등록	무등록중개업자	3년	2천						
	무등록업자로부터 중개의뢰받은 경우	1년	1천		6월		0	6월	
	무등록업자로부터 중개의뢰받은 자가 사원·임원·직원으로 있는 법인					0			
	거짓·부정한 방법으로 등록	3년	2천			0			
	거짓·부정한 방법으로 등록한 자가 사원·임원·직원으로 있는 법인					0			
	2이상의 중개사무소를 개설 등록한 자	1년	1천			0			
	2이상의 중개사무소를 개설 등록한 자가 사원·임원·직원으로 있는 법인					0			
	등록기준에 미달한 자						0	6월	
수수료	초과 수수료 받은 경우	1년	1천		6월		0	6월	
	초과 수수료 받은 자가 사원·임원·직원으로 있는 법인					0			
분양권	양도·알선이 금지된 부동산의 증서를 매매·교환 등 중개	3년	2천		6월		0	6월	
	양도·알선이 금지된 부동산의 증서를 매매·교환 등 중개한 자가 사원·임원·직원으로 있는 법인					0			
	양도·알선이 금지된 부동산의 증서를 매매업 행위	3년	2천		6월		0	6월	
중개행위	의뢰인의 물건을 직접 거래한 경우	3년	2천		6월		0	6월	
	의뢰인의 물건을 직접 거래한 자가 사원·임원·직원으로 있는 법인					0			
	미등기 전매 중개	3년	2천		6월		0	6월	
	미등기 전매 중개한 자가 사원·임원·직원으로 있는 법인					0			
	전매 등 권리변동이 제한된 부동산 매매 중개	3년	2천		6월		0	6월	
	전매 등 권리변동이 제한된 부동산 매매 중개한 자가 사원·임원·직원으로 있는 법인					0			
	자격정지기간 중개행위			0					
	업무정지기간 중에 중개행위한 자					0			

분류	위반행위								
	업무정지기간 중에 중개행위한 자가 사원·임원·직원으로 있는 법인						0		
	자격정지처분을 받은 소속공인중개사로 하여금 자격정지기간 중에 중개행위를 하도록 한자						0		
	자격정지처분을 받은 소속공인중개사로 하여금 자격정지기간 중에 중개행위를 하도록 한자가 사원·임원·직원으로 있는 법인						0		
	겸업 위반한 자						0	6월	
	겸업 위반한 자가 사원·임원·직원으로 있는 법인						0		
등록증	등록증을 양도 또는 대여	1년	1천				0		
	등록증양수·대여	1년	1천						
	등록증을 양도 또는 대여한 자가 사원·임원·직원으로 있는 법인						0		
	등록증 미게시								30만 원
	등록증 미반납								50만 원
사무소 운영	2 이상의 중개사무소를 둔 경우	1년	1천				0	6월	
	2개 이상 중개사무소를 둔 자가 사원·임원·직원으로 있는 법인						0		
	중개사무소 이전 미신고								30만 원
	임시 중개시설물 설치 운영한 자	1년	1천				0	6월	
	임시 중개시설물 설치 운영한 자가 사원·임원·직원으로 있는 법인						0		
휴업	계속해서 6개월 초과 휴업한 자						0	6월	
	계속해서 6개월 초과 휴업한 자가 사원·임원·직원으로 있는 법인						0		
	휴업, 폐업, 중개업 재개, 휴업기간 변경 미신고								20만 원
손해배상	손해배상 책임 보장조치 미행하고 업무개사한 자						0	6월	
	손해배상 책임 보장조치 미행하고 업무개사한 자가 사원·임원·직원으로 있는 법인						0		
	손해배상책임 미설명 / 증서 미교부								30만 원
대리권	거래당사자 쌍방 대리행위	3년	2천		6월		0	6월	
	거래당사자 쌍방 대리행위한 자가 사원·임원·직원으로 있는 법인						0		
사조직	부당한 공동행위 금지위반 -부당하게 경쟁을 제한하는 행위 금지를 위반하여 공정위로부터 당해행위 중지, 시정명령, 기타 시정에 필요한 조치를 받은 경우 -부당하게 경쟁을 제한하는 행위 근지를 위반하여 공정위로부터 과징금 또는 시정조치와 과징금 조치를 동시에 받은 경우 -현재 또는 장래의 사업자수를 제한 및 재판매가격유지행위 또는 이를 방조하여 공정위의 행위중지, 시정명령 등 조치받은 경우 -현재 또는 장래의 사업자수를 제한행위 및 재판매가격유지행위 또는 이를 방조하여 공정위시정조치 및 과징금조치를 동시에 받은 경우 -사업내용 또는 활동을 부당하게 제한하는 행위를 하여 공정위의 행위중지, 시정명령, 기타 필요한 조치를 받은 경우 -사업내용 또는 활동을 부당하게 제한하는 행위를 하여 공정위의 시정조치 및 과징금을 동시에 받은 경우						0	3월 6월 1월 2월 2월 4월	
전속 중개	국토부 전속중개계약서 미사용 전속 중개계약 체결							3월	

구분	위반행위							월	만원	비고
정보 공개	전속중개계약서 미보관							3월		
	정보업자가 의뢰받은 정보 미공개	1년	1천					6월		
	정보업자가 의뢰받은 정보 상이 또는 차별 정보공개	1년	1천					6월		
	운영규정 및 변경 미신고								400만 원	
	운영규정에 위반하여 운영								400만 원	
	중개업자가 중개대상물의 정보를 거짓 공개							6월		
	중개업자가 거래정보업자에게 거래완료 미통보							3월		
	중개대상물 정보공개 미실한 자						0	6월		
	의뢰인이 비공개 요청에도 불구하고 공개한 자						0	6월		
보고 자료 조사	거부·방해 또는 기피							3월	200만 원	
	명령 미이행							3월	200만 원	
	공부법 명령 / 처분 위반한 자							1월		
	거짓보고 / 거짓 자료제출							3월	200만 원	과태료:거래정보업자
	공제사업 시정명령 미이행								400만 원	
	협회가 국토부장관의 보고, 자료제출, 조사 및 검사 거부·방해 또는 명령 미이행, 거짓보고 및 거짓자료 제출								200만 원	
기타	중개업자 비밀누설	1년	1천							
	중개인 업무지역(광역자치단체 지역) 위반							3월		
	공인중개사 명칭 사용 위반 / 유사명칭 사용	1년	1천							
	공제사업 운영실적 미공시								300만 원	
거래 신고	부동산 및 입주자의 권리거래대금지급증명자료 미제출								0	*시가표준액기준 -1억 5,000만 원: 500만 원 -1억 5,000만 원 초과 2억 원 이하: 700만 원 -2억 원 초과 2억 5,000만 원 이하: 900만 원 -2억 5000만 원 초과 3억 원 이하: 1,100만 원 -3억 원 초과 3억 5,000만 원 이하: 1,300만 원 -3억 5,000만 원 초과 4억 원 이하: 1,500만 원 -4억 원 초과 4억 5,000만 원 이하: 1,700만 원 -4억 5,000만 원 초과 5억 원 이하: 1,900만 원 -5억 원 초과: 2,000만 원
	부동산 및 입주자의 권리 거래대금지급증명자료 제출 필요한 조치 미이행								0	
	거래 미신고								0	해태기간: 신고만료일부터 기산
	지연신고								0	가격기준: 실제거래가

										격 -1개월 이하 5,000만 원 미만: 10만 원 5,000만 원 이상 1억 원 미만: 25만 원 1억 원 이상 3억 원 미만 : 50만 원 3억 원 이상 5억 원 미만 : 100만 원 5억 원 이상: 150만 원 -1개월 초과 3개월 이하 5천만 원 미만 25만 원 5천만 원 이상 1억 원 미만 : 50만 원 1억 원 이상 3억 원 미만 : 100만 원 3억 원 이상 5억 원 미만: 200만 원 5억 원 이상: 300만 원 -3개월 초과/공동신고거부 5천만 원 미만: 50만 원 5천만 원 이상 1억 원 미만 : 100만 원 1억 원 이상 3억 원 미만 : 200만 원 3억 원 이상 5억 원 미만 : 400만 원 5억 원 이상: 500만 원
중개업자가 미신고 / 거짓내용 신고									400만 원	
거래대금자급증명자료 외의 자료 미제출 / 거짓 내용 제출									500만 원	
거래가격 외 사항을 거짓으로 신고한 자									0	취득세의 0.5배
거래가격 거짓신고									0	실거래액기준 -10% 미만: 취득세의 0.5배 권리의 경우: 2/100 -10% 이상 20% 미만 : 취득세의 1배 권리의 경우: 4/100 -20% 이상: 취득세의 1.5배 권리의 경우: 5/100

인터넷 주소록

1. 물건수집 및 광고

www.kreba.or.kr 대한공인중개사협회

www.r79.com 부동산 친구

www.kar.or.kr 한국공인중개사협회

www.tank21.com 탱크21

www.kbstar.com 국민은행

www.r114.co.kr 부동산114

www.serve.co.kr 부동산써브

www.neonet.co.kr 부동산뱅크

kr.are.yahoo.com 야후

www.doumi.co.kr 부동산도우미

www.aptdoumi.co.kr 아파트도우미

www.joinsland.com 중앙일보부동산정보망

기타 지역 및 단체별 정보망

신문 및 정보지 정산정보망

2. 부동산 매매 및 임대/전세 시세

www.kbstar.com 국민은행

www.moct.go.kr 국토해양부

www.r79.com 부동산 친구

www.serve.co.kr 부동산써브

www.dapt.co.kr 닥터아파트

기타 부동산정보망

3. 부동산 법률 관련 인터넷

www.assembly.go.kr 국회

www.moleg.go.kr 법제처

www.registry.scourt.go.kr 대법원

www.moct.go.kr 국토해양부

www.kreba.or.kr 대한공인중개사협회

www.kar.or.kr 한국공인중개사 협회

4. 경제정책 정보사이트

epic.kdi.re.kr KDI 경제정보시스템

5. 통계정보 사이트

www.nso.go.kr 통계청

각 지방자치단체 정보망

6. 지역정보 사이트

www.iklc.co.kr 토지개발공사

www.knhc.co.kr 대한주택공사

lic.mogaha.go.kr 지적정보센터

www.samasnet.co.kr 빌딩정보센터

www.kcci.or.kr/kip 산업입지센터

www.kowaco.or.kr 수자원공사

www.freeway.co.kr 한국도로공사

기타 정부관계부서

7. 지역분석관련 사이트

해당지역 시·군·구청 통계연보 : 해당 지자체 인터넷홈페이지

입지 및 상권 정보 : www.sbdc.or.kr 소상공인지원센타

지리(지도/지형) 정보 : www.ngi.go.kr 한국지리정보원

www.moct.go.kr 국토해양부

농어촌 지형정보 : rgis.karico.co.kr 농어촌 지형정보 시스템

항공사진 정보 : www.rtouch.com : 서울 항공사진 사이트

www.moct.go.kr 국토해양부

지가동향 및 택지개발지구 정보 : www.iklc.co.kr 토지개발공사

www.moct.go.kr 국토해양부

과거정보 조사 : www.kinds.or.kr 한국언론재단

www.egov.go.kr 한국전자정부

재개발·재건축 정보 : 각 광역자치단체 도시계획국

8. 개별분석 사이트

등기부등본 열람 : www.registry.scourt.go.kr 대법원

토지 및 건물관련 공부 : www.egov.go.kr 한국전자정부

개별공시지가 : www.moct.go.kr 국토해양부

해당 광역 및 기초 자치단체 홈페이지

표준지 공시지가 : www.moct.go.kr 국토해양부

기준시가 : www.moct.go.kr 국토해양부

공동주택 단지 정보 : 해당 지자체 홈페이지

기타 부동산 정보망

9. 기타 분석에 필요한 사이트

www.kamco.or.kr 한국자산관리공사

www.krihs.re.kr 국토연구원

elib.cric.or.kr 건설연구 정보센타

www.atarment.or.kr 대한주택관리사협회

www.kha.co.kr : 한국주택협회

www.maf.go.kr : 농림식품관리부

투자권유 준칙

(2009. 2. 4. 제정)

제1장 총칙

제1조(목적) 이 준칙은 「자본시장과 금융투자업에 관한 법률」(이하 "법"이라 한다) 제50조 제1항에 따라 회사의 임직원과 회사로부터 투자권유를 위탁받은 투자권유 대행인이 고객에게 투자권유를 함에 있어 준수하여야 할 구체적인 절차 및 기준 등을 정함을 목적으로 한다.

제2조(용어의 정의) 이 준칙에서 사용하는 용어의 정의는 다음 각 호와 같다. 다만, 이 준칙에서 정하지 아니한 용어는 법·법시행령·법시행규칙·금융투자업규정 등 관계법령(이하 "관계법령 등"이라 한다)에서 정하는 바에 따른다.

1. "투자권유"란 특정 투자자를 상대로 금융 투자상품의 매매(관리신탁계약 및 투자성 없는 신탁계약을 제외한 신탁계약을 말하며, 이하 같다)를 권유하는 것을 말한다. 법 제57조 제1항에서 규정하는 투자광고는 투자권유로 보지 아니한다.
2. "전문투자자"란 전문성 구비여부, 소유자 규모 등에 비추어 투자에 따른 위험감수 능력이 있는 고객으로서 법 제9조 제5항에서 정하는 자를 말한다.
3. "일반투자자"란 전문투자자가 아닌 고객을 말한다. 다만, 전문투자자 중 법시행령 제10조 제1항 각 호 이외의 자가 일반투자자와 동일한 대우를 받겠다는 의사를 회사에 서면으로 통지하고 회사가 이에 동의한 경우에는 일반투자자로 본다.
4. "투자권유대행인"이란 법 제51조에 따라 협회에 투자권유 대행인으로 등록된 자를 말한다.

제3조(투자자의 구분) ① 임직원 등은 투자권유 이전에 고객이 일반투자자인지 전문투자자인지 여부를 확인하여야 하며, 법 제9조 제5항에 따라 일반투자자로 전환할 수 있는 전문투자자에 대해서는 일반투자자로 전환할 수 있다는 사실을 알려야 한다.

② 회사는 일반투자자로 전환할 수 있는 전문투자자가 서면으로 일반투자자로의 전환을 통지하는 경우 정당한 사유가 있는 경우를 제외하고는 이에 동의하여야 한다. 이 경우 해당 전문투자자는 일반투자자로 본다.

③ 일반투자자로 전환한 전문투자자는 서면 통지에 의해 다시 전문투자자로 전환할 수 있다.

④ 회사는 전문투자자의 일반투자자 전환 내역 등에 대한 기록을 유지하여야 한다.

제2장 투자권유 준칙

제4조(투자권유의 원칙) 회사 및 임직원 등은 투자자 보호와 공정거래 질서의 유지를 위하여 다음 각 호의 사항을 성실히 준수하여야 한다.

1. 관계법령 등을 준수하고, 신의성실의 원칙에 따라 정직하고 공정하게 임무를 수행한다.
2. 고객에 대하여 선량한 관리자로서의 주의의무를 다한다.
3. 고객이 합리적인 의사결정을 하는 데 필요한 정보를 고객에게 충분히 제공한다.
4. 이해상충이 발생할 가능성이 있는 거래에 대하여는 고객의 이익이 침해받지 아니하도록 이해상충 가능성을 최대한 낮출 수 있는 조치를 취한 후 매매, 그 밖에 거래를 하며 이해상충이 불가피한 경우에는 이러한 사실을 고객에게 통지하고 고객이 이로 인한 피해를 받지 않도록 적절한 조치를 취한다.
5. 임직원 등의 영업을 감독하는 책임자는 임직원 등이 투자권유를 함에 있어 관계법령 등 및 내부 통제기준을 준수하는지 철저히 감독한다.

제5조(고객의 확인) ① 임직원은 고객(일반투자자인 고객을 말한다. 이하 제6조, 제7조에서 같다)이 신탁계약을 처음으로 체결하는 경우 <별표 1>의 "투자정보 확인서"에 따라 투자목적, 재산상황 및 투자경험 등의 정보(이하 "투자정보"라 한다)를 확인하고, 해당 고객으로부터 서명(「전자서명법」 제2조 제2호에 따른 전자서명을 포함하며, 이하 같다), 기명날인, 녹취, 전자우편 또는 그 밖에 이와 유사한 전자통신, 우편, 전화자동응답시스템(이하 "서명 등"이라 한다)의 방법으로 확인을 받아 유지·관리하여야 한다.
② 회사는 제1항에 따라 확인한 투자자 정보의 내용을 5년 이상의 기간 동안 유지·보관하여야 하며, 고객의 요청이 있을 경우 관련기록을 지체 없이 제공하여야 한다.
③ 제1항 내지 제2항은 정보 미제공 고객에 대하여는 적용하지 아니한다.

제6조(투자권유의 적합성 확보) ① 임직원 등은 투자권유를 원하지 않는 고객에 대하여는 투자권유를 하여서는 아니 된다.
② 임직원 등은 고객에게 투자권유를 함에 있어 해당 고객의 투자자 정보에 비추어 해당 고객에게 적합하지 아니 하다고 인정되는 투자권유를 하여서는 아니 된다.
③ 임직원 등은 투자자 정보에 관한 정보 중 일부만을 제공한 고객에 대하여는 해당 고객이 제공한 정보의 범위 내에서 적합한 투자권유를 하여야 한다.
④ 임직원 등은 투자권유 시 자신의 성명, 직책, 연락처, 고객이 금융 투자상품 등에 대해 문의할 수 있는 콜센터 또는 상담센터 등의 이용방법 등을 고객에게 알려 주어야 한다.

제7조(설명 및 위험고지) ① 임직원 등은 투자권유 시 고객이 서명 또는 기명·날인의 방법으로 수령을 거부하거나 설명서에 갈음하는 투자설명서를 교부하는 경우를 제외하고는 금융 투자상품 등의 내용, 투자에 따르는 위험, 금융 투자상품 등의 투자성에 관한 구조 및 성격, 고객이 직접 또는 간접으로 부담하는 수수료 등 비용에 관한 사항, 계약의 해제·해지에 관한 사항 등을 명시한 설명서를 교부하고 고객이 이해할 수 있도록 충분히 설명하여야 한다.
② 임직원 등은 제1항에 따라 고객이 충분히 설명을 듣고 그 내용을 이해하였음을 해당 고객으로부터 서명 등의 방법으로 확인을 받아야 한다.
③ 임직원 등은 고객에게 제1항의 규정에 따른 설명을 함에 있어 고객의 합리적인 투자판단 또는 금융 투자상품 등의 가치에 중대한 영향을 미칠 수 있는 중요사항을 거짓으로 설명하거나 누락하여서는 아니 된다.
④ 임직원 등은 고객에게 투자권유를 하는 경우 해당 투자가 고객 자신의 판단과 책임으로 이루어짐을 고지하여야 한다.

제8조(부당권유의 금지) 임직원 등은 투자권유를 함에 있어 다음 각 호의 어느 하나에 해당하는 행위를 하여서는 아니 된다.

1. 거짓의 내용을 알리는 행위
2. 불확실한 사항에 대하여 단정적 판단을 제공하거나 확실하다고 오인하게 할 소지가 있는 내용을 알리는 행위
3. 고객으로부터 투자권유의 요청을 받지 아니하고 방문·전화 등을 실시간 대화의 방법을 이용하는 행위
4. 투자권유를 받은 고객이 이를 거부하는 취지의 의사를 표시하였음에도 불구하고 투자권유를 계속하는 행위, 다만, 투자자 보호 및 건전한 거래질서를 해할 우려가 없는 행위로서 투자권유를 받은 고객이 이를 거부하는 취지의 의사를 표시한 후 1개월이 지난후에 다시 투자권유를 하는 행위를 제외한다.

제9조(계약 서류의 교부) 임직원은 고객과 계약을 체결한 경우 그 계약 서류를 고객에게 지체 없이 교부하여야 한다. 다만, 계약내용 등을 고려하여 투자자 보호를 해할 우려가 없는 경우로 다음 각 호의 어느 하나에 해당하는 경우에는 계약 서류를 교부하지 아니할 수 있다.

1. 고객이 계약 서류의 수령을 거부한다는 의사를 서면으로 표시한 경우
2. 고객이 우편으로 계약 서류를 수령할 의사를 서면으로 표시한 경우로 고객의 의사에 따라 우편으로 계약 서류를 제공하는 경우
3. 그 밖에 투자자 보호를 해할 우려가 없는 경우로 금융위원회가 정하여 고지하는 경우

제10조(직무관련 정보의 이용금지) 임직원 등은 직무상 알게 된 정보로 외부에 공개되지 아니한 정보를 정당한 사유 없이 자기 또는 제삼자의 이익을 위하여 이용하여서는 아니 된다.

제11조(실명확인 및 금융거래의 비밀보장) ① 임직원은 신탁계약을 체결한 경우 「금융실명거래 및 비밀보장에 관한 법률」(이하 "금융실명법"이라 한다)에 따라 주민등록증 또는 운전면허증 등 적격한 신분증에 의하여 실지명의를 확인하여야 한다.

② 임직원은 명의인(위탁자 또는 수익자를 말한다)의 서면상의 요구나 동의를 받지 아니하고는 그 금융거래의 내용에 대한 정보 또는 자료를 타인에게 제공하거나 누설하여서는 아니 된다. 다만, 금융실명법 제4조 제1항 단서에 따른 법원의 제출명령 등에 의하여 그 사용목적에 필요한 최소한의 범위 안에서 거래정보 등을 제공하는 경우에는 그러하지 아니하다.

제12조(특정금융거래 정보보고 등) ① 회사 및 임직원은 고객의 금융거래가 「특정금융거래 정보의 보고 및 이용 등에 관한 법률」 제4조 또는 제4조의2에 해당하는 경우 그 사실을 동법에서 정하는 절차에 따라 금융정보분석원장에게 보고하여야 한다.

② 회사 및 임직원은 금융거래와 관련하여 수수한 재산이 「범죄수익 은닉의 규제 및 처벌 등에 관한 법률」 제2조 제4호에서 정하는 범죄수익 등이라는 사실을 알게 된 때 또는 금융거래 상대방이 동법 제3조의 죄에 해당하는 행위를 하고 있다는 사실을 알게 된 때에는 지체 없이 관할수사기관에 신고하여야 한다.

제13조(손실보전 등의 금지) 임직원은 신탁계약의 체결과 관련하여 다음 각 호의 어느 하나에 해당하는 행위를 하여서는 아니 된다. 임직원 등이 자기의 계산으로 하는 경우에도 또

한 같다.

1. 고객이 입을 손실의 전부 또는 일부를 보전하여 줄 것을 사전에 약속하는 행위
2. 고객이 입을 손실의 전부 또는 일부를 사후에 보전하여 주는 행위
3. 고객에게 일정한 이익을 보장할 것을 사전에 약속하는 행위
4. 고객에게 일정한 이익을 사후에 제공하는 행위

제3장 투자권유 대행인

제14조(위탁계약의 체결) ① 회사가 투자권유 업무를 위탁하고자 하는 경우 투자권유 대행인과 투자권유 위탁계약을 체결하여야 한다.

② 회사가 투자권유 대행인과 체결하는 위탁계약에는 다음 각 호의 내용이 포함되어야 한다.

1. 위탁의 범위
2. 투자권유 업무를 대행함에 있어 고객에게 손해를 입힌 경우 회사가 민법 제756조의 배상책임을 부담하고, 투자권유 대행인에게 구상권을 행사할 수 있다는 내용
3. 투자권유 업무를 대행함에 있어 관계법령 등 및 이 준칙을 준수한다는 내용

제15조(투자권유대행인의 금지행위 등) ① 투자권유 대행인은 다음 각 호의 어느 하나에 해당하는 행위를 하여서는 아니 된다.

1. 회사를 대리하여 계약을 체결하는 행위
2. 고객으로부터 금전·증권, 그 밖의 재산을 수취하는 행위
3. 회사로부터 위탁받은 투자권유 대행업무를 제삼자에게 재위탁하는 행위
4. 고객을 대리하여 계약을 체결하는 행위
5. 고객으로부터 금융 투자상품 등에 대한 매매권한을 위탁받는 행위
6. 제삼자로 하여금 고객에게 금전을 대여하도록 중개·주선 또는 대리하는 행위
7. 신탁재산을 각각의 고객별 또는 신탁재산별로 운용하지 아니하고 집합하여 운용하는 것처럼 그 신탁계약의 체결에 대한 투자권유를 하거나 투자광고를 하는 행위
8. 둘 이상의 금융투자회사와 투자권 위탁계약을 체결하는 행위
9. 금융 투자상품 등의 매매, 그 밖의 거래와 관련하여 고객에게 협회 및 회사가 정하는 한도를 초과하여 직접 또는 간접적인 재산상의 이익을 제공하면서 투자 권유하는 행위
10. 금융 투자상품 등의 가치에 중대한 영향을 미치는 사항을 사전에 알고 있으면서 이를 고객에게 알리지 아니 하고 당해 금융 투자상품의 매수 또는 매도를 권유하는 행위
11. 투자목적, 재산상황 및 투자경험 등을 감안하지 아니하고 고객에게 지나치게 빈번하게 투자권유를 하는 행위
12. 자기 또는 제3자가 소유한 금융 투자상품 등의 가격상승을 목적으로 고객에게 해당 금융 투자상품 등의 취득을 권유하는 행위
13. 고객이 법 제178조(부정거래행위 등의 금지)에 위반하는 매매, 그 밖의 거래를 하고자 함을 알고 그 매매, 그 밖의 거래를 권유하는 행위
14. 금융 투자상품 등의 매매, 그 밖의 거래와 관련하여 고객의 위법한 거래를 은폐하여 주기 위하여 부정한 방법을 사용하도록 권유하는 행위
15. 금융 투자상품 등의 매매, 그 밖에 거래에 관한 정보를 관리하는 행위

16. 회사로부터 위탁받은 업무 범위 이외에 다른 금융 투자상품 등의 매매 또는 계약체결을 권유하는 행위
17. 투자권유와 관련하여 회사가 승인하지 않은 자료나 홍보물 등을 배포하거나 사용하는 행위
18. 부장, 실장 등 고객이 자신을 회사의 임직원으로 오인케 할 수 있는 명칭이나 명함, 기타의 표시 등을 하는 행위
19. 영업점에 투자권유 대행인의 영업공간을 설치하는 행위
20. 업무 보조원을 채용하는 행위
② 투자권유 대행인은 투자권유를 대행함에 있어 고객에게 <별표 2>의 "투자권유 대행인 의무 표시사항"을 미리 알려야 하며, 자신이 투자권유 대행인이라는 사실을 나타내는 표지를 게시하거나 증표(협회로부터 발급받은 투자권유 대행인 등록증을 말한다)를 고객에게 제시하여야 한다.

제16조(등록의 효력정지 및 말소) ① 투자권유 대행인이 다음 각 호의 어느 하나에 해당되어 협회로부터 등록의 효력정지 조치를 부과받은 경우 해당기간 동안 투자권유를 하여서는 아니 된다.
1. 금융위원회가 법 제53조 제2항에 따라 투자권유 대행인에게 직무정지 조치를 부과한 경우, 이 경우 등록의 효력정지 기간은 직무정지 기간으로 한다.
2. 협회가 실시하는 보수교육을 이수하지 아니한 경우, 이 경우 등록의 효력정지 기간은 보수교육을 이수하지 아니한 해의 다음 해 1월 1일부터 보수교육 이수 시까지로 한다.
② 투자권유 대행인은 금융위원회가 투자권유 대행인 등록을 취소하거나 회사가 투자권유업무 위탁계약을 해지하여 등록이 말소된 경우 등록이 취소된 날부터 3년 이내 또는 금융 투자회사와 업무 위탁계약을 다시 체결하기 전까지 투자권유 대행인으로서의 업무를 수행할 수 없다.

제4장 보 칙

제17조(점검) 준법 감시인은 투자권유 준칙의 적정성 및 임직원 등의 투자권유 준칙 준수여부를 주기적으로 점검하고 그 결과를 기록 · 유지하여야 한다.

부칙

이 준칙은 2009. 2. 4.부터 시행한다.

투 자 정 보 확 인 서

(년 월 일)

- 귀하는 「자본시장 및 금융투자사업에 관한 법률」 제9조(그 밖의 용어의 정의) 제5항 및 동법 시행령 제10조(전문투자자의 범위 등)에 의거 전문투자자의 범위에 해당되지 않음에 따라 <u>일반고객으로 분류</u>되었음을 알려 드립니다.
- <u>일반고객으로 분류되는 경우</u>에는 전문투자자에 비하여 상기 법률에 따라 <u>투자권유시 엄격한 적합성의 원칙이 적용</u>됨을 알려 드립니다.
  - 고객의 투자목적, 재상상태, 투자내역, 위험에 대한 태도에 따른 금융투자상품의 투자권유
- 투자정보확인서는 회사가 일반투자자의 투자목적, 재산 및 소득현황, 투자경험, 금융투자상품에 대한 지식, 위험선호도 등을 감안한 투자권유를 하기 위하여 징구하는 서류로서, 고객보호를 위하여 작성하는 것으로, 귀하의 동의 없이 다른 목적으로 사용하지 않습니다. 고객님께서는 설문 중 일부를 기재할 수 있으며 이때에는 기재하신 범위 내에서만 보호받을 수 있습니다.

□투자정보 작성(기재항목 중 해당되는 □란에 √를 하여 주시기 바랍니다.)

자산부채현황 (개 인)	총자산	부동산	□1억원이하□5억원이하□10억원이하 □50억원이하 □100억원이하 □100억원초과 □기타(기재 ;)		
		동산	□1억원이하□5억원이하□10억원이하 □50억원이하 □100억원이하 □100억원초과 □기타(기재 ;)		
	총부채	백만 원			
자산부채현황 (법 인)	총자산	백만 원		매출액	백만 원
	총부채	백만 원		당기순이익	백만 원
신탁거래목적	□부동산의 개발□임대운용□분양 □부동산의 종합적 관리□부동산의 소유 명의 관리 □부동산의 처분□부동산의 담보제공□기타 ( )				
신탁거래경험	신탁거래상품 : 신탁거래기간 :~			신탁상품 이 해 도	□상□중□하
위험에 대한 태도	□가장 비중 있게 고려하는 것은 원본 보장이다. □신탁목적의 달성을 위해서는 원본 손실도 감내할 수 있다.				

등기예규 제1282호

외국인 및 재외국민의 국내부동산 취득 등에 따른 등기신청절차

제정 1992.08.20. 등기예규 제776호

개정 1995.06.30. 등기예규 제818호

개정 1997.10.17. 등기예규 제892호

개정 1999.03.24. 등기예규 제967호

개정 1999.07.06. 등기예규 제980호

전면개정 2000.04.10. 등기예규 제992호

개정 2007.12.11. 등기예규 제1219호

개정 2009.04.10. 등기예규 제1282호

1. **외국인**: 대한민국의 국적을 보유하고 있지 아니한 자를 말한다.

가. 처분

   (1) 외국인이 입국하지 않고 국내부동산을 처분하는 경우의 신청서에 첨부할 서면(일반적으로 등기신청에 필요한 서면은 제외하며 이하 같다)

   (가) 처분위임장

   ① 위임장의 양식은 특별히 규정된 바 없으나 처분대상의 부동산과 수임인이 구체적으로 특정되도록 기재하여야 한다.

   ② 위임하고자 하는 법률행위의 종류와 위임취지(처분권한 일체를 수여한다는 등)가 기재되어야 한다.

   (나) 인감증명

   ① 인감증명의 날인제도가 없는 외국인은 위임장에 한 서명에 관하여 본인이 직접 작성하였다는 취지의 본국 관공서의 증명이나 이에 관한 공증이 있어야

한다.

② 인감증명의 날인제도가 있는 외국인(일본인, 대만인)은 위임장에 날인한 인감과 동일한 인감에 관하여 그 관공서가 발행한 인감증명이 있어야 한다.

(다) 주소를 증명하는 서면

① 본국 관공서의 주소증명서 또는 거주사실증명서(예를 들어, 일본, 독일, 프랑스, 대만 등의 경우)를 첨부하여야 한다.

② 본국에 주소증명서 또는 거주사실증명서를 발급하는 기관이 없는 경우(예를 들어, 미국, 영국 등의 경우)에는 주소를 공증한 서면을 첨부하여야 한다. 다만 이 경우에도 주소증명서에 대신할 수 있는 증명서(예컨대, 운전면허증 또는 신분증 등)를 본국 관공서에서 발급하는 경우, 관할등기소의 등기관에게 그 증명서 및 원본과 동일하다는 취지를 기재한 사본을 제출하여 원본과 동일함을 확인받은 때 또는 그 증명서의 사본에 원본과 동일하다는 취지를 기재하고 그에 대하여 본국 관공서의 증명이나 공증인의 공증 또는 외국주재 한국대사관이나 영사관의 확인을 받은 때에는 그 증명서의 사본으로 주소를 증명하는 서면에 갈음할 수 있다.

(라) 외국국적 취득으로 성명이 변경된 경우

변경 전의 성명(등기부상 성명)과 변경 후의 성명이 동일인이라는 본국 관공서의 증명 또는 공증이 있어야 한다.

(마) 번역문

신청서에 첨부된 서류가 외국어로 되어 있으면 모두 번역문을 첨부하여야 한다.

(2) 외국인이 입국하여 국내부동산을 처분하는 경우

첨부 서면은 위 (1)의 경우와 같다. 다만, (가) 주소증명은 외국인등록사실증명 또는 국내거소신고를 한 외국국적 동포의 경우에는 국내거소신고사실증명(재외동포의 출입국과 법적 지위에 관한 법률 제7조 제5항의 규정에 의한 국내거소신고사실증명을 말하며 이하 같다)으로도 가능하다.

(나) 날인제도가 없는 외국인의 인감증명에 관하여는 신청서 또는 위임장 등에 한 서명이 본인의 것임을 증명하는 주한 본국 대사관이나 영사관의 확인서면으로도 가능하며, 출입국관리법에 의하여 외국인등록을 한 자는 인감증명법에 의한 인감증명을 발급받아 제출할 수 있다(인감증명법 제3조 제3항).

(3) 수임인의 신청

(가) 수임인은 그가 본인(외국인)의 대리인임을 현명하고 대리인 자격으로 직접 신청하거나 법무사 등에게 그 신청을 위임할 수 있다. 이때 수임인의 인감증명을 제출하여야 한다.

(나) 원인증서도 수임인이 본인을 위한 것임을 표시하고 대리인 자격으로 작성한다.

나. 취득

(1) 외국인 부동산등기용 등록번호를 부여받아야 한다. 다만, 국내거소신고를 한 외국국적 동포의 경우에는 국내거소신고번호(재외동포의 출입국과 법적 지위에 관한 법률 제7조 제1항에 의한 국내거소신고번호를 말하며 이하 같다)로 이에 갈음할 수 있다. 외국인의 그 등록번호 부여신청은 체류지 출입국관리 사무소장 또는 출입국관리 사무소출장소장에게 한다. 다만 국내에 체류지가 없는 경우에는 대법원 소재지 출입국관리 사무소장 또는 출입국관리 사무소출장소장에게 이를 한다(부동산등기법 제41조의2 제1항 제4호).

(2) 토지취득허가증 등의 첨부

(가) 계약을 원인으로 하여 토지를 취득하는 경우「외국인토지법」제4조 제2항 각 호의 1(「재외동포의 출입국과 법적 지위에 관한 법률」에 의하여 국내거소신고를 한 외국국적 동포에 대하여는 같은 항 제1호)에 해당하는 때에는 시장·군수·구청장의 토지취득 허가증을 첨부하여야 한다. 다만, 위 각 호의 1에 해당하지 않는 때에는 이를 소명하기 위하여 토지이용계획 확인서를 첨부하여야 한다.

(나)「국토의 계획 및 이용에 관한 법률」제118조에 따라 토지거래계약 허가증을 첨부한 경우에는 위 (가)의 토지취득 허가증은 첨부하지 아니한다.

(3) 주소증명은 위 처분 시 첨부할 서면에서와 같다[가(1)(다), (2)(가) 참조].

2. **재외국민**: 대한민국에 현재하지 아니한 자로서 국외로 이주를 하여 주민등록이 말소되거나 처음부터 없는 자를 뜻하며 단지 해외여행자는 이에 포함되지 않는다.

가. 처분

(1) 재외국민이 귀국하지 않고 국내부동산을 처분할 경우 신청서에 첨부할 서면

   (가) 처분위임장: 위 외국인과 같다.

   (나) 인감증명

      그 위임장에 찍힌 인영이 본인의 것임을 증명하기 위하여 본인의 인감증명(우리나라의 인감증명)을 제출하여야 한다. 이때 그 등기 원인이 매매인 경우에는 부동산 매수자 란에 매수자의 성명·주소(법인인 경우에는 법인명과 주된 사무소의 소재지) 및 주민등록번호를 기재한 부동산 매도용 인감증명서를 제출하여야 한다(「인감증명법 시행령」 제13조 제3항 참조).

   (다) 주소를 증명하는 서면

      외국주재 한국 대사관 또는 영사관에서 발행하는 재외국민 거주사실증명 또는 재외국민 등록부등본을 첨부해야 한다. 다만 주재국에 본국 대사관 등이 없어 그와 같은 증명을 발급받을 수 없을 때에는 주소를 공증한 서면으로 갈음할 수 있다.

(2) 재외국민이 귀국하여 국내부동산을 처분하는 경우

   첨부서면은 위 (1)의 경우와 같다. 다만, 주소를 증명하는 서면은 국내거소신고사실증명으로도 가능하다.

(3) 수임인의 신청: 외국인과 같다.

나. 취득

(1) 주소를 증명하는 서면: 위 처분에 관하여 설명한 바와 같다[2가(1)의 (다), (2) 참조].

(2) 부동산등기용 등록번호

   재외국민이 등기권리자(취득, 상속 등)로서 신청하는 때에 주민등록번호가 없는 경우에는 대법원 소재지 관할등기소(현재 서울중앙지방법원 등기과)에서 부동산등기용 등록번호를 부여받아야 한다(재외국민은 국내거소신고번호를 부여받은 때에도 이로 부동산등기용 등록번호에 갈음할 수 없으며, 종전에 주민등록번호를 부여받은 재외국민은 새로이 부동산등기용 등록번호를 부여받지 않는다).

다. 상속에 있어서의 특례

재외국민의 상속재산의 협의분할 시 인감증명은 상속재산 협의분할서상의 서명 또는 날인이 본인의 것임을 증명하는 재외공관의 확인서 또는 이에 관한 공정증서로 대신할 수 있다.

(출처: 외국인 및 재외국민의 국내부동산 처분 등에 따른 등기신청절차 등기예규 제 1282호 2009.04.10. 개정)

등기선례 7-69: 공동상속인 중 1인이 재외국민인 경우 다른 상속인에 의한 상속등기 시 주소증명 서면

공동상속의 경우 상속인 중 1인(갑)은 상속관계를 증명하는 서면(제적·호적등본)과 상속인들의 주소를 증명하는 서면 등을 첨부하여 상속인 전원을 위하여 상속등기를 신청할 수 있는바, 공동상속인 중 1인(을)이 재외국민인 경우에는 등기신청서에 그 주소를 증명하는 서면으로 외국주재 우리나라 대사관(또는 영사관)에서 발행하는 **재외국민 거주사실증명** 또는 **재외국민 등록부등본** 등을 첨부하여야 한다. 다만 (을)이 위 거주사실증명서 등의 교부신청에 협력하지 아니하는 경우에는 (을)의 국외주소를 증명하는 그 밖의 다른 서면을 제출하여도 될 것이나, 실제로 제출된 서면이 (을)의 주소를 증명하는 서면에 해당된다고 볼 것인지 여부는 당해 등기신청사건을 처리하는 등기관이 판단하여야 할 사항이다.

(2002.4.30. 등기 3402-253 질의회답)

참조예규: 등기예규 제992호

참조선례: 선례 요지집 Ⅳ 제145항

공동상속인 중 1인이 재외국민인 경우 다른 상속인에 의한 상속등기 시 주소증명 서면 등기선례 7-69 2002.04.30. 제정

등기선례 7-74: 공동상속인 중 일부인 재외국민이 상속등기를 기피할 목적으로 현주소를 증명하는 서면(재외국민 등록부등본)의 교부신청에 협력하지 아니하는 경우 등기방법

1. 상속등기를 신청할 때 상속인이 재외국민인 경우 주소를 증명하는 서면으로서 외교통상부나 외국주재 본국 대사관이나 영사관에서 발부하는 **재외국민 거주사실증**

명 또는 **재외국민 등록부등본**을 첨부하되 주재국에 본국 대사관 등이 없어 그와 같은 증명을 발급받을 수 없을 때에는 **주소를 공증한 서면으로 갈음할 수 있는**바, 공동 상속인 중 일부인 재외국민이 상속등기를 기피할 목적으로 재외국민 등록부등본의 교부신청에 협력하지 아니하여 현주소를 알 수 없을 때는 그 상속인의 주소를 증명하는 서면으로 **말소된 주민등록표등본과 재외국민의 현주소를 알 수 없다는 소명자료**를 첨부하여 **말소된 주민등록표등본상 최후주소**로 상속등기를 신청할 수 있다.

2. 상속등기 신청인(대위신청인 포함)이 외교통상부장관에게 그 재외국민의 재외국민 등록부등본의 교부를 신청하였다가 재외국민의 위임을 받지 아니하였다는 이유로 교부를 거부한 취지의 외교통상부 공문은 위 소명자료에 해당된다.

(2003.03.03. 부등 3402-129 질의회답)

참조조문: 부동산등기법 제40조, 재외국민등록법 제7조, 동법 시행령 제5조

참조예규: 등기예규 제992호

참조선례: 등기선례 요지집 Ⅳ 제145항, 제148항, Ⅵ 제203항

공동상속인 중 일부인 재외국민이 상속등기를 기피할 목적으로 현주소를 증명하는 서면(재외국민 등록부등본)의 교부신청에 협력하지 아니하는 경우 등기방법 등기선례 7-74 2003.03.03. 제정

등기선례 3-853: 명의신탁해지를 원인으로 한 종중 명의로 소유권이전 등기신청 시 농지매매증명 첨부 여부

판결에 의하여 농지에 대하여 명의신탁해지를 원인으로 한 종중 명의로 소유권이전 등기신청을 하는 경우에는, **농지매매증명을 첨부**하여야 한다(농지개혁법 제19조 제2항, 부동산등기특별조치법 제5조 제1항, 등기예규 제92항, 제114항 참조). 다만 당해 농지가 농지개혁법 시행 당시 이미 그 종중의 위토임을 증명하는 **위토확인증**(농지개혁법 제6조 제7호, 제19조 제2항, 동법시행규칙 제11조, 제12조, 농지임대차관리법시행령 제2조, 동법시행규칙 제2조 참조)을 제출하는 경우에는 농지매매증명을 제출할 필요는 없을 것이다.

진정한 등기명의의 회복을 등기원인으로 하여 소유권이전 등기신청을 할 수 있는 경우는 이미 자기(즉 종중)앞으로 소유권을 표상하는 등기가 되어 있었거나 법률의 규정에 의하여 소유권을 취득한 때에만 해당된다.

1991.05.11. 등기 제992호

참조예규: 제597항, 제598항

참조선례: 선례요지 Ⅰ 제784, 제799항

명의신탁해지를 원인으로 한 종중 명의로 소유권이전 등기신청 시 농지매매증명 첨부여부 등기선례 3-853 1991.05.11. 제정

등기선례 7-80: 상속등기를 신청하고자 할 때, 공동상속인 중 국적을 상실한 자가 행방불명이 되어 부동산등기용 등록번호를 부여받지 못한 경우 등기방법

상속등기를 신청하고자 할 때, 공동상속인 중 국적을 상실한 자가 있으면 그 자에 대하여는 부동산등기법 제41조의2 제1항 제4호의 규정에 의한 **부동산등기용 등록번호를 증명하는 서면을 첨부**하여야 하나, 그 상속인이 행방불명이 되어 부동산등기용 등록번호를 부여받을 수 없는 경우에는 이를 소명하여 부동산등기용 등록번호를 병기하지 아니하고 다른 상속인 또는 대위채권자는 상속등기를 등기신청을 할 수 있다.

(2003.12.11. 부등 3402-685 질의회답)

참조예규: 등기예규 제992호

참조선례: 등기선례 요지집 Ⅳ 제265항, Ⅴ 제116항, 본집 제68항

상속등기를 신청하고자 할 때, 공동상속인 중 국적을 상실한 자가 행방불명이 되어 부동산등기용 등록번호를 부여받지 못한 경우 등기방법 등기선례 7-80 2003.12.11. 제정

등기선례 200601-5: 외국의 국적을 취득한 재외교민의 국내부동산 처분에 따른 등기신청 절차

외국시민권을 취득한 자가 국내에 입국하지 아니하고 국내소유 부동산을 처분하고 그에 따른 등기신청 행위를 할 경우에 제출하여야 하는 위임장에는 본인이 작성하였음이 틀림없다는 취지의 공증, 즉 위임장에 기재된 서명이 본인의 것임을 증명하는 본국 관공서(그 외국 관공서)의 증명이나 이에 관한 공증이 있어야 하므로 스웨덴 주재 대한민국대사관의 영사가 확인한 증명으로는 이를 대신할 수 없다.

(2006.01.23. 부동산등기과-169 질의회답)

참조예규: 등기예규 제992호, 제740호

참조선례: 등기선례 Ⅰ 제37항, Ⅱ 제22항, 제126항

외국의 국적을 취득한 재외교민의 국내부동산 처분에 따른 등기신청절차 등기선
례 200601-5 2006.01.23. 제정

등기선례 200610-12: 외국인이 국내부동산 처분 시 제출하여야 하는 본국 관공서의 인감증명

인감증명 날인제도가 있는 국가의 외국인이 국내부동산 처분에 따른 소유권이전
등기신청 시 첨부하는 본국 관공서 발행의 인감증명은 인감증명법 시행령 제13조 제
3항이 적용되지 않으므로, 매수인의 인적사항이 기재된 부동산 매도용임을 요하지
않는다.

(2006.10.31. 부동산등기과-3230 질의회답)

참조조문: 인감증명법 시행령 제13조 제3항

참조예규: 등기예규 제992호

외국인이 국내부동산 처분 시 제출하여야 하는 본국 관공서의 인감증명 등기선례
200610-12 2006.10.31. 제정

등기선례 7-13: 외국인이 국내에 입국하지 아니하고 그 명의의 근저당권 설정등기를 말소(또는 이전)하기 위한 절차

국내부동산에 등기된 근저당권 설정등기의 근저당권자인 외국인이 국내에 입국하
지 아니하고 근저당권 설정등기를 말소(또는 이전)하기 위하여 국내에 있는 특정인
에게 그 말소(또는 이전)에 관한 일체의 권한을 수여하는 내용의 위임장을 교부한 경
우, 그 위임을 받은 대리인은 본인의 대리인임을 현명하여 등기원인에 관한 법률행
위(해지증서 또는 양도증서 작성)와 그에 따른 등기신청을 할 수 있을 것이다. 이 경
우 수임인이 등기신청을 함에 있어서 제출할 서류 중 위임장에 관하여는 여기에 기
재된 서명(또는 날인)이 본인의 것임을 증명하는 본국 관공서의 증명이나 이에 관한
공증인의 공증이 있어야 하고, 위임장 등이 외국어로 된 경우에는 그 번역문을 첨부
하여야 할 것이다.

(2002.03.21. 등기 3402-184 질의회답)

참조예규: 등기예규 제992호

참조선례: 등기선례 요지집 Ⅰ 제43항, Ⅴ 제23항

외국인이 국내에 입국하지 아니하고 그 명의의 근저당권 설정등기를 말소(또는 이전)하기 위한 절차 등기선례 7-13 2002.03.21. 제정

등기선례 200510-5: 인감증명을 제출하여야 하는 외국인이 본국 이외 국내 공정증서를 제출하는 것도 가능한지 여부

부동산등기법 시행규칙 제53조에 의하여 인감증명을 제출하여야 하는 자가 외국인으로서 본국에 인감증명 제도가 없고 또한 인감증명법에 의한 인감증명을 받을 수 없는 경우에 제출하게 되는 공정증서는 외국인 본국의 공정증서뿐만 아니라 국내 공정증서도 무방하다.

(2005.10.19. 부동산등기과-1761 질의회답)

참조예규: 등기예규 제992호

참조선례: 등기선례 요지집 Ⅲ 제214항

인감증명을 제출하여야 하는 외국인이 본국 이외 국내 공정증서를 제출하는 것도 가능한지 여부 등기선례 200510-5 2005.10.19. 제정

등기선례 7-82: 인감증명 대신 사용인감을 첨부하여 등기신청이 가능한지 여부(소극) 및 주민등록번호를 부여받은 재외국민이 부동산등기용 등록번호를 발급받을 수 있는지 여부(소극)

1. 인감증명의 제출을 요하는 부동산 등기신청 시(부동산등기법 시행규칙 제53조) 그 등기신청인이 주식회사인 때에는, 등기소에 신고된 인감(지배인이 등기 신청할 경우에는 신고된 지배인 인감)을 신청서나 위임장에 날인하여야 하며, 사용인감 기타 다른 인장을 날인하여 등기 신청할 수는 없다.

2. 재외국민이 등기권리자로서 등기 신청하는 때에 종전에 부여받은 주민등록번호가 있는 경우에는 새로이 부동산등기용 등록번호를 발급받을 수 없고 말소된 주민등록 등초본상의 주민등록번호로 등기 신청하여야 한다. 그리고 주민등록번호가 있는 재외국민이 국내거소신고번호로 사실상 등기되어 있다면 말소된 주민등록 등초본을 첨부하고 동일인임을 소명하여 국내거소신고번호를 주민등록번호로 경정할 수 있다.

(2002.08.10. 등기 3402-439 질의회답)

참조예규: 등기예규 제992호, 재민 84-7호

참조선례: 등기선례 요지집 Ⅵ 제84

(출처: 인감증명 대신 사용인감을 첨부하여 등기신청이 가능한지 여부(소극) 및 주민등록번호를 부여받은 재외국민이 부동산등기용 등록번호를 발급받을 수 있는지 여부(소극) 등기선례 7-82 2002.08.10. 제정)

등기선례 200712-1: 처분위임을 받아 매매로 인한 소유권이전 등기신청 시 첨부할 인감증명서

1. 부동산등기규칙 제53조는 소유권의 등기명의인이 등기의무자로서 등기를 신청하는 경우 등기의무자의 인감증명을 제출하도록 하고 있고 인감증명법 시행령 제13조 제3항은 부동산 매도용으로 인감증명을 발급받고자 하는 때에는 부동산 매수자란에 매수인의 성명·주소 및 주민등록번호를 기재하도록 하고 있으므로, 내국인이 국내부동산의 처분을 위임하여 수임인이 매매를 원인으로 소유권이전 등기신청하는 경우에는 인감증명은 위임인의 부동산 매도용 인감증명 및 수임인의 인감증명을 첨부하여야 한다.

2. 다만, 처분위임을 받은 수임인이 매수인이 되어 자기계약을 체결하는 경우에는 위임인이 그 계약을 허락한다는 취지가 기재된 공정증서 또는 위임인이 직접 발급받은 매수인이 수임인으로 기재된 부동산 매도용 인감증명서도 첨부하여야 한다.

(2007.12.12. 부동산등기과-3947 질의회답)

참조조문: 부동산등기규칙 제53조, 인감증명법시행령 제13조

참조예규: 등기예규 제1171호, 등기예규 제992호

처분위임을 받아 매매로 인한 소유권이전 등기신청 시 첨부할 인감증명서 등기선례 200712-1 2007.12.12. 제정

화해신청서(가건물임차권명도)

신청인 성명: ○○○

주소: 대전광역시 서구 내동 ○○번지

주민등록번호: 360604-2******

신청대리인성명: ○○○

주소: 대전광역시 유성구 지족동 ○○번지

피신청인 성명: ○○○

주소: 대전 유성구 원내동 ○○-○○

주민등록번호: 123456-7890134

가건물임차권 양도청구 화해사건

신청취지

신청인과 피신청인은 다음 화해조항 기재취지와 화해권고를 구합니다.

신청원인

1. 신청인은 2003년 8월 19일 신청인 소유의 가설건축물(컨테이너 2층 규모의 전시장)을 피신청인에게 보증금 일천오백만 원에 차임 월 사십만 원으로 임대차 기간은 2008년 9월 14일까지 5년간 임대차 계약을 체결하였습니다.

2. 그러나 임차인이 구임차인 장민식 씨가 사용했던 기상가설물을 인수하여 사용하게 됨에 따라 가설건축물에 대한 재산권행사 가능성이 있는바 작금에 위 당사자 간 상호 협의하여 다음 화해조항 기재와 같은 화해가 성립될 가능성이 보이므로 이에 화해신청을 합니다.

화해조항

1. 임차인은 임대인이 임대차 기간을 5년으로 하고 2년 후인 2005년 9월 15일 이후부터는 임대인과 임차인이 합의하여 임대료를 조정하기로 한다.

2. 임차인은 지상 가설건축물에 대해 임대차 기간이 종료되는 2008년 이후 본 가설건축물의 잔존수명 및 사용가능성에 관계없이 철거하기로 한다. 만일 임차인이 철거하지 않음으로써 임대인이 이를 철거하게 되었을 시는 철거비용과 폐기물 처리비용을 손해배상액 명목으로 보증금에서 제하고 부족금액은 임차인에게 청구하기로 한다.

3. 지상 가설건축물의 사용에 있어 현 임차인에 한하여 5년간 사용을 보장하고 임대차 기간종료 전 본 임대차 계약을 임차인의 요청에 의거 파기할 시는 위 2항의 절차를 적용하기로 한다.

4. 피신청인은 임차권을 임대인 승인 없이 타인에게 양도하거나 전대할 경우 기한 이익을 상실한다.

5. 신청인이 임대차 기간 중에 본 부동산을 매도할 시는 매수인이 가급적 본 임대차 계약에 의한 의무를 승계받도록 하며 매수인이 신축할 경우는 피신청인이 기한 이익을 양보하기로 한다.

6. 영업 중에 본 부동산에서 발생하는 인적·물적 사고에 대해서는 일체 민·형사상 책임을 임차인이 부담하기로 한다.

7. 피신청인은 임차 부동산과 관련하여 어떤 명목으로도 전 임차인에 대한 유익비, 권리금, 필요비 등 일체의 금원을 임대인에게 청구할 수 없다.

8. 피신청인은 2개월 이상 월 임대료를 연체할 때에는 기한 이익을 상실한다.

9. 화해비용은 임대인이 부담한다.

소명방법

1. 부동산 임대차계약서
2. 부동산 등기부등본
3. 피신청인 주민등록등본

첨부서류

1. 화해신청서 부본 3통
2. 위임장 1통

2003. 08. 20.

위 신청인 대리인 ○○○(인)

대전지방법원 귀중

참고문헌 및 자료 인용서적

1. 부동산학 개론(전병식 저, 새롬)
2. 부동산 컨설팅(이창석 저, 형설)
3. 부동산중개업 법령집(대한공인중개사협회)
4. 민법강의(김준호 저, 법문사)
5. 부동산공시법(김하연·윤용덕 공저, 예응)
6. 부동산성공비결33계명(이태교 저, 대한공인중개사협회)
7. 쉽게 풀어쓴 경매실무(이광수 편저, 새롬)
8. 부동산중개실무백과(대한공인중개사협회), 부동산중개실무백과(대한공인중개사협회)
9. 부동산중개실무(김학환·최정렬 공저, 법률시대)
10. 창업과 부동산 입지(전준우 저, 한국부동산경매연구원)
11. 부동산 창업·중개실무(대한공인중개사협회)
12. 부동산개발컨설팅(대한공인중개사협회)
13. 부동산가이드북(부동산 서브)
14. 부동산 컨설팅사례분석(이창석 저, 형설)
15. 부동산 컨설팅업 경영과 실무(이원준 편저, 경녹)
16. 부동산 주거와 투자분석(이창석 외 8인 공저, 형설)
17. 부동산타임즈(대한공인중개사협회)
18. 부동산뉴스(전국부동산협회)
19. 벤처형 부동산중개업 이렇게 하면 성공한다(권기하 저, 굿인포테이션)
20. 미래에셋절세가이드(미래에셋 투자연구소)

진영섭 ────────────────────────────────────

대덕대학 졸업
호서대학교 산업안전과 졸업
목원대학교 산업정보대학원 부동산학과 졸업
보병 제62사단 포병연대장
한국기계연구원 비상계획관
목원대학교 산업정보대학원 동문회장
전국 공무원 문인협회 감사
대전분류심사원 발전위원 및 지도위원
보이스카우트 발전위원
대한공인중개사 협회 대전광역시지부 부지부장
사전(실무)교육 및 컨설팅 교육 강사
현) 제11회 공인중개사회 대전지역 회장
    대전한국고시학원 총동문회장
    대전광역시 내동 복지만두레 회장
    열방공동체 고충처리반 처리위원
    서우부동산 소장

「부동산거래 선진화 방안」
『산행이야기 1』
『산행이야기 2』
『공인중개사의 창업 및 실무』(2004년 초판)
『중개컨설팅』
『공인중개사 경매대리 실무』
『안전하고 선진화된 부동산거래 보장받기』

돈 버는
부동산 경영
가이드

초 판 인 쇄 | 2012년 3월 28일
초 판 발 행 | 2012년 3월 28일

지 은 이 | 진영섭
펴 낸 이 | 채종준
펴 낸 곳 | 한국학술정보㈜
주   소 | 경기도 파주시 문발동 파주출판문화정보산업단지 513-5
전   화 | 031) 908-3181(대표)
팩   스 | 031) 908-3189
홈 페 이 지 | http://ebook.kstudy.com
E - m a i l | 출판사업부 publish@kstudy.com
등   록 | 제일산-115호(2000. 6. 19)

ISBN   978-89-268-3142-7 93320 (Paper Book)
          978-89-268-3143-4 98320 (e-Book)

내일을여는지식 ■은 시대와 시대의 지식을 이어 갑니다.